慧心記者 雅正

何國世 

111年元月

在地球的彼端——拉丁美洲

何國世　著

自序

歷史是構成我們對於當下認識的基本要素，也可以為現在和將來提供借鑒。個人認為，要了解一個地區，除了她的風土人情，更要了解她的歷史以及其他面向，唯有如此，才能真正讀懂一個民族的性格。因此，基於長久以來對拉美歷史、文化的執著與熱愛，且經過個人十餘年來教授拉美相關課程累積的經驗與蒐集的資料，在課餘專心地整理與撰寫，以及編輯人員的精心編排，《拉丁美洲文化導覽》終於能與讀者見面。

拉丁美洲是指從美、墨邊界的格蘭德河（El Río Grande）以南，一直到南美洲南端的合恩角（Cabo Horno）為止，全長一萬多公里的大陸和沿海島嶼。目前在拉丁美洲地區共有三十三個獨立國家，此外，還包括散布在加勒比海及南美洲東北部等屬於英、美、法、荷等國的十多處殖民地。再者，拉丁美洲位於北緯三十二度和南緯五十六度間，面積二千多萬平方公里，其人口約五億人，而且各國人口差異極大。

此外，由於幅員廣大，拉美區內各種氣候、植物和農作物無不俱備，因此自然和人文景觀有許多相異之處。區域內各國面積大小與經濟發展不一，即使在一國之內，城鄉對比也非常強烈。此外，拉美居民來自世界各地，有不同的性格，且文化也各具獨特性。

總之，拉美國家貧富差距大，且以生產及出口初級產品為主，其價格易受國際市場波動，影響國內總體經濟發展。再者，拉美幅員遼闊，陸地交通困難，人口、資源分散，值得關注。

本書共分為四篇、十二章。在第一章，作者綜論拉美的地理位置、地形結構與氣候、物產資源與工業、經濟發展與問題、社會發展以及未來的影響及面臨的問題。第二章則描述拉美歷史與對外關係的變遷，以及不同時期建立的制度對目前發展的影響，而對外關係則著重美國與拉美的互動。

第三章主要在闡述拉美人民的構成以混血人種為主，但各國有其差異，而語言則以西班牙文及葡萄牙文為主。另外也討論拉美的民族與文化傳統，以及面臨的民族問題與採取的民族政策。

在第四章，筆者敘述美洲印第安人的由來，並詳細描述馬雅、阿茲提克及印加等三大美州古文明的發展及其特殊風俗習慣。至於第五章則探討拉美的飲食文化，區分為一四九二年前拉美的飲食發展、西班牙與葡萄牙殖民的影響，以及描述十八個西語系國家及巴西各具特色的飲食文化。

第六章在描述拉美音樂、舞蹈與藝術的發展。拉美的音樂與舞蹈熱情活潑，節奏感強，具有強大的感染力，而建築是新舊大陸融合的產物。

至於第七章至十一章，則分別探討墨西哥及阿根廷等十八個西語系國家的地理環境、物產、政治與經濟發展、風俗民情以及面臨的問題與前景。最後，第十二章則單獨介紹巴西的地理環境、物產、政經發展以及風俗民情。巴西面積八百多萬平方公里，人口近兩億，也是拉美唯一的葡語國家。

本書之作，多數論點與描述大致上是參考各種有關拉丁美洲的中、外文書籍、期刊及網路的資料。由於時間倉促，書中錯誤在所難免，尚祈讀者不吝賜正。

本書能順利完成要特別感謝內人曾素真及家人的全力支持，以及研究生高秉慧及賴孟吟與何怡萱小姐等人的大力協助。此外，特別感謝提供豐富及寶貴資料的靜宜大學蓋夏圖書館。

一〇三年七月於台中靜宜大學西班牙語文學系

目錄

第一章　地理、氣候、物產

第一節　序論

雖然對位於美國以南的這片廣大土地定義分歧[1]，但傳統而言，拉丁美洲是指從美、墨邊界的格蘭德河（El Río Grande）以南，一直到南美洲南端的合恩角（Cabo Horno）為止，全長一萬多公里的大陸和沿海島嶼，本文也採取這種看法。不過有很多人不同意這種看法，其理由是雖然有人認為「拉丁」這個名詞是因為他們所講的語言是屬拉丁語系，並且這裡的人大部分都信仰羅馬天主教。但事實上這裡有很多人並不講拉丁語系的語言，像牙買加是屬英語系國家。而且，這裡有很多移民是來自於世界各地，例如有非洲人、德國人、華人、日本人等等，他們所說的並不是拉丁語系的語言，相反的，在北美洲反而有很多是屬於拉丁語系的（如法國人、義大利人、波多黎各人等）。此外，這裡有很多的原住民講印地安話。同時，也有人認為把美洲畫分為北美洲和拉丁美洲是不合理的，因為美國的西南部和墨西哥，無論是在地形上或經濟上都有著極密切的關係。

整個拉丁美洲可分為四個部分：北美洲的墨西哥、中美洲、加勒比海的西印度群島及南美洲。目前在拉丁美洲地區共有三十三個獨立國家。其中講西班牙語的國家在北美洲有墨西哥（México）；在中美洲有瓜地馬拉（Guatemala）、宏都拉斯（Honduras）、薩爾瓦多（El Salvador）、尼加拉瓜（Nicaragua）、哥斯大黎加（Costa Rica）、巴拿馬（Panamá）等六國；在加勒比海有古巴（Cuba）及多明尼加共和國（República Dominicana）；在南美洲有委內瑞拉（Venezuela）、哥倫比亞（Colombia）、厄瓜多（Ecuador）、祕魯（Perú）、玻利維亞（Bolivia）、智利（Chile）、巴拉圭（Paraguay）、烏拉圭（Uruguay）及阿根廷（Argentina）

等九國。屬於葡語及法語系的分別是巴西（Brasil）及海地（Haiti）；英語系等國家有位於中美洲的貝里斯以及其他位於加勒比海的牙買加、蘇利南、聖文森等諸國。此外，還包括散布在加勒比海及南美洲東北部等屬於英、美、法、荷等國的十多處殖民地。

綜觀上述，拉丁美洲地區仍以講西班牙語的國家最多，這個地區也是中華民國邦交國最多的地區，其中西語系有七國，包括中美洲五國、多明尼加及巴拉圭。

拉丁美洲位於北緯三十二度和南緯五十六度間，面積二千多萬平方公里，占全球陸地面積百分之十三・八。除北面以格蘭德河與美國接壤外，其他都被太平洋及大西洋所環繞。拉丁美洲大部分位於熱帶或亞熱帶地區，但其南端一直延伸到南緯五十五度。在熱帶地區高原氣候涼爽宜人，是人口主要分布地區。本區環境複雜，交通困難，使得區域整合倍加困難。

拉丁美洲面積廣大，但因地理位置特殊，不受外界影響，可以使其自成一獨立區域。墨西哥、巴西和智利，彼此之間雖然有很多不同，但比任何一個非洲或亞洲間的國家更爲親密，則是無可爭辯之事實。此區內有百分之九十五的人講西班牙語和葡萄牙語，且大部分的人信仰羅馬天主教。很顯然地，本區早期文化，曾經是建立於很不相同的印第安人和黑人的傳統之上，而且他們曾致力於將此種很不相同之文化熔於一爐，而且成效顯著。

自從第二次世界大戰以來，由於航空事業發達，航運費用便宜，因此各國家間往來頻繁，國際間會議次數增多，觀光旅客也與日俱增，因此增進拉丁美洲人居民彼此間之友誼與諒解，也產生了利害與共的觀念。此外，拉丁美洲各國間，加強彼此經濟合作，共同開發資源，希望達成區域整合以抵制美國的經濟侵略，並減少對世界工業強國的依賴。

雖然我們一再強調拉丁美洲自成一個單元，但是在本書裡我們仍不厭其煩的把拉丁美洲各國間，在自然景觀與人文景觀不同之處予以特別說明。由於幅員廣大，拉丁美洲區內各種氣候，各種植物和各種農作物無不俱備，因此自然景觀和人文景觀仍有許多不同之處。區內國家，面積大小不一，經濟發展也不一致，即使在一國之內，城鄉對比強烈。此外，拉丁美洲居民來自世界各地，他們有不同的性格，在文化上也各有其獨特性。

拉丁美洲除了巴西的東北部較靠近非洲和歐洲外，大部分地區，由於隔著一大片海洋，因此與世界各地的關係就比較疏遠，也因此拉丁美洲從未捲入世界事務的漩渦，一直到古巴問題發生，它才開始與世界其他地區發生直接的接觸。由於地利的關係，從十九世紀末起，美國勢力進入拉丁美洲乃是極自然的發展。在戰略和政治上，美國在二十世紀對鄰近的墨西哥等拉丁美洲國家，比對南美洲國家更爲關切。

目前拉丁美洲人口總數約五億人，占世界總人口的百分之七。而且各國人口差異極大，其中以巴西、墨西哥、哥倫比亞、阿根廷分居前四名，約占本區總人口的三分之二。另外，在人口迅速成長中，人口年輕化，即小孩所占的比率很大，因此可雇用的勞工極少。

整體而言，拉丁美洲人口平均密度不高，但不可忽略此區人口有大量集中於城市的現象，即人口分布嚴重失衡。大致來說，沿海地區人口密度高，內地人口密度低。人口成長率大約百分之二·五，即每年約增加八百萬人口，是世界上人口成長快速的地區之一。

拉丁美洲人口分布大致受下列三種因素的影響：第一，自然環境的影響。我們知道拉丁美洲資源非常分散，所以人口也非常分散。第二，人爲因素的影響。第三，由農業經濟轉向非農業經濟。這點對研究拉丁美洲人口分布，是不可忽視的。因爲從事非農業的活動，可以使人口從各地向都市湧進。

拉丁美洲居民可區分爲四種：印第安土著、白人、黑人及混血種人，其中印歐混血的麥斯蒂索人比例最多。此外還有一定數量的華僑、日本人和印度人等。這些人種在不同國家和地區的分布不盡相同。

總之，拉丁美洲國家貧富差距大，且以生產及出口初級產品爲主，其價格易受國際市場波動，影響國內總體經濟發展。再者，拉丁美洲幅員遼闊，陸地交通困難，人口、資源分散，這些因素值得關注。

第二節　地理位置、地形結構與氣候

一、地理位置

拉丁美洲包括北美洲的墨西哥、中美洲和南美洲大陸及加勒比地區。它東瀕大西洋，與非洲大陸最近距離約二千四百九十四．四公里，西臨太平洋，南隔德雷克海峽與南極洲相望，北界是墨西哥與美國界河格蘭德河。

從地理位置看，拉丁美洲的範圍東起南美洲大陸的最東端、巴西東北部的布朗庫角（西經34°46'），西至太平洋沿岸墨西哥和美國交界處（西經117°09'）；北起墨西哥和美國交界處的格蘭德河（北緯32°42'），南至南美洲大陸最南端的火地島最南部的合恩角（南緯55°59'）。換言之，拉丁美洲陸地從北緯三十二度左右到南緯五十五度左右，跨越南北兩個半球，但大部分位於南半球。除烏拉圭外，大部分國家位於南北回歸線之間。

拉丁美洲地區南北全長一萬一千公里，總面積逾二千零七十萬平方公里，約占世界陸地面積的百分之十三．八，其中南美洲面積（包括附近島嶼）約爲一千七百九十七萬平方公里。拉丁美洲地區大陸海岸線長四萬五千公里，多爲與山脈走向一致的侵蝕海岸。太平洋沿岸，特別是南緯十度至三十三度之間的海岸，是典型的上升斷層海岸，陡崖逼臨深海，幾乎不存在過渡性的沿海平原和岸外大陸棚架，深達六千公尺以上的祕魯海溝和智利海溝離海岸很近，有的地方甚至不到一百公里。

哥倫比亞和厄瓜多的太平洋沿岸，由於受到海水侵蝕，海岸線比較曲折，形成

圖1-1　智利的企鵝（楊秀琴攝）

圖1-2　位於智利北部的阿塔卡馬沙漠（楊秀琴攝）

較大的海灣，其中厄瓜多的瓜亞基爾灣是南美洲太平洋沿岸最大的海灣。智利南部海岸屬峽灣型，海岸曲折，島嶼羅列。墨西哥和中美洲的太平洋沿岸火山眾多，沿海平原比較狹窄。墨西哥東海岸與美國南部海岸形成墨西哥灣，這一帶的沿海平原一直延伸至猶加敦半島，一般寬度為一百至五百公里，最寬達八百公里。

南美洲大陸北部加勒比海沿岸的西段，南北走向的山脈與海岸垂直，海水侵入山間縱谷，形成內陸海灣，如達連灣、委內瑞拉灣等。整個大西洋沿岸，除巴西東海岸和布朗庫斯角向北延伸的海岸外，基本上是下沉海岸，岸外有較寬的大陸棚架，特別是亞馬遜河口向西北延伸的一段海岸和南緯三十度至四十度段的大西洋沿岸，是平直低淺海岸。

此外，拉丁美洲大陸半島較少，主要有墨西哥猶加敦半島（十八萬平方公里），墨西哥北部的加利福尼亞半島（十四．三萬平方公里）、南美洲北部的瓜希拉半島（一．四萬平方公里）和智利南部的泰陶半島（península Taitao），一萬平方公里。

拉丁美洲地區島嶼較多，島嶼面積約三十九萬平方公里，主要分布在加勒比海北部、東部和南美洲大陸南端的沿海地區。加勒比地區島嶼由大安地列斯群島、小安地列斯群島和巴哈馬群島組成，其中最大的古巴島位於大安地列斯群島，北距美國佛羅里達半島僅一百八十公里，面積約十一萬平方公里。南美洲大陸南端沿海島嶼主要有隔麥哲倫海峽與大陸相望的火地島和位於南大西洋和南極洲之間水域的馬爾維納斯群島（福克蘭群島），後者西距阿根廷本土五百多公里，為阿根廷與英國目前有主權爭議的島嶼。

此外，在亞馬遜河入海口處有世界最大的河水沖積形成的馬拉若島，面積近五萬平方公里。如距巴西本土一千一百公里的特林達島和馬丁──瓦斯島，和九百公里處的聖佩德羅──聖保羅岩等。在太平洋上，有距智利海岸三千七百公里的復活節島。距大陸六百公里的胡安．費爾南德斯群島，其中的馬斯地島是美洲最古老的陸地之一，因據傳是《魯賓遜漂流記》故事的發生地而久負盛名。此外，在距厄瓜多海岸九百公里的赤道線下有加拉巴戈群島，那裡多種複雜的氣候條件、起伏多變的地形地貌，形成獨特多樣的生態環境和物種。

二、區域畫分

拉丁美洲地區包括四個部分，有三十三個國家和十二個未獨立的地區。

㈠墨西哥

在地理位置上屬北美洲，但它原是西班牙的殖民地，從種族、文化、歷史上看，屬於拉丁美洲。墨西哥北部隔格蘭德河與美國接壤，南部與中美洲瓜地馬拉和貝里斯爲鄰，東瀕墨西哥灣西臨太平洋。墨西哥國土絕大部分由墨西哥高原構成。東、西、南三面有山脈環繞，高原由南向北傾斜，北部是廣闊的內陸盆地；南部多火山，海拔多在二千至三千公尺；國土面積爲一百九十六萬七千一百八十三平方公里。

㈡中美洲

從墨西哥南部至哥倫比亞的狹窄陸地，其最窄處爲巴拿馬運河處。中美洲以尼加拉瓜湖爲界分爲南北兩段；北段呈東西走向，南段呈西北——東南走向，是連接南北美洲的陸路橋梁和溝通太平洋和大西洋的戰略要地。中美洲陸地面積約爲五十四萬平方公里。

㈢南美洲

位於西半球的南部，東瀕大西洋，西臨太平洋，西北與中美洲地峽相連，北瀕加勒比海，南隔德雷克海峽與南極洲相望。南美洲大陸北寬南窄，略呈三角形，南北約跨六十八個緯度，最長距離七千一百五十公里；東西最寬處達五千一百公里。南回歸線以南，大陸顯著收縮。

㈣西印度群島

由大安地列斯群島、小安地列斯群島和巴哈馬群島組成，自北向南成弧狀排列，並與南美洲大陸的北部海岸和中美洲東海岸，構成一片陸間海，即加勒比海。加勒比海東西寬約二千八百公里，南北長一千四百公里，面積爲七十五・四萬平方公里，平均深度二千四百九十一公尺。這一地區習慣上稱爲加勒比地區。西印度群島中較大的島嶼多爲大陸島，較小的島嶼多屬火山島和珊瑚礁島。

三、地形結構

整體而言，拉丁美洲陸地輪廓比較簡單。南美大陸的西部爲縱貫南北的安地斯山脈，東部有圭亞那、巴西和巴塔哥尼亞三大高原，山脈和高原之間是奧里諾科、亞馬遜和拉不拉他三大平原。此外，巴拿馬地峽位於一個不屬於南北美洲的海底高原之上，是南北美洲的分界點。加勒比海將北美西部延續而來的結構畫分爲二。而南美的安地斯山起自哥倫比亞和委內瑞拉，往南到智利南部直至消失。

就結構而言，南美地形有三個要素，東部是穩定的盾狀地，西部爲高的褶曲山脈，在南美的南端則有巴塔哥尼亞高原（Patagonia）。

㈠西部山脈

南美大陸西部太平洋沿岸是縱貫南北的安地斯山系，構成大陸的脊梁。安地斯山系從火地島一直延伸到南美大陸北部，全長九千公里。安地斯山系在哥倫比亞和委內瑞拉境內分爲東、中、西三支；西部山脈向北延伸，穿過中美洲進入墨西哥境內，稱爲馬德雷山脈。

安地斯山（Los Andes）是西部高的褶曲山脈，長度是其特點。此外，由於劇烈的褶曲上升形成幾千公尺高的現有山脈。火山活動和經常的地震證明本區的結構仍未穩定。

圖1-3　高聳的瓜地馬拉安第瓜火山

安地斯山的地形可畫分爲幾個不同的部分。在委內瑞拉和哥倫比亞是斷層山脈，其間爲盆地。從厄瓜多往南至阿根廷北部，安地斯山變爲寬廣，東西兩大主脈之間夾雜高原，高原的高度從厄瓜多的三千公尺到祕魯南部和玻利維亞的四千至四千五百公尺。第三部分則是自智利中部的阿空卡瓜峰（Aconcagua）以南較低較狹窄的單獨主脈。最後在大約南緯三十八度以南，安地斯山成爲一連串平行而不連續的山脈。

(二)高原

包括位於北美洲的墨西哥高原和在南美洲東部的圭亞那高原、巴西高原和巴塔哥尼亞高原。南美洲東部的高原在地質構造上大部分屬古陸台地盾。

首先，墨西哥高原是由東、西馬德雷山形成，其地形特點表現爲斷塊山與盆地間錯分布。北部地勢較低，爲內陸沉積盆地，盆地之間相互溝通；南部地勢較高，盆地相互隔離。

其次，是圭亞那高原，從委內瑞拉西部延伸至圭亞那、蘇利南和法屬圭亞那，部分在巴西境內亞馬遜平原北部。高原的中、西部較高，向東北方向緩傾；南部邊緣陡立的山嶺爲奧里諾科河系和亞馬遜河系的分水嶺，海拔三百至一千五百公尺之間。

第三，巴西高原位於南緯五度至三十度的巴西境內。地面起伏平緩，向西、北方向緩斜，海拔三百至一千五百公尺之間。巴西高原面積達五百多萬平方公里，是世界上面積最大的高原。

第四，巴塔哥尼亞高原位於南美大陸南端阿根廷境內，爲自西向東階梯狀傾斜的切割高原，海拔三百至一千五百公尺之間。

㈢平原

南美洲中部平原由奧里諾科、亞馬遜和拉不拉他三大平原組成。三大平原都是由奧里諾科河系、亞馬遜河系及巴拉圭——巴拉那河系形成的沖積平原，海拔一般均不到三百公尺，約占南美陸地總面積的百分之四十五。

首先，奧里諾科平原爲安地斯東部山脈與圭亞那高原之間奧里諾科河左岸的沖積平原，廣闊平坦，從安地斯山山麓附近向東緩斜，海拔一般爲一百至一百二十公尺，周圍地勢較高。河口三角洲一帶地勢特別低，布滿島洲和沼澤。

其次，亞馬遜平原是由北部圭亞那高原、南部巴西高原和西部安地斯山環抱而成。亞馬遜平原是世界上最大的沖積平原，面積達五百六十萬平方公里。平原覆蓋著不同地質時期的海相沉積和陸相沉積，西寬東窄，地勢低平坦蕩，大部分在海拔一百五十公尺以下。

第三，拉不拉他平原介於安地斯山、巴西高原與巴塔哥尼亞高原之間，成縱向分布。在靠近安地斯山側，平原地勢較高，達五百至六百公尺；向東則漸趨平坦，巴拉那河兩岸地勢更低，排水不易，沼澤廣布。平原南部連接彭巴地區，地面由西向東緩斜，東部地勢極爲平坦，海拔多在一百五十公尺以下。

㈣水系與湖泊

地理位置、地形結構、氣候等綜合因素，影響拉丁美洲的水系。例如，安地斯山縱貫南美大陸西部，以其爲分水嶺，形成東、西兩個截然不同的水系。安地斯山以西地區河流大多短促湍急，獨流較多，因而流域面積較小。西部的很長地段氣候極爲乾燥，河流極少，水量亦小，多數爲間歇河。安地斯山以東地區，地域廣闊，河流源遠流長，水量豐富，河網稠密；各大水系支流較多，均注入大西洋。

1.水系

第一是亞馬遜水系。亞馬遜河及其眾多的支流構成南美洲和世界最大的水系，無論從河網的密度、流域面積和水量，都居世界之首。亞馬遜河發源於安地斯山東坡的馬拉尼翁河和烏卡亞利河，全長六千四百八十公里，是世界第二大河；流域面積達七百〇五萬平方公里，約占南美大陸總面積的百分之四十。亞馬遜河上游河面寬一千至二千公尺，中游馬瑙斯附近河面寬逾五千公尺，下游爲二十公里；河口處寬達八十公里。由於整個流域地勢低平，流速較慢，河寬水深。

其次是巴拉圭——巴拉那——拉不拉他水系。以巴拉那河爲主幹向南流貫，途中接納巴拉圭河、伊瓜蘇河等眾多河流，爲南美洲第二大水系。由於流域內降水豐富，並以夏雨爲主，巴拉那河

圖1-4 南美洲氣勢磅礡的伊瓜蘇大瀑布

水量很大，季節變化顯著。巴拉那河上、中游切入巴西高原，形成不少急流和瀑布，其中以伊瓜蘇瀑布最爲著名。眾多的急流和瀑布提供豐富的水利資源。

第三是奧里諾科水系。主流奧里諾科河發源於圭亞那高原西南部的帕里馬山，流經高原西部和北部邊緣地帶，注入大西洋，全長二千七百三十公里。奧里諾科河左岸支流甚多，域內大部分地區屬熱帶乾溼季氣候，河流水量夏漲冬枯。

此外，墨西哥境內，除墨、美界河格蘭德河外，墨西哥高原北部河流多爲內河，流程較短；高原東西兩側和南部地區河流分屬墨西哥灣水系和太平洋水系。

2. 湖泊

南美洲是湖泊較少的大陸，不僅沒有大的湖群，而且就連單個的大湖也不多。大陸西北沿海的馬拉開波湖是南美洲最大的斷層湖，面積爲一萬四千三百四十四平方公里，湖盆與委內瑞拉灣相連，但因湖與海灣連接處狹窄，海水進入較少，而湖水又不斷受河水沖淡，含鹽度不高。南美洲唯一的湖群坐落在南緯四十度以南的安地斯山區，湖群較小，均由冰川形成。

玻利維亞和祕魯界湖的的喀喀湖，面積八千二百九十平方公里，海拔三千八百一十二公尺，最大深度三百〇四公尺，湖水主要來自高山融雪。而中美洲的尼加拉瓜境內有一片不大的湖群，其中有拉丁美洲第三大湖的尼加拉瓜湖，面積八千二百六十四平方公里；附近的馬納瓜湖面積一千〇四十九平方公里。

四、氣候

(一)基本特徵

拉丁美洲大部分地區位於南北回歸線之間，赤道橫貫南美大陸北部，因此氣候具有下列特徵。

首先是冬季溫暖，年溫差小。南美洲的氣溫高於同緯度的其他大陸。在南美洲，七月分攝氏二度等溫線通過大陸最南端，亦即除高山地區外，南美洲冬季最冷月分平均氣溫在攝氏零度以上；在南回歸線以北占南美大陸面積主要部分的熱帶地區，氣溫則超過攝氏二十度。南美洲的冬季比北美洲溫和得多。南美洲夏季則比較涼爽，拉丁美洲地區夏季最熱月分平均溫度在攝氏二十六度至攝氏二十八度之間。此外，南美洲各地年溫差很小，南緯十五度以北廣大地區年溫差很少超過攝氏三度。厄瓜多首都基多是世界上年溫差最小的地方，只有攝氏〇・六度。

其次是雨水豐富，以夏雨為主。南美洲是降雨豐富的大陸，全洲年降雨量在一千公釐以上的地區約占大陸面積的百分之七十，這是世界其他各洲所不及。由於降雨豐富且分布較廣，乾旱沙漠面積較小。此外，南美大陸以夏雨為唯一降水的地區和以夏雨為主的地區面積相當於大陸總面積的四分之三。

而墨西哥、中美洲和加勒比地區，由於受熱帶墨西哥灣氣團和熱帶大西洋氣團的影響，氣候溼潤、降雨豐沛，墨西哥灣沿岸年降雨量在一千五百公釐以上；中美洲的加勒比海沿岸和西印度群島是美洲的多雨地區之一，年降雨量可達二千至三千公釐，以夏雨為主；中美洲的太平洋沿岸一帶乾溼季分明。夏秋之際，在加勒比海及大西洋海面形成的熱帶氣旋（huracán），對加勒比海島國和中美洲國家，帶來嚴重災害。

第三是以熱帶氣候類型為主。綜觀南美大陸各氣候類型，熱帶類型區約占大陸面積的三分之二以上。南美洲西岸的熱帶乾旱氣候區雖然面積不大，但其南北延伸很長，跨越二十七個緯度。

(二)影響氣候因素

拉丁美洲南北幅員廣大，因此氣候有幾種現象。第一，年平均溫度隨緯度的增高而遞減，故季節性的範圍擴大，至少達南緯四十度；第二，長又窄的高山，阻礙氣流的流通；第三，海洋潮流對海岸地區的氣候具有深刻的影響。另外，必須注意十二月至二月間是南半球的夏季，但由於夏季和冬季在拉丁美洲有些地區常用於表示旱季與雨季，因此不需與冷熱時期相符。

拉丁美洲在南北緯三十範圍內，沿太平洋海岸一帶的年均溫較同緯度下的大西洋岸來的低。整個拉丁美洲除了最高地區、受地形限制的部分、荒涼地區及最南端迎風地區外，都有足夠的溫度從事農業生產。

拉丁美洲各地的年平均降雨量不均且雨量因季節而有差異，但本地沒有眞正的乾旱時期。智利北部有些地區終年無雨，而哥倫比亞太平洋海岸部分地區年雨量高達六千至七千公釐。在赤道兩旁，十二月和六月是降雨最豐沛的月分，而三月和十月雨量則較少。

總而言之，墨西哥北部是屬乾燥氣候，而中部、南部和東南部則屬潮溼氣候。中美洲地區雨量豐沛，年雨量二千至三千公釐。低地部分是熱帶氣候，年平均溫攝氏十八度以上，至於高地則是氣候溫和地區。安地列斯群島（Los Antillas）地區氣候溫和潮溼，年均溫攝氏二十六度以上，只有雨季與乾季之分，雨季時常會出現颶風和暴雨，造成嚴重災害。安地斯山區可分成溼熱赤道氣候、熱帶氣候、乾燥、半乾燥氣候、溫帶海洋氣候及高山氣候等五大類型。位於拉布拉他河流域區的阿根廷、巴拉圭及烏拉圭，有些地區是亞熱帶（subtropical）氣候，有些區域則爲溫帶氣候。雨量分布不均，西南部、北部及阿根廷東北雨量較豐沛，巴塔哥尼亞雨量則相當稀少。

第三節　物產資源與工業

大部分拉丁美洲地區位於低緯度和赤道線兩側，且百分之八十的地區位於熱帶和亞熱帶，氣候溫和，溫差較小，雨量充沛。優越的地理位置和氣候條件，爲拉丁美洲地區提供豐富的自然資源，也提供動植物良好的生長和繁殖條件。拉丁美洲地區平均海拔只有六百公尺，海拔在三百公尺以上的高原、丘陵和山地占地區總面積的百分之四十，海拔在三百公尺以下的平原占百分之六十，特別是南美洲安地斯山以東的廣大地區，地域遼闊、相對平坦。

一、農林漁牧產品

(一)農牧業

拉丁美洲農產品繁多。溫和的南方包括巴西南部、烏拉圭、阿根廷與智利的大部分地區，以及墨西哥及安地斯山脈地區二千公尺以上的土地，以出產小麥、馬鈴薯等農作物，飼養綿羊，以及葡萄與蘋果等次要農作物聞名。而肉桂、蔗糖、可可與香蕉只限於熱帶低地區域。此外，玉米、菸草、棉花及稻米等，除最高之山區及南美之極南地區外，在任何地區幾乎都可生長。牛、豬、家禽等的分布也相當廣泛。葡萄、瑪黛茶（mate）、龍舌蘭及可可等，因地理環境或為當

圖1-5　前往馬丘比丘的登山火車（楊秀琴攝）

地所偏愛，是某些地區特有的作物。

再者，拉丁美洲盛產咖啡、香蕉、可可、蔗糖及棉花。除阿根廷外，玉米很難打入任何外國市場。拉丁美洲境內小麥之生產也不理想，所以許多國家都仰賴從美國進口，阿根廷是唯一例外。總之，拉丁美洲穀物之耕種與生產很難令人滿意。

拉丁美洲大都仰賴馬、驢，特別是騾等作爲拖引用或是崎嶇地區的交通工具。此外，拉丁美洲擁有世界上大多數的牛群，但大部分地區的品種不良，所以對飼養國家的經濟貢獻不多。再者，除少數地區外，拉丁美洲畜牧業都缺乏牛乳的提煉。不過，大量家畜與家禽的飼養，使本區蛋白質的供應比非洲或亞洲各國充裕。

另外，拉丁美洲原生作物馬鈴薯主要產於安地斯山區，特別是祕魯南部與玻利維亞。拉丁美洲也生產番薯、木薯及山芋等作物，但大多數只供當地消費。再者，拉丁美洲也被廣泛種植各種豆類。至於玉米則是拉丁美洲唯一原生穀物。從早期印第安人時期，玉米就種植在墨西哥中部、瓜地馬拉、巴西南部、以及阿根廷大草原溼度較高的地區。

小麥則是西班牙殖民美洲時帶來的作物，種植在墨西哥較高地區、中美洲與安地斯山區及智利中部，後來逐漸種植在巴西與阿根廷境內。至於稻米則是很晚才引進拉丁美洲，這與亞洲移民有關，且可能取代小麥的地位。稻米主要種植在祕魯、厄瓜多、哥倫比亞、委內瑞拉、古巴及巴西等潮溼的熱帶或亞熱帶沿海地區。

總之，除阿根廷與巴西外，拉丁美洲穀物的種植與世界其他地區比較，發展較弱，而玉米與稻米耕種的擴張及品種的改良是未來進步的關鍵。

至於因殖民而引進的蔗糖種植，長久以來在拉丁美洲產生許多經濟與社會的影響。拉丁美洲的

圖1-6　瓜地馬拉咖啡園

蔗糖有半數打入國際市場，且大部分由古巴、多明尼加等島國輸出。此外，除香蕉及鳳梨等專業種植外，拉丁美洲盛產的熱帶水果大多供當地消費。南美洲南部盛產溫帶水果。蘋果與梨子主要產於阿根廷、智利及巴西南部，葡萄則產於阿根廷和智利，至於柑橘類水果在整個拉丁美洲都有生產。

拉丁美洲，大量種植咖啡並外銷。排水良好的斜坡及熱帶氣候最適宜種植咖啡。拉丁美洲的咖啡以巴西、哥倫比亞及中美洲各國爲主要產區。至於可可的產地和咖啡相似，但深受病蟲害困擾，產量一直低於非洲。

菸草在拉丁美洲的對外貿易中，不居重要地位。整個拉丁美洲都可種植菸草，巴西、古巴和多明尼加是主要外銷國，古巴並以生產高級產品聞名。此外，拉丁美洲內陸較乾燥的地區種植棉花，並以墨西哥、巴西、哥倫比亞及中美洲爲主要產區。

拉丁美洲最重要的養牛區位於阿根廷、烏拉圭及南巴西的彭巴大草原（Pampas），但本區重視的是肉類的生產，而非乳類產品。本區的肉類產品以外銷爲主，阿根廷和烏拉圭爲主要輸出國。此外，拉丁美洲也是皮革主要輸出區。整個拉丁美洲均有飼養豬和家禽，但集約農場不多，大多散布在農家。此外，拉丁美洲因地處熱帶，對羊毛的需求不多，主要的綿羊牧場在阿根廷彭巴大草原邊緣較乾燥地帶、烏拉圭及阿根廷南面的巴塔哥尼亞高原、火地島及福克蘭群島等地。

㈡漁業及林業

南美洲的太平洋沿岸，在赤道以南的二十度間，漁獲量約爲整個西歐地區的總和。拉丁美洲環海，使祕魯和智利，躍身於世界的主要產國。

雖然，拉丁美洲總面積中，有半數是屬於森林地帶，但因各種原因，大部分的林業並不發達，且有許多國家進口所需之木材產品。森林大多是熱帶林，以及一小部分的溫帶林。巴西東北部雖被列爲林帶區，但因爲太乾燥，無法生長商業用木材。此外，可用之木材分布在亞馬遜河一帶，有些是闊葉樹，其餘是針葉林。木材運至市場的費用極爲昂貴，使得當地的林木開採大受限制。中美洲加勒比海沿岸地帶，林木多被砍伐，以供輸出。自哥倫比亞的高地安地斯山到阿根廷北部之間，直到十九世紀，才種植許多按樹。

拉丁美洲各國的紙漿和紙張生產，規模不大，大都需要進口。最大的兩個生產國爲巴西和智利。

伐木是拉丁美洲另外一個極具爭議性的經濟活動。當地常爲了養牛放牧，而砍伐掉很多有價值的樹木。此外，伐木業在短期內雖可賺取大筆外匯，但如果沒有長期的保育策略，這項資源很快便會枯竭。拉丁美洲主要的人工植林國家有巴西、委內瑞拉、智利和阿根廷。此外，日本也投入了大量資金在智利的伐木業上。

二、礦業

拉丁美洲地區是世界上礦產種類較多，儲量相當豐富的地區，其中，黑色金屬、有色金屬、燃料礦和非金屬礦的儲量和產量均在世界上占有重要地位。巴西高原和圭亞那高原的主要礦藏是黑色金屬、有色金屬、非金屬及多種稀有金屬；安地斯山區礦藏豐富多樣，最突出的是有色金屬、燃料礦石油、非金屬礦和鳥糞；北段安地斯山的山間谷地或盆地蘊藏著豐富的燃料礦石油；中部平原以沉積型礦藏為主，較重要的是奧里諾科（Orinoco）平原和亞馬遜平原西部的石油儲藏；墨西哥高原和西馬德雷山（Sierra Madre Occidental）也是多種金屬礦區，以銀礦為主；墨西哥東部沿海平原最重要的礦藏是儲量豐富的石油。

拉丁美洲地區的石油已探明的石油儲量約一二百多億噸，潛在儲量超過二千億噸，並以委內瑞拉、墨西哥和哥倫比亞位居前三名。哥倫比亞是拉丁美洲地區煤儲量最多的國家，約二百四十多億噸，占拉丁美洲總儲量的百分之四十以上。至於鈾礦最主要儲藏在巴西，約二十四萬噸，目前在沿安地斯山東麓，從阿根廷北部邊境至巴塔哥尼亞三千公里狹長地帶的沉積岩中發現大量鈾礦。

拉丁美洲地區的鐵礦石儲量豐富，主要集中在巴西；至於鎢礦則集中在祕魯、玻利維亞和巴西。南美洲大部分銅礦床分布在祕魯、智利北部和中部以及阿根廷。其中，智利銅礦儲量達一・

八五億噸，居世界第一。此外，拉丁美洲地區大部分的錫礦蘊藏在玻利維亞和巴西。至於銻、汞、鎢等稀有金屬礦，拉丁美洲地區蘊藏數量也相當可觀。

拉丁美洲的貴金屬礦主要有金、銀等，但分布不均，以墨西哥、祕魯為主。至於拉丁美洲的寶石主要產自圭亞那、巴西和哥倫比亞。哥倫比亞的綠寶石頗負盛名，儲量占世界百分之九十五。而巴西也以盛產瑪瑙、紫晶、水晶等寶石礦藏聞名。

拉丁美洲大部分的礦業均供輸出，故礦產多來自於沿海地區。儘管此一地區的經濟礦物不甚豐富，但由於運輸上的便捷，仍成為礦主開採的主要對象。此外，拉丁美洲大多數的礦藏是由外國廠商開採後外銷，地主國的主要獲利是該國人民受雇於礦區所獲得的工資。無論如何，拉丁美洲採礦業在經濟活動中扮演非常重要的角色。

另外，拉丁美洲大部分的電力都來自水力發電，其餘大部分來自石油和瓦斯。拉丁美洲各國首都以及人口集中地區幾乎都有一座或計畫設立煉油廠。至於拉丁美洲鐵礦業主要分布在巴西的Gerais、智利北部、委內瑞拉東部和祕魯的南部。開採地都是緊靠海岸，故運輸上極為便利。墨西哥和哥倫比亞的鐵礦大多供國內的需求。

三、工業

㈠發展策略

一九六〇及七〇年代，拉丁美洲的發展策略主要在促進當地工業化的發展，但也埋下外債與種種問題的禍根。雖然「綠色革命」改變傳統農業的生產方式、國內的工業發展減少對進口資本財的依賴、服務業提供人民更多就業機會以及關稅政策保護本國產品。不過，農業機械化的大規模生產使傳統的農業生產失去競爭，大量農民湧進城裡謀生，不但造成社會問題，更促成拉丁美洲非正規經濟的畸形發展。

一九九〇年代，拉丁美洲政府在華盛頓共識[2]下，推動自由貿易政策並摒棄產業國有化和封閉的關稅政策。此政策的實施，促成許多國家經濟成長、貧窮減少。然而，一九九九至二〇〇二年的經濟衰退使這個鼓吹新自由主義的政策遭受質疑。許多人認爲此政策只爲少數人帶來利益。

㈡工業化

一九六〇年代起，拉丁美洲各國政府開始重視發展製造業，採用規畫工業區及實施進口替代等各種策略。自一九九〇年代開始，墨西哥和中美洲各國的製造業大多是外國投資的公司，特別是在美墨邊境。拉丁美洲國家比較重要的工業區，大多分布在首都周邊或是由政府規畫的工業城市，像是委內瑞拉的瓜亞納城（Ciudad Guayana）和墨西哥邊境的胡亞雷斯城（Ciudad Juarez）和蒂華納（Tijuana）。但是，墨西哥的蒙特瑞（Monterrey）、哥倫比亞的梅德茵（Medellín）以及巴西的聖保羅（Sao Paulo）是由當地的投資而發展。

拉丁美洲的工業巨人是巴西的聖保羅大都市，雖然里約熱內盧比它有名，但聖保羅的經濟實力還是最強。一九〇〇年代起，當地的咖啡商開始多元化投資，推動工業發展，以汽車、飛機、化工、加工食品、建築材料等工業爲主。隨後，優越的地理位置使聖保羅成爲巴西的金融中心。

㈢加工出口區（Maquiladoras）與外人投資

加工出口業是美墨邊境一種特殊的行業。一九六〇年代起，墨西哥政府允許外資在墨西哥境內設立製造或裝配工廠，利用當地工資低的優勢，以暫時免稅方式自國外引進原料、設備及零組件，經加工後再輸往國外市場。起初，政府規定所有加工後的成品必須全數出口，到一九九四年才修正為半數的成品可以在墨西哥市場銷售。一九九四至二〇〇〇年，墨西哥三分之一的工作由加工出口區創造，二〇〇一年僱用十三萬人達到顛峰。此後，隨著墨西哥工資上漲，很多公司轉移至東南亞，特別是工資低、人口密集的中國。一九九四年，隨著北美自由貿易區的成立，外資設立的工廠不再局限於美墨邊境，但邊境地區因鄰近美國的優勢，仍有很多外國公司。

墨西哥的競爭具有位於美國邊境以及北美自由貿易區成員國的雙重優勢。但是，拉丁美洲其他各國則透過關稅刺激與低勞動成本去吸引外資。而哥斯大黎加則因高教育水準、低犯罪率以及穩定的政治環境，吸引英特爾（Intel）等國外高科技公司前來投資，由香蕉共和國成功轉型為高科技生產中心。

㈣根深蒂固的非正規經濟

拉丁美洲城市周邊有許多路邊攤及家庭式工廠，這種不受政府管制、沒有執照及也不需報稅的經濟活動，稱為非正規經濟。在此體制下，人民自我雇用，沒有所謂薪資或是員工福利，利潤是唯一的收入。非正規經濟活動包括房屋建築、經營家庭式工廠、擺地攤、街頭表演等。當然，不合法的毒品交易、賣淫、洗錢等也屬非正規經濟。

沒有人知道拉丁美洲非正規經濟規模有多大，因為正規與非正規經濟往往很難明確區分。對很多拉丁美洲國家，人行道塞滿攤販的景象難以避免。雖然非正規經濟有工作時間彈性、孩子可以和父母一起工作以及不用看老闆臉色等好處。然而，非正規經濟的現象，其實是貧困的象徵，它反映當地的正規經濟沒有能力吸收大量的勞動力。對許多拉丁美洲人民而言，享有員工福利、安全以及足以維持生活的正式工作，始終是個夢。

(五) 依賴初級產品出口

曾經，豐饒的自然資源是拉丁美洲的財富。在殖民時代，當地的金、銀、糖爲殖民者帶來不少財富。十九世紀獨立以後，拉丁美洲各國政府依然遵循依賴專門出口一或兩種初級產品的出口導向策略。當時，哥斯大黎加有百分之九十的出口收入來自香蕉和咖啡的出口；尼加拉瓜有百分之七十是來自咖啡和棉花的出口；智利有百分之八十五是來自銅礦的出口；烏拉圭有一半的收入來自木材。一九五五年，咖啡占巴西出口總收入的百分之六十；到了二〇〇〇年，咖啡占該國出口總收入的比例降到只剩百分之五，然而巴西卻仍然是世界最大的咖啡生產國。雖然二十世紀末以來，墨西哥和巴西等大國出口已趨多元化，但是拉丁美洲仍有許多國家持續嚴重的依賴單一產品出口。

第四節　經濟發展與問題

一、依賴理論與區域貿易

一九六〇年代，拉丁美洲學者爲了詮釋拉丁美洲在世界經濟體系下的地位，提出依賴理論（dependency theory）。主張歐洲的資本主義造成拉丁美洲的發展落後，核心國家愈來愈富有，而邊陲國家愈來愈貧困。所謂的依賴經濟是指拉丁美洲出口導向的經濟，對全球市場的波動非常脆弱。雖然拉丁美洲經歷經濟成長，但只是因應北美和歐洲等核心國家的發展需求。因此，經濟學者認爲，拉丁美洲唯有透過自給自足、擴大國內市場、改革農業以及縮小貧富差距，才能促進國家的經濟發展。依賴理論學者也主張政府強力干預，並解開核心國家的經濟枷鎖。事實上，拉丁美洲實施進口替代工業及重點產業國有化等政策，很大部分受到此觀點影響。不過，依賴理論也造成拉丁美洲許多政府把經濟問題都推給外來勢力。

一九九一年南方共同市場的成立刺激巴西與阿根廷之間的貿易。此外，南方共同市場的成功與安地諾集團之間貿易的擴大，使一九九〇年代拉丁美洲的區域內貿易增加百分之十六。基本上，區域內貿易增加，意味著拉丁美洲經濟的獨立。不過，美國仍然是拉丁美洲主要的貿易夥伴，依賴美國的傳統經濟形式仍然存在。除了貿易，拉丁美洲與世界經濟連結的方式還包括外人直接投資。基本上，拉丁美洲各國外人直接投資占國內生產毛額的比例在一九九〇年代都呈上升的趨勢。巴西和墨西哥接受到最多來自國外的投資。在一九九〇年，巴西和墨西哥的外人直接投資分別只有十億及二十五億；到了二〇〇二年，已分別增加到一百六十五億及一百四十五億。

此外，僑匯是拉丁美洲另外一項重要的金融流動，它反映拉丁美洲的勞動力湧入世界各地、特別是美國的勞動市場。一九九〇年代晚期，拉丁美洲的僑匯金額開始暴增；到二〇〇二年，僑匯金額超過三百億美元。當時有很多家庭的個人收入下降、失業率增加，在海外工作家庭成員的匯款，適時幫助家裡擺脫困境。

二、新自由主義與全球化

新自由主義強調私有化、加強對外出口、吸引外來直接投資以及減少進口限制，而且反對政府干預以及自給自足的政策。大多數拉丁美洲的政治領袖都接受新自由主義政策及其所帶來的利益，例如貿易增加、較有利的外債償還條件等。不過，拉丁美洲仍有許多民眾強烈反對這種只爲少數菁英帶來利益的貿易政策。

智利是拉丁美洲實施新自由主義最成功的國家。一九九五年，智利的經濟增長了百分之十．四，足以媲美亞洲四小龍。不過，目前智利仍仰賴大量的初級產品的出口，因此仍須努力發展更多具有高附加價值的商品。此外，智利是人口相對少且單一以及資源豐饒的國家，而且它不需要面對長期困擾拉丁美洲其他各國的種族分裂問題。

三、美元化（dolarización）

一九九〇年代末期，拉丁美洲的金融風暴使各國政府開始考慮美元化所帶來的經濟利益。所謂美元化就是把美元變成國家流通貨幣的過程。在一個完全美元化的經濟體系下，美元完全取代原有的國家貨幣。二〇〇〇年，厄瓜多實施美元化以解決國內嚴重的通貨膨漲與貨幣貶值問題。二〇〇一年，薩爾瓦多採取完全美元化以減少外債的償還成本。事實上，早在一九〇四年巴拿馬就已經採取美元化的策略。

拉丁美洲各國一般偏向採用限制性美元化的策略，即美元與國幣一起使用。因爲拉丁美洲常發生貨幣貶值與通貨膨脹的問題，因此美元化是一種形式的保障。當地很多銀行都提供顧客以美元存款的服務，以避開資金外流所造成的貨幣貶值。另外，有些國家採用固定匯率的政策，固定國幣與美元的兌換率，不隨市場波動。不管是那種形式都能有效減緩通貨膨脹、消除貨幣貶值的恐懼以及降低貨幣轉換的成本。然而，美元化也造成國家失去對財政政策的控制權。拉丁美洲在實施美元化政策時不需得到美國的批准，同樣地，美國的任何財政決策也不需考慮決策會對美元化國家帶來的衝擊。

四、國家差異性大

拉丁美洲現有三十三個獨立國家及殖民地，這些國家在面積上有很大的差異。巴西約四百倍於薩爾瓦多共和國，而且更是千里達（Trinidad）的一千六百七十倍。巴西有幾個省的面積甚至大

圖1-7　薩爾瓦多的陶瓷工藝（林銘泉攝）

於其他大部分的拉丁美洲國家。

此外，大部分的拉丁美洲國家都是中央集權的政府，但巴西、墨西哥、阿根廷及委內瑞拉等國卻自稱爲聯邦政府。事實上，聯邦政府的制度在巴西較爲強大，州政府雖具有特殊影響力，但仍比不上美國州政府的權力。其他較大的國家無論政府的形式爲何，都有強烈的地方觀念，阿根廷表現得特別強烈，致使首都與內部各省衝突不斷。拉丁美洲就業人數所占的比率低是其就業結構的一大特徵。此外，拉丁美洲童工比例高，且失業人數可觀。失業人數增加，主要歸因於拉丁美洲經濟缺乏效能、就業結構，以及新的非農業經濟活動不能完全吸收轉移到市區且缺乏專業訓練的農村人口。

五、經濟發展落後的原因

雖然拉丁美洲各國擁有豐富的天然資源，但是到二十世紀中葉，大多數國家和地區仍停留在半封建、半殖民地的狀態，人民的生活水準偏低。工業發展情況雖各有不同，但仍是比較落後，大都是發展中或低度發展的國家。其成因包括：

首先是帝國主義操縱各國主要經濟命脈。從殖民時期開始，歐洲帝國主義就大肆掠奪拉丁美洲地區廉價的原料及金銀珠寶。拉丁美洲在十九世紀初獨立後，又立刻淪爲歐洲工業強權英國的經濟附庸，同時也是英國工業產品的銷售市場及原料的重要來源。二十世紀初，美國取代英國成爲拉丁美洲各國經濟的壟斷者。美國資本掌控智利的銅、委內瑞拉的石油、玻利維亞的錫及中美洲的香蕉等，因此拉丁美洲國家都在不同程度上淪爲美國的經濟附庸。

其次爲大莊園制度。早在西、葡殖民時代，拉丁美洲就存在大莊園制度。十九世紀初各國獨立後，除墨西哥及海地有某種程度的破壞外，大多數國家仍盛行此制度，土地集中在少數大地主手中。這不但加劇社會貧富不均，也導致在二十世紀，拉丁美洲各國普遍爆發左派游擊隊運動，造成政治及社會動盪不安。

第三是單一產品制或單一經濟作物。此制度也肇始於西、葡殖民時代。當時歐洲盛行重商主義，爲了從殖民地獲取最大利益，強迫殖民地只能生產一、二種能從國際市場謀取暴利的產品，像糖、棉花及金銀等，其他則受到嚴格限制或禁止。到二十世紀中葉，大多數拉丁美洲國家單一經濟作物的現象仍十分嚴重。這些作物受到國際市場價格的波動，常常嚴重影響這些國家政治及經濟的穩定。

最後，拉丁美洲國家在獨立後，都沿襲歐美憲法成爲共和國且設有議會。再者，總統和國會議員也都經過選舉產生。但是，不少國家的政權仍掌握在少數大地主、大資產階級及帝國強權所支持的獨裁者手中。此外，獨立後各國軍人干政及政變事件頻傳，這些也都是造成拉丁美洲政治、經濟落後的根本原因。

六、經濟成長之道

拉丁美洲如果想迅速成長，對農業的依賴必須降低。目前，巴西和墨西哥等國已經朝著工業化邁進，且其工業製品占國內生產毛額的比率已遠超過農業。至於中等國家，特別是委內瑞拉和智利依賴礦業和工業生產比靠農業大很多。

爲了增加產品，拉丁美洲首先必須得到足夠的資金，其次是必須改變制度，諸如稅務結構，財政組織及土地所有權，同時儘快利用新的資金。另外，也必須合理解決人口迅速膨脹的問題。

一九六〇年代，拉丁美洲私人資金一般都不願意投資於礦產及生產製造上，而較喜歡投資在有穩定收入的農業上，或是熱中購置土地，造成市區土地的投機。不過，外來的私人企業資金在幫助拉丁美洲擺脫殖民地經濟和有限產品上，扮演重要角色。英國、法國的資本先進入，後來爲德國、日本，特別是美國等國資金。最初，外國的資金都投資於交通及城市的公共事業上，接著爲礦業、農業、生產製造及零售業等；目前重點大都放在礦業及製造業上。

拉丁美洲的資金主要來自美國政府的援助、外國政府的信用借款以及國際銀行貸款。最近幾年，美國政府對拉丁美洲提供了可觀的援助，同時西歐、日本、蘇聯及中華民國等也都以各種方式給予經濟上的協助。

七、區域整合

自一九六〇年代開始，拉丁美洲區域整合組織蓬勃發展，以促進國內市場並減少貿易障礙。拉丁美洲自由貿易協會（ALCAL）、中美洲共同市場（MCCA）、安地諾集團（Grupo Andino）等區域貿易組織已經存在幾十年，但它們對經濟貿易的成長並沒有太大的影響力。一九九〇年代成立的超國家組織——南方共同市場（Mercosur）和北美自由貿易區（NAFTA），深刻影響區域的經濟發展，喚起拉丁美洲政治人物重新思考、重視區域整合。

一九九一年，巴西和阿根廷成立了南方共同市場，其主要的成員還包括烏拉圭和巴拉圭。這反映這些國家的經濟成長，以及這些國家為了經濟合作利益，願意放下以往的誤會與仇恨，尤其是阿根廷與巴西之間長久的對立。擁有二億五千多萬人口的南方共同市場，二〇〇一年區域內部貿易額已接近一百五十億美元。一九九一至二〇〇一年間，南方共同市場與歐盟間的貿易額倍增。經濟發展間接促進南方各國交通與通訊設備的發展，並有利貨物的流通。總而言之，南方共同市場的存在改變各成員國彼此之間的關係及對本身的看法。

另外，一九九四年墨西哥、美國和加拿大成立北美自由貿易區，降低甚至免關稅，促進區域內部的貿易。此貿易區擁有四億人口且國民生產毛額高達十一兆美金。雖然北美自由貿易區增加墨西哥的就業機會，但還是不能解決湧入美國的移民潮。

一九九四年，美國提出於二〇〇五年建立美洲自由貿易區（FTAA）的構想，成員包括加拿大、美國以及古巴以外的拉丁美洲各國。然而巴西等拉丁美洲諸國質疑此協議能爲拉丁美洲帶來何種利益，導致最終破局。爲此，美國於二〇〇四年與瓜地馬拉、薩爾瓦多、尼加拉瓜、宏都拉斯和哥斯大黎等五國，簽訂中美洲自由貿易協定（CAFTA）。或許美洲的自由貿易眞的可以促進當地的社會經濟發展，然而也有人視它爲一種新式的帝國主義。

第五節　社會發展

一、社會指標與區域失衡

一九九〇年至二〇〇二年，拉丁美洲五歲以下的兒童死亡率呈下降趨勢，它象徵著當地營養與醫療設備的完善程度。一般而言，先進國家五歲以下的兒童死亡率普遍較低，發展中國家的情況則相反。拉丁美洲如國際人權組織、教會、社區協會等民間組織與非政府組織，在促進社會發展上扮演重要的角色，提供人民很多政府無法提供的服務。

其他比較重要的社會發展指標包括平均壽命、識字率與自來水的供應。拉丁美洲有百分之八十的人民獲得足夠的水源；識字率高於百分之八十五；平均壽命爲七十二歲。不過，城鄉之間、區域之間、甚至種族與性別之間差距極大。拉丁美洲最窮的人民皆住在鄉村地區，因此遷移到城市對很多人而言是一種生存策略。

雖然拉丁美洲有些國家經濟發展不錯，但大部分人民貧窮。目前，智利或哥斯大黎加有著令人印象深刻的經濟成長，但也有很多人貧窮。一九八〇年代是拉丁美洲「失落的十年」，很多國家的經濟與社會指標嚴重衰退。一九九〇年代，有些國家的經濟開始有一些進展。然而，巴西和墨西哥卻仍然在通貨膨脹、貨幣貶值、低國內生產總值的邊緣掙扎。這兩個國家國內的社經差距驚人。巴西東北部地區的每一項社會指標都落後。巴西的平均識字率為百分之八十五，但是在東北地區卻只有百分之六十。在墨西哥，最貧困的地區是以印第安人口為主的恰帕斯（Chiapas）與瓦哈卡（Oaxaca）州。拉丁美洲收入及設施的空間不平等的情況嚴重，像墨西哥與巴西在解釋這些不平等的情況時，很難避開種族與族群的議題。

二、種族與不平等

拉丁美洲的種族與族群非常多元化。然而，印第安人與黑人普遍分布在較貧窮的地區。種族歧視一直是巴西主要的政治議題。雖然巴西種族隔離並不常見，且不同種族之間的通婚情況也很普遍，但是說到社會經濟不平等時，種族因素往往是最好的解釋。

巴西有一半以上的人口具有非洲血統，是繼奈及利亞之後最大的「非洲國」。但是在二〇〇二年的人口普查中，不到百分之十一的巴西人承認自己是非洲人。巴西東北地區主要人口為非裔巴西人，其死亡率甚至與世界上最貧困的國家相近。基本上，在巴西黑人普遍有較高的失業率與文盲率。過去幾年，巴西很積極的在解決種族不平等的問題，從內閣到公立大學，政府採用了各種配額制度以改善非裔巴西人的情況。

此外，在拉丁美洲，凡是印第安文化比較強烈的地區，常可以發現當地的社會經濟水平也比較低。在墨西哥，印第安人口較多的南部，其發展遠遠落後於北部及墨西哥城。種族偏見也蘊含在語言當中，例如在墨西哥，叫別人indio（印第安人）其實是一種侮辱。在玻利維亞，那些作印第安風格穿著打扮的女性會被稱爲cholas，這是一種不好的用語，其原意是拉丁民族結合印地安族的後裔，後來用作形容落後與懦弱的人。不管是什麼膚色，只要社會地位高，就永遠不會被別人稱爲chola或cholo。種族不一定能完全決定個人的經濟地位，但它有絕對的影響。

拉丁美洲的中產階級，有正式的工作、有車、有房子、有能力提供小孩完成大學教育。而且，他們住在附有各種現代設施的公寓，有很漂亮的陽臺。他們和北美的人民一樣，喜歡郊區生活，以汽車代步。然而離這些住宅的不遠處則是到處都是違章建築的貧民窟，那裡的人民每天都很辛苦的在維持生計。

三、女性的地位

拉丁美洲女性的地位很矛盾，還是存在傳統的刻板模式與大男人主義，不過年輕一代的價值觀已逐漸改變。目前，拉丁美洲許多女性都有出外工作，大部分國家的女性勞動力占總勞動力的百分之三十至百分之四十。此外，拉丁美洲女性擁有投票權，可以擁有財產，也可以向銀行貸款。雖然拉丁美洲主要是天主教徒，但離婚在當地卻是合法的。然而，在大多數國家，墮胎仍然違法。

拉丁美洲比其他發展中國家有較高的教育水準。拉丁美洲女性文盲比率比男性高，但差距不大。文盲率最高的國家分布在中美洲。不過，同樣是位於中美洲的哥斯大黎加成年文盲率卻只有百分之四。隨著教育水準的普遍提升，女性和男性在職場的表現並駕齊驅。教育、醫療和法律領域是女性較常見的就業選擇。

小家庭的出現、都市生活以及擁有與男性相同的教育水準，是女性地位轉變的主要因素，並大幅提升女性在職場上的競爭力。然而在鄉村地區，兩性不平等的情況仍然很嚴重。通常，鄉下、大家庭的女性教育程度較低。她們的丈夫會季節性的到外地尋找工作，留下她們一個人照顧整個家庭。大多數鄉村女性所面對的困境與歧視無法得到很快的改善。

近年來，拉丁美洲女性在政治上非常活躍。一九九〇年，尼加拉瓜出現拉丁美洲的第一位女總統，查莫洛夫人（Violeta Chamorro）。九年後，莫絲柯索（Mireya Moscoso）當選巴拿馬總統。進入二十一世紀後，智利、哥斯大黎加、阿根廷及巴西也相繼出現女總統。一九九二年，瓜地馬拉馬雅女性孟竹（Rigoberta Menchu），因譴責國內對人權的破害而榮獲諾貝爾和平獎。此外，拉丁美洲的女性在企業、社團和合作社，也是非常活躍的發起人和參與者。拉丁美洲都市女性在短時間內，擁有了正式的經濟和政治地位。此現象反映拉丁美洲女性地位的提升。

第六節　影響及面臨的問題

一、影響

無論熱情的森巴或令人瘋狂的足球，拉丁美洲多樣的文化受到全球的認同。在藝術方面，拉丁美洲作家如馬奎斯、伊莎貝拉・阿言德、波赫斯、聶努達、帕斯、尤薩等已獲得全球認同。在流行音樂方面，新音樂家，如哥倫比亞的夏琪拉、巴西的Max de Castro，都擁有全球的樂迷。拉丁超級巨星，如：珍妮佛羅培茲、瑞奇馬丁，他們是世界流行文化偶像。透過音樂、文學及電視肥皀劇，拉丁文化持續吸引全球觀眾。

此外，肥皀劇常是拉丁美洲電視的主軸，在非常受歡迎的肥皀劇播出時，通常會有幾百萬以上的拉丁美洲人在收看相同的肥皀劇。巴西、委內瑞拉、哥倫比亞和墨西哥都製作肥皀劇，但只有墨西哥的製作最引起國際注意。墨西哥的電視劇劇本行銷哥斯大黎加、俄國、中國、南韓、伊朗、美國、法國和拉丁美洲各國，因此劇本已成爲墨西哥大宗的出口產品。

二、面臨的問題

(一)區域失衡

拉丁美洲人口比北美洲多，但是因爲大部分生產初級產品，其生產毛額比北美洲少很多。而且北美洲的生活水準高於拉丁美洲數倍。此外，拉丁美洲因爲幅員遼闊，陸地交通困難，且人口、資源都非常分散。其次，在十九世紀獨立初期，拉丁美洲國家大多只關心自身問題，而且生產製造只自給自足。因此，始終沒有出現大市場，也沒有建立大規模的經濟體。再者，由於受到殖民地時代遺留下來的社會結構影響，以及各國對於工業成長所持的敵對態度，妨礙許多經濟改善措施。而且由於人口加速成長，問題愈趨嚴重。

拉丁美洲生產毛額或國民平均所得與北美洲大不同。同時，拉丁美洲各國間的生產毛額或國民平均所得也存在很大的差異。要比較拉丁美洲各國的差異，應從各地區的人口與資源是否平衡；人口的分布與資源的分布情形是否有利；工業技術、教育程度以及對於經濟發展所抱持的態度等各種因素加以分析研究。

(二)發展不當

拉丁美洲農業的作物栽植缺乏均衡發展，而且畜牧業也普遍缺乏效率。此外，拉丁美洲須出口礦產或農產品，以獲得所需的工業製造品。良田沃野常被用以栽種咖啡、甘蔗、香蕉等出口的經濟作物，而糧食作物則種植在較貧瘠的土地，且缺乏周全、規律的經營。這是除阿根廷及烏拉圭外，拉丁美洲地區仍未大力發展穀物，以供外銷的原因之一。

在畜牧業方面，拉丁美洲仍保持大量飼養的型態。而且，除阿根廷和烏拉圭外，拉丁美洲其他地區很少改進飼養的方法及改良牧草供應方法，以改進肉或乳類產品的生產。拉丁美洲絕大多數的牛群主要是供皮革之用。一般而言，拉丁美洲農民的生產量與生產效率比北美洲或澳洲低很多，土地單位面積的產量也比西歐、日本或中國低。

大量使用肥料、農藥，引進各種優良品種的作物和牲畜，以及將新作物引進較能適應的地區，以淘汰傳統的作物，是拉丁美洲增加現有農耕區產量的方法。拉丁美洲總面積中只約有百分之五是開發的農田和種植果樹作物的土地，因此仍有空地可供開墾爲新的農業區。然而，中美洲的薩爾瓦多和加勒比海的幾個小島嶼，因地狹人稠無法開拓新的農地。

㈢持續的國界糾紛

由於殖民時期行政區的邊界模糊，因此拉丁美洲國家在十九世紀初獨立後，仍存在邊界糾紛。十九和二十世紀拉丁美洲發生多次的邊界戰爭，較著名的有太平洋戰爭（一八七九至一八八二），此戰爭讓智利成功往北擴展而玻利維亞則失去了太平洋岸的出海口；墨西哥和美國在一八四〇年代的衝突，簽訂瓜達路佩——依達爾戈條約，劃定兩國今天的邊界；而阿根廷、巴西和烏拉圭結盟，對抗巴拉圭以取得巴拉納河上游控制權的三國同盟戰爭，使巴拉圭的成年男性人口銳減十分之九。一九三二至一九三五年的查科戰爭（Guerra de Chaco），巴拉圭成功奪得玻利維亞東邊的低地。

至於一九八〇年代，阿根廷和英國爲爭奪福克蘭群島的主權而爆發戰爭，最後阿根廷以戰敗收場。到一九九八年，祕魯和厄瓜多仍在爭奪亞馬遜盆地的邊界。拉丁美洲國家對領土所有權的爭執不時引爆，如瓜地馬拉不斷聲稱對貝里斯的所有權、委內瑞拉和圭亞那的邊界糾紛，以及宏都拉斯與尼加拉瓜的海洋邊界糾紛。這些爭執大多可追溯自殖民時期的領土所有權。

雖然早在一九五九年便簽訂了南極條約，聲明應和平共用這塊土地，但智利和阿根廷仍將對南極洲的所有權，表現在國家的地圖，甚至郵票上。一九七〇年代，智利的總統Augusto Pinochet花了一個星期在這個所謂的智利領土上環遊。而阿根廷則在同一年代把內閣會議的地點設在南極洲，並將一位懷孕的阿根廷婦女送到南極洲去生產。

㈣民主制度的隱憂

二十一世紀初期，許多拉丁美洲的國家慶祝獨立兩百周年紀念。拉丁美洲比其他發展中國家更早獨立，但是政治仍然動蕩不安。獨立以來，這些國家制定二百五十多部憲法，且軍事政變時有所聞。然而自一九八〇年代起，拉丁美洲大多走向民主政府、開放市場及更廣泛的政治參與。一九九〇年代，幾乎每個拉丁美洲國家都擁有透過民主遴選出來的總統。

不過，民主制度並不能解決人民對政治和經濟改革緩慢的抱怨。拉丁美洲新的民主領袖有很多是自由市場的提倡者，因此不贊成由國家資助糧食津貼、工作及退休金等社會安全措施。爲此，許多中下階級人民開始質疑這種民主制度是否可以改善他們的生活。儘管民眾對低收入、暴力、貪汙和長期失業的挫敗已成爲政治動蕩的主因，但相關社會改革措施付諸闕如。

第二章　拉丁美洲簡史與對外關係

第一節 簡史

一、哥倫布發現新大陸前美洲概況

一九四二年十月十二日哥倫布首次到達美洲前，印第安人在美洲已有高度的文化發展，總人數達一千四百萬至四千萬人。

對於印第安人，過去有許多誤解。首先，哥倫布把到達的地方誤認為印度，所以將當地居民稱爲印度人或印第安人。其次，一般都認爲印第安人爲紅種人。但實際上，印第安人是黃皮膚，只是常把紅色顏料塗在臉上。

一般都認爲，美洲印第安人爲蒙古人種，約在一萬二千年至一萬五千年前從亞洲東北部通過白令海到達阿拉斯加，之後不斷地遷移和推進，終於散布到美洲各地。除蒙古人種外，學者也認爲一部分印第安人屬於澳大利亞的美拉尼亞人種。首批印第安人，不僅耕種而以漁獵和採集野蔬果維生。之後，他們在美洲建立各種生活和社會制度，並累積大量的文化財富。

印第安人分布廣泛，種族複雜，語言和膚色也各不相同。其中，墨西哥及中美洲的阿茲提克人和馬雅人，安地斯山區的印加文化足爲代表。印第安人的社會經濟發展，大多屬於部落公社制模式，部落成員多半具有血緣關係。

二、一四九二至一八二六年殖民統治期

從一四九二年哥倫布首次登陸美洲起，到一八二六年大部分拉丁美洲國家獨立爲止，三百多年間，西班牙、葡萄牙和法國殖民統治拉丁美洲。當時殖民統治者大肆掠奪拉丁美洲天然資源、強奪印第安人的土地及財富，同時屠殺印第安人並破壞其傳統的社會制度與文化，並將大莊園制（hacienda）、農奴及奴隸制度強加在印第安人身上。此外，殖民者歧視和排斥土生白人（criollos），領導統治階層都由在伊比利半島出生的西葡人士擔任。

由於政治及經濟的不平等，土生白人結合分離主義者，進行獨立運動。當然，十九世紀初拉丁美洲的獨立運動也受到十八世紀末美國獨立運動及法國大革命成功的鼓舞。此外，啓蒙運動所傳播的自由理念也扮演觸媒的角色。

另外，傳播天主教信仰也是西班牙征服及殖民新大陸的重要任務之一，目前拉丁美洲地區有百分之八十以上的民眾是天主教徒，可窺知一二。

再者，西、葡、法殖民時期所建立的大莊園制度，奴隸制及地方酋長主義（caciquismo），造成拉丁美洲地區土地集中在少數人手中，經濟依賴外國強權以及個人主義式的政治領導風格，使得大多數國家面臨軍人及獨裁統治的紛擾現象。

而拉丁美洲地區爲何不能像北美英國殖民地在獨立後成爲單一國家，因素眾多。首先，殖民者的統治方式，加深這個地區的分裂。在殖民時期，拉丁美洲殖民地只能直接與宗主國貿易，區域間的貿易則完全被宗主國禁止，因此減少各地區間的互賴依存關係。其次，拉丁美洲獨立後又淪爲英、美政治及經濟附庸，更加深了既存的分裂現象。再者，拉丁美洲地區在獨立初期社會結構較美

國複雜。拉丁美洲獨立受益最大的是土生白人，印歐混血（mestizos）及印第安人的社會及經濟地位卻無明顯改變。最後，大河、高山及叢林等地理的阻隔，阻礙彼此間的來往，而這些地理因素最後也都成爲拉丁美洲獨立國家間的天然疆界。

㈠西班牙及葡萄牙的探險與征服

一四九二年八月十二日，哥倫布率領三艘遠征船從西班牙出發，首次橫渡大西洋，於十月十二日到達西印度群島的西班牙島，隨後，到海地、古巴等地。此後，哥倫布又進行三次航行。美洲地理大發現，摧毀印第安古文明也開始三百多年的殖民統治。

哥倫布的航行和「發現」，促成西班牙、葡萄牙、義大利、英國、法國和荷蘭等國的探險家和殖民者接踵而至，而西葡是主要角色。一四九四年六月七日，爲解決爭奪美洲殖民權益的糾紛，羅馬教皇調停促成西、葡兩國簽訂《托德西利亞斯條約》（Tratado de Tordesillas），劃定兩國在美洲的殖民勢力範圍。

西班牙殖民者首先征服西印度群島，在海地建立第一個殖民據點。隨後，又先後占領多明尼加和古巴等地。西班牙的征服造成西印度群島上百萬印第安人慘遭屠殺，或者死於疾病和苦役，最後所剩無幾。此後，殖民者以此爲基地繼續征服南北美洲廣大地區。一五一九年，科爾特斯征服墨西哥的阿茲提克，首戰失利。一五二一年捲土重來，將阿茲提克的特諾奇特蘭城夷爲平地，建立墨西哥城。一五三一年，皮薩羅進軍南美，俘獲印加王阿塔瓦爾帕，並將其殺害。一五三三年，占領印加首府庫斯科，一五三五年征服祕魯全境。到十六世紀中葉，除巴西外，北起加利福尼亞灣，南抵智利和阿根廷南端的廣大地區都隸屬西班牙，使西班牙成爲規模空前的殖民帝國。

一五〇〇年四月二十二日，葡萄牙航海家阿爾維斯・卡布拉（Pedro Alves Cabral）發現巴西，開啓葡萄牙對巴西的占領。一五三二年，葡萄牙王室派遠征軍在巴西建立殖民地，開始對巴西長達三個世紀的殖民統治。此後，殖民者屠殺印第安人，不斷向內陸擴張，終於建立了面積廣大的巴西殖民地。初期，殖民地的經濟主要依靠採伐巴西木，種植甘蔗和棉花等作物為主並出口到歐洲國家。

此外，英國、荷蘭、法國除從事海盜活動和走私貿易外，也插足瓜分殖民地。英國侵占牙買加、特立尼達和宏都拉斯的一部分，荷蘭占領庫拉索島，法國奪得海地島的西半部和馬提尼克、瓜德羅普等島嶼。這三國還瓜分圭亞那。

(二)西屬美洲的政治制度

在征服美洲的過程中，西班牙逐步建立符合宗主國需要的殖民制度。當時，西班牙正處於封建專制王權的極盛時期，因此在美洲推行的殖民制度也都留下封建主義的烙印。

一五二四年，西班牙國王卡洛斯一世在馬德里建立「西班牙印度諸地事務院」（Consejo de Indias），通稱「西印度事務院」，代表國王行使權力並主管美洲殖民地的立法、行政、軍事、財政和教會等所有事物，同時任命殖民地高級行政官員和神職人員。一五三五年起開始設立總督，代表國王直接統治美洲殖民地。初期只設立新西班牙和祕魯兩個總督區，到十八世紀末增加為四個，包括：新西班牙總督轄區（一五三五年），涵蓋墨西哥、中美、西印度群島及今天美國南部地區，首府設在墨西哥城；祕魯總督轄區（一五四二年），包括祕魯和智利，首府設在利馬城；新格拉納達總督轄區（一七一八年），包括哥倫比亞、委內瑞拉和厄瓜多，首府設在波哥大；拉不拉他總督轄區（一七七六年），包括阿根廷、烏拉圭、巴拉圭和玻利維亞，首府設在布宜諾斯艾利斯。總督轄區之下，還設立都督轄區（capitanía general）。市的權力機關爲市政議會（cabildo），是具有一定自治性質的組織，兼有行政和司法職能。

在總督轄區首府和重要城市，還設有檢審庭（audiencia），代表國王在殖民地執行司法權，並監督殖民地各級行政官吏，同時在總督、都督缺位時，可自動代行職權。雖然設有各種的監督和限制，事實上西班牙王室對美洲殖民地鞭長莫及。絕大部分由「半島人」組成的高級官吏對殖民地專制統治並巧取豪奪，整個官僚體制充滿貪汙腐敗的現象。

天主教會是西班牙殖民統治美洲的重要支柱。教皇的訓諭，西班牙國王享有直接管理殖民地教會的權利。因此，王權與教會結合成爲西班牙殖民制度的重要特

圖2-1　烏拉圭國父阿帝迦騎馬雕像（吳樹民攝）

點。國王可以隨意任命高級神職人員，並徵收十一稅。居民從出生受洗、受教育、結婚一直到送葬，都受到教會嚴格控制，而且教會還擁有巨額的財產和土地。

㈢西屬美洲的土地和勞動制度

西屬美洲的土地和勞動制度也反映了宗主國的生產方式。起初，西班牙把從印第安人搶奪來的大批土地賞賜給早期的殖民者，包括大貴族、大主教、大商人以及各式各樣的冒險家，這是拉丁美洲大地產制的起源。一五〇三年起開始推行委託監護制（encomienda），依此制度，西班牙王室將印第安人以區域爲單位「委託」給白人殖民者「監護」，監護主有責任「教化」印第安人皈依天主教。

十六世紀中葉，西班牙王室取消監護主享有私人勞役的權利，委託監護制開始衰落，轉而推行「徵派勞役制」。在此制度下，印第安村社的成年男子，除酋長外，都必須應召服役；雇主對服役的印第安人給付一定的報酬。此制度後來被以債役雇農制爲特徵的大莊園制所代替。在大莊園制下，莊園主擁有土地所有權，可以轉讓和繼承。大莊園面積通常很大，裡面設有手工藝工作坊、學校和教堂，是一個相對封閉的自給自足社會，也是農村地區政治、經濟的基本單位。

另外，在西印度群島、中美和南美東部沿海地區採用以黑人奴隸勞動力爲基礎的種植園奴隸制。一五〇二年，首批來自非洲西海岸的黑人奴隸被販賣至聖多明哥島。種植園經濟的建立，促成西印度群島充斥黑人奴隸。

(四)殖民地時期經濟與文化發展

儘管受到宗主國嚴厲的控制和壟斷，在三百年殖民統治期間，拉丁美洲殖民地的經濟與文化仍有重要的發展。

在歐洲殖民者抵達前，拉丁美洲印第安人已培育玉米、馬鈴薯、番茄、甘薯、菸草等多種農業物，此後殖民者引進小麥、水稻、香蕉、葡萄等作物，馬、牛、羊、豬等家畜，以及比較先進的生產工具。而大牲畜和車輛的傳入，對拉丁美洲經濟發展意義重大。拉丁美洲穀物的生產只供應當地需求，而殖民者大力鼓勵和推廣甘蔗、棉花、可可、菸草、咖啡、靛藍等少數可外銷歐洲賺錢的種植業。此政策導致拉丁美洲長期嚴重依賴單一產品出口。

開採金銀是西班牙王室開發美洲殖民地的主要目的，因此，一開始就受到鼓勵。殖民初期，墨西哥是主要產銀區。十六世紀中葉，玻利維亞的波多西發現更大的銀礦，產量曾一度占世界一半。

爲保護本國工業，西班牙對殖民地工業限制比農業更爲嚴厲，因此，殖民地工業相對薄弱。但由於殖民地人口眾多，落後的西班牙根本無法滿足殖民地對工業產品的需求，因此殖民地的棉紡和毛紡工業仍得到發展。

另外，宗主國對殖民地貿易進行壟斷。一五〇三年，塞維亞成立貿易署全面管理殖民地交通和貿易。對殖民地貿易是少數西班牙商人的特權。而且，王室規定殖民地只能與宗主國貿易。十八世紀中葉，西班牙國王卡洛斯三世改革貿易制度，逐步放鬆控制。長期封閉隔絕的西屬美洲日益進入世界市場，資本主義進一步發展。

殖民期間，拉丁美洲文化教育事業，完全被天主教會壟斷。一五五一年，利馬成立拉丁美洲最古老的聖馬科斯大學。不過，接受教育的大多屬上層白人、極少數富裕的混血人種和印第安貴族的子弟。印第安人、黑人、混血人種幾乎全是文盲。啓蒙思想的傳播，對殖民地革命思想的形成產生深遠影響。

(五)葡屬巴西的統治制度

整體而言，葡屬巴西的統治制度類似西屬美洲，但有自己的特點。葡萄牙沒有在國內設置管理巴西的專門機構，而是在巴伊亞設置總督，統轄整個巴西。而且，總督的權利也是名義上的，因爲整個巴西殖民地分屬十多處世襲領地，由十二個大貴族管轄，稱爲都督轄區。市政議會不僅有行政權也有立法權，負責招募民團、保衛海防、社會治安及其他公共事務，且有權監督關稅和徵稅，權力比西屬美洲的市政議會更大。

葡萄牙在巴西推行封地制，由王室將土地封賞給殖民者，形成巴西的地主階級。巴西經濟的特點是盛行單一產品制和種植園奴隸制。征服初期，主要出口產品是貴重紅檜「巴西木」。十六世紀初到十七世紀末，農業得到初步發展，農作物有菸草、甘蔗、棉花、木薯、可可、玉米、咖啡及豆子等，其中，甘蔗居主要地位。一六七八年及一七二〇年，分別在米納斯吉拉斯州及聖佛朗西斯科河流域發現金礦，掀起「採金熱」。

十八世紀末，黃金礦源趨於枯竭，蔗糖再度成爲巴西經濟重心。但甘蔗種植與金礦開採，都依靠奴隸勞動。爲了獲取奴隸，種植園主、礦場主深入內地捕捉印第安人，這有助於巴西擴張領土。一五三八年起，由於缺乏印地安勞動力，殖民者開始引進非洲黑奴，到十八世紀末，巴西的黑奴估計達五百萬人。巴西大種植園主的勢力比西屬美洲大莊園主的勢力還大，幾乎統治整個巴西社會。

不過，巴西的工業發展比西屬美洲緩慢，教會勢力也不如西屬美洲強大，文化教育比西屬美洲落後，甚至在殖民統治期間，都沒有建立大學。

三、獨立後到第一次世界大戰

大部分拉丁美洲國家都在一八二六年前獨立。古巴是在一八九八年美西戰爭後獨立，而巴拿馬則是於一九〇三年在美國協助下脫離哥倫比亞獨立。至於其他英、法、荷等在加勒比海的屬地則在二次世界大戰後才陸續獨立。

獨立初期，拉丁美洲國家因為驅逐西葡統治者且無法快速形成新的領導階層，因此大都是無政府的混亂局面。此外在殖民時代掌控地方政治、經濟的地方酋長主義趁虛在拉丁美洲竄升、盛行，遂行個人、獨裁的統治方式，深刻影響日後拉丁美洲各國政治的穩定。再者，獨立初期拉丁美洲普遍存在主張中央集權的保守派人士及聯邦分權的自由派人士的對立，也造成這些國家政權更迭頻繁。

十九世紀初拉丁美洲國家獨立，顯示大部分國家擺脫殖民時代的貿易限制與障礙，而且大部分國家相繼和美國及西歐建立外貿關係。然而，這些國家在獨立初期進步有限。大多數農村的貧窮及不識字人民生活也沒有獲得改善。

十九世紀中到二十世紀初，以英國為主的世界貿易蓬勃發展，開啓拉丁美洲各國原料出口的新市場。而且，出口激增有助拉丁美洲新興國家的現代化和城市化。再者，經濟的發展形成新興的中產階級，促成阿根廷和智利在十九世紀中葉後成為政治穩定的國家。此外，十九世紀中葉起，大批歐洲移民湧入阿根廷、烏拉圭、智利及哥斯大黎加等國，是目前這些國家白人居多的原因之一。

十九世紀末，因爲工業發展急需拉丁美洲廣大的市場及豐富的原料，美國取代英國成爲在拉丁美洲的新霸權。此外，美國的資本也大量湧入拉丁美洲各國，且從一八九五年起，美國更直接干涉拉丁美洲事務。

㈠獨立戰爭時期

一八〇八年，拿破崙一世出兵入侵、占領西班牙，迫使斐南迪七世退位，引爆拉丁美洲獨立運動，促成拉丁美洲大部分地區結束殖民統治，建立民族獨立國家。

1.墨西哥獨立戰爭

獨立戰爭在北部的中心是墨西哥。此地西班牙殖民勢力強大，革命領導人大部分都是貧苦農民和下層教士。一八一〇年九月十六日，瓜納華托州多洛雷斯村的教區神父伊達爾戈發動起義。一八二一年，西班牙殖民軍官伊圖爾維德聲稱擁護獨立，九月率軍進入墨西哥城，宣布墨西哥獨立。一八二二年五月，伊圖爾維德自行加冕爲帝王，但不久後就被推翻。一八二四年十月，墨西哥公布新憲法，確定墨西哥爲聯邦共和國。

墨西哥獨立運動後，中美洲地區也於一八二一年宣布脫離西班牙獨立，加入墨西哥帝國。一八二三年脫離墨西哥，建立中美洲聯合省。一八三八年又分裂爲瓜地馬拉、薩爾瓦多、尼加拉瓜、宏都拉斯和哥斯大黎加等五國。

2.南美洲北部的獨立戰爭

一八一〇年，南美洲北部的革命於委內瑞拉爆發。四月十九日，卡拉卡斯的土生白人驅逐西班牙殖民官吏，建立執政委員會。次年，召開國會宣布成立委內瑞拉共和國，並制定共和國第一部憲法。第一共和國失敗後，玻利瓦爾發表《卡塔赫納宣言》並於一八一三年重建委內瑞拉共和國，即第二共和國。玻利瓦爾被稱爲「解放者」，並成爲共和國最高執政者。不久，第二共和瓦解。一八一八年二月，宣布成立第三共和。一八一九年，則建立包括委內瑞拉和新格拉納達在內的大哥倫比亞共和國，玻利瓦爾當選爲共和國總統。至此，南美北部的獨立戰爭結束。

3.南美洲南部的獨立戰爭

一八一〇年五月二十五日，布宜諾斯艾利斯人民推翻西班牙總督，成立由土生白人組成的臨時政府。各省紛紛響應支持新政權，史稱「五月革命」。一八一七年，聖馬丁率五千人組成的「安地斯軍隊」，翻越海拔三千多公尺的安地斯山，在奧希金斯的配合下促成智利獨立。一八二〇年，聖馬丁組織艦隊，從海上進軍祕魯，於一八二一年攻入利馬城。七月，祕魯宣布獨立。但西班牙仍擁有重兵，固守祕魯。

爲了爭取祕魯獨立，一八二二年七月二十六至二十七日，聖馬丁與玻利瓦爾在瓜亞基爾會晤。會談意見相左，最後聖馬丁悄然隱退，由玻利瓦爾承擔祕魯的獨立。一八二四年八月，取得胡寧戰役的勝利，十二月蘇克雷統帥的聯軍在阿亞庫喬戰役中大獲全勝，摧毀西班牙殖民軍的主力。一八二五年，上祕魯宣布獨立，以玻利瓦爾的名字命名新建的共和國爲玻利維亞。一八二六年一月，西班牙最後一支軍隊在祕魯的卡亞俄港投降。除古巴外，整個西屬美洲大陸獲得獨立。

4.巴西的獨立運動

巴西的獨立運動肇始於一七八九年沙維爾所領導的起義。但是十九世紀初，巴西未能掀起西屬殖民地那樣的革命浪潮，主要是因爲葡萄牙王室遷移到里約熱內盧，直接統治巴西。一八一五年，若望親王宣布成立「葡萄牙——巴西——阿爾加維聯合王國」，並於次年繼承王位，稱若望六世。一八一七年伯南布哥起義，提出建立獨立自由巴西的口號，但被若望六世所鎮壓。

一八二〇年葡萄牙爆發革命，迫使若望六世於次年返回葡萄牙，王子佩德羅成爲巴西的攝政王。一八二二年一月，佩德羅聲明拒絕葡萄牙議會命令其返國的要求，準備召開制憲會議，建立君主立憲國家。同年七月，葡萄牙議會否決巴西建立獨立國家的要求，宣布巴西制憲議會非法，並準備增兵討伐巴西。爲此，佩德羅於九月七日宣布巴西獨立，高呼：「不獨立，毋寧死！」。十二月一日，佩德羅加冕爲皇帝，巴西成爲立憲帝國。在拉丁美洲獨立運動中，除墨西哥的短暫帝制，巴西是唯一建立君主制的國家。

(二)獨立後至第一次世界大戰

1.考迪羅主義盛行

獨立戰爭後，拉丁美洲建立新興的共和國。但是共和體制徒具形式，「考迪羅」（caudillo）的軍事獨裁者大權獨攬，實行專制統治。從此，一些地方首領，透過政變或戰爭，以暴力手段奪取政權和維持政權，成爲拉丁美洲各國政治中常見的現象。「考迪羅」在西班牙語爲「首領」的意思，原指獨立時期拉不拉他地區的首領，後泛指拉丁美洲各國的軍事獨裁者。

在對外關係方面，各國考迪羅都好大喜功，窮兵黷武，頻頻發動對鄰國的戰爭。新獨立國家之間的未定國界，引發更多衝突與戰爭。總之，考迪羅主義是拉丁美洲經濟發展和政治進步的最大障礙之一。

2.大地產制度

獨立後，許多殖民地時期的大地產從西班牙王室、葡萄牙王室、貴族和教會轉入土生白人和混血人種的手中。由於土生白人領導獨立革命，在獨立後依靠掌握的權利，恣意兼併更多的土地。此外，獨立後大批將軍和新官僚也得到大批土地賞賜，成爲新的土地權貴。

十九世紀中葉後，拉丁美洲的大地產制因下列因素，進一步加強。第一，外國資本向拉丁美洲不斷滲入，部分外國公司直接控制大片土地；第二，工業革命引起國際市場對農業產品的需求，促成拉丁美洲的種植園、大莊園和牧場用地的擴大；第三，人口成長和城市發展擴大對糧食的需求；第四，一些國家的自由主義改革運動制定反教會的立法，拍賣教會地產，並要求將印第安村社的公地分割爲私人地產。

在大地產工作的主要是印第安人、黑人和混血種人的農民。一八五〇年代後，西語美洲國家先後廢除奴隸制。此外，巴西於一八五〇年禁止奴隸貿易，並於一八八八年廢除奴隸制度，被解放的奴隸成爲佃農或農業工人。

3.歐美資本主義的入侵

拉丁美洲獨立後，歐美資本主義取代西班牙及葡萄牙，在拉丁美洲建立霸權。首先掠奪拉丁美洲的是英國。十九世紀以前，英國殖民海盜早就在加勒比海地區占據牙買加、宏都拉斯、圭亞那等殖民地。獨立戰爭時，英國以幫助獨立運動，對巴西、阿根廷、烏拉圭、智利、委內瑞拉和中美洲等地區進行貿易擴張，並以軍火和金錢供給革命軍。

十九世紀中葉後，英國更藉由投資、貿易等手段進行經濟擴張。拉丁美洲各國的鐵路、港口、公共設施、硝石、石油以及電話和電力等行業，都受英國不同程度的控制。除了經濟外，英國也以武力入侵確保在拉丁美洲既得的利益。一八三三年，以武力奪取阿根廷的馬爾維納斯群島（Islas Malvinas）；一八三五年，侵占宏都拉斯並將部分領土作爲殖民地，即現今的貝里斯。

早在獨立初期，美國就對拉丁美洲表露擴張主義傾向，力圖在拉丁美洲取得支配地位。一八二三年十二月，美國總統門羅在國情咨文中發表聲明，宣稱美國不干涉歐洲事務和任何歐洲國家在美洲已有的殖民地，但也反對任何歐洲國家干預美洲事務和在美洲進行新的殖民擴張，此爲著名的「門羅主義」。

一八四六至一八四八年，美國發動美墨戰爭，強迫墨西哥簽訂《瓜達盧佩——伊達爾哥條約》，強奪德克薩斯、新墨西哥和加利福尼亞等大片土地。一八三五年，美國又從墨西哥取得麥西亞峽谷地區。最終，美國先後從墨西哥攫取了二百三十萬平方公里，占當時墨西哥百分之五十五的國土。

一八九八年，美國趁古巴獨立戰爭將取得勝利之際，發動美西戰爭，強占波多黎各，並把古巴變成保護國。一九〇三年，美國策動巴拿馬脫離哥倫比亞獨立，取得運河開鑿權和永久租讓權。隨後，美國推行「大棒政策」（Gran Garrote），及「金元外交」（Diplomacia de Dólar），軍事干涉加勒比海和中美洲地區。在經濟方面，美國資本迅速擴大。

4.早期改革與現代化

十九世紀後期，拉丁美洲政局趨於穩定。獨立戰爭的革命英雄先後去世，取而代之的是新當權的自由派。他們強調重實際少理論，主張結束半個世紀來的無政府狀態，以強化統治，發展經濟。

首先，崇奉經濟自由主義，加強初級產品對歐洲的出口。獨立初期，各國內部支持與抵制自由貿易之間的紛爭不斷。但從十九世紀末至二十世紀初，自由放任主義在很多拉丁美洲國家發揮決定性影響。因此，十九世紀後半葉起以初級產品出口爲特徵的對外貿易，成長驚人。

其次，大力提倡興辦實業和教育。此時，拉丁美洲各國竟相採用歐美的發明和革新，大力興建鐵路、電訊、港口等設施，其中以修築鐵路影響爲最大。另外，十九世紀拉丁美洲領導人都寄望透過教育來開啓民智，創辦仿效歐美的各類現代學校，並聘請外國專家領導，以培養推行歐化的人才。

最後，鼓勵從歐洲大規模移民。許多自由派思想家、政治家把拉丁美洲的落後和不發達歸因於民族的素養和血統，因此鼓勵外來移民以帶來好血統。而且，許多拉丁美洲上層人士認爲靠傳播歐洲文化已顯不足，唯有從歐洲大量移民才是挽救國家之道。因此，各國的移民法或有關計畫都具有明顯的選擇性，只鼓勵吸收歐洲移民。

5.資本主義的發展和拉丁美洲的半邊緣化

十九世紀後期，拉丁美洲國家出口貿易的擴大、生產技術和教育的革新以及歐洲移民的增加，促進獨立後拉丁美洲首次的經濟繁榮以及拉丁美洲現代工業的發展。然而，拉丁美洲資本主義與工業化，加深拉丁美洲國家經濟殖民地化以及嚴重依附歐洲新興工業國。

獨立後，拉丁美洲並沒有改變原來經濟畸形發展的局面，仍然依照資本主義國際分工的需求而重新定位，加深經濟單一化發展的趨勢，並讓拉丁美洲各國經濟發展出現更大的不平衡及差異，形成以下三種主要類型。首先是熱帶農業品出口地區和國家。這包括加勒比海地區、西印度群島、中美洲、巴西、哥倫比亞以及墨西哥、委內瑞拉部分地區。直到十八世紀末，蔗糖與菸草一直是此地區典型的傳統產品。從十九世紀中期以後，由於國際市場的需求，咖啡、可可、橡膠的種植迅速增加。

其次是溫帶產品出口國。它包括阿根廷、烏拉圭等南錐國家，主要出口小麥、肉類和毛皮。南美氣候溫和，有廣大的彭巴草原可供開發，但由於早期與舊大陸遠隔重洋，交通甚爲不便，農牧業生產長期未受到重視。十九世紀末，因遠洋運輸輪船以及冷藏設備的發明，促進洲際間的貿易以及肉類的大量出口。

最後是礦產品出口國。這類國家主要包括墨西哥、智利、祕魯和玻利維亞。十九世紀下半葉，由於工業革命的帶動和運輸工具的改革，拉丁美洲礦業出現巨大變化。隨著技術的進步，世界對有色金屬的需求顯著增長。智利的銅和硝石的開採在此時期獲得大規模發展。

總之，拉丁美洲國家自十九世紀初以來對歐化的追求，不但沒有讓自己跟上歐美的發展，而且始終未能擺脫依附西方工業大國。

此外，隨著拉丁美洲資本主義工業的建立和發展，十九世紀下半葉拉丁美洲出現工人階級，並在一些國家成爲重要力量。十九世紀中葉，阿根廷、墨西哥、智利、烏拉圭等工人階級形成較早的國家，出現早期的工人組織與工人運動。同時，農民和農業工人爲抗債、抗租和爭取土地，也曾多次發動大規模的抗爭。

6.古巴獨立戰爭和墨西哥革命

十九世紀末和二十世紀初，拉丁美洲出現古巴獨立戰爭和墨西哥資產階級民主大革命，這是拉丁美洲爭取獨立和解放的民族民主革命的繼續和發展。一八九五年初，古巴革命雄馬蒂起義，發動古巴第二次獨立戰爭。一八九八年起，全國近三分之二的土地解放，迫使西班牙同意古巴自治。同年四月，美國對西班牙宣戰，侵入古巴。十二月，美西在巴黎簽訂和約，西班牙承認古巴獨立並立即撤軍。一九〇二年五月二十日，古巴共和國宣告成立，但美國強迫古巴將美國參議員普拉特提出的修正案，載入古巴憲法。該修正案規定美國有權出兵干涉古巴，實際上古巴淪爲美國的保護國。

一九一〇至一九一七年，墨西哥爆發反對迪亞斯獨裁統治的革命。參加者有農民、工人、知識份子以及對外國壟斷資本不滿的部分地主。一九一七年通過的民主憲法是革命勝利的標誌。憲法規定：總統由人民直接選舉，任期四年，不設副總統；一切土地、河流和礦藏歸國家所有；嚴格限制外國資本對墨西哥自然資源的利用；沒收教會財產歸國家所有；把印第安人及教會土地供農民使用；消除大地產，並發展小土地所有制；廢除農奴制；工人有組織工會和罷工權，以及實行八小時工作制等。這是當時拉丁美洲最進步的憲法，而且墨西哥大革命也揭開拉丁美洲現代史的序幕。

四、第一次世界大戰至冷戰末期

一次世界大戰後，歐洲對拉丁美洲影響力遞減，而美國經濟勢力則不斷增加。美國的跨國企業深入拉丁美洲各國的農、工、礦、交通及服務等各行業。而且拉丁美洲各國的原料及食品出口也都以美國爲主要市場。

一九二九年世界經濟危機及隨後的二次世界大戰，對拉丁美洲帶來正負面的影響。阿根廷、巴西及墨西哥等大國都把握機會，促進國內工業發展，但對大部分中美洲及加勒比海等小國卻仍然依賴農業等第一級產物的外銷，仍處於低度發展。

(一)拉丁美洲經濟發展

進入二十世紀後，拉丁美洲各國經濟方面的變革，對社會發生深刻的影響，而且工業化、現代化建設進入新的發展時期。

二十世紀上半葉拉丁美洲的經濟發展，儘管受到外部力量的巨大衝擊，但仍取得顯著的進步。第一次世界大戰、一九三〇年代的大蕭條和第二次世界大戰都使拉丁美洲所有國家被迫改變貿易方式，並促使經濟結構產生重大變化。第一次世界大戰爆發後，戰爭阻礙歐美產品的流入，間接促成拉丁美洲國家創建於十九世紀中後期的紡織、建築及其他有關工業獲得迅速發展，其中以阿根廷、巴西、智利、墨西哥、烏拉圭和古巴等國家最爲明顯。

一九三〇年代世界經濟危機期間，拉丁美洲經濟由於單一產品制和過分依賴國外市場，而受到嚴重的打擊。雖然出口衰退造成拉丁美洲進口制成品的資金減少，但也促成各國大力發展本國工業。第二次世界大戰期間，拉丁美洲國家向同盟國提供戰略物資和原料，出口貿易的增加帶來黃金和外匯儲備大增，民族工業獲得進一步發展，而且政府扮演促進工業發展的重要角色。

(二)民粜主義與進口替代

二十世紀起拉丁美洲資本主義蓬勃發展，中等階級與資產階級不斷成長擴大。因此，許多國家出現代表資產階級利益的政黨，比較著名的有阿根廷的激進公民聯盟、智利的激進黨、烏拉圭的紅黨、哥倫比亞的自由黨、祕魯的美洲人民革命聯盟、墨西哥革命制度黨等。此外，工人力量進一步壯大，工人大幅增加，工會組織也顯著發展。

二十世紀中葉，拉丁美洲大陸興起具有民眾主義特色的資產階級改革運動。民眾主義由祕魯政治家阿亞・德拉托雷（Haya de la Torre）所倡導，在很多國家導致新興工業資產階級取代傳統寡頭統治，建立民眾主義政府。其中，影響最大的是墨西哥的卡德納斯（一九三四至一九四〇）、巴西的瓦加斯（一九三〇至一九四五）和阿根廷的貝隆（一九四六至一九五五）。他們都主張反對考迪羅主義，並奠定現代民主政治基礎；打擊外國壟斷資本和封建勢力，大力推行經濟改革；進行土地改革並限制外國資本，將外資企業國有化。

民眾主義政府在推行政治、經濟改革時，也努力嘗試靠本國力量和市場發展工業，亦即推動進口替代工業化的道路。第二次大戰後，以阿根廷經濟學家普雷維什為代表的民族主義經濟思潮，主張在拉丁美洲推動發展主義。發展主義極力主張改變拉丁美洲立國以來對西方模式的盲目追求和一味的模仿態度，探求符合拉丁美洲國家實際的自主性發展道路。而「進口替代」就是採用保護主義措施扶植國內工業的發展，生產過去從發達國家進口的製成品，帶動經濟增長，促進工業化。從一九五〇年代至一九六〇年代上半期，進口替代成為拉丁美洲國家普遍採取的發展戰略。

㈢軍人政府時期的發展與困境

拉丁美洲國家並沒有因為替代進口工業化而走上持續發展的道路。一九六〇年代後，拉丁美洲開始出現生產停滯和通貨膨脹，社會經濟和政治各種矛盾趨於激化。從一九六四年至一九七〇年代初，拉丁美洲各國為防杜左派游擊隊及左派革命成功，由巴西開始相繼發生軍人政變，盛行一時的民眾主義政府倒台，普遍建立「官僚威權主義」的軍人政府。此政權的特徵是，在政治上實行專制，壓制民眾；在經濟上則積極倡導發展，熱心推行工業化政策。不過，它是以犧牲政治發展來追求經濟的高速成長。

在官僚威權主義體制下，拉丁美洲由普通消費品轉向耐用消費品和資本財產品的替代，同時結合進口替代和出口導向，使發展更趨靈活。另外，面對世界經濟相對穩定和繁榮，以及國際貿易迅速成長，拉丁美洲國家放寬保護政策，重新強調對外開放，積極發展貿易，以及採取優惠政策鼓勵外國投資；同時減少國家對經濟的干預，發揮市場作用。此外，許多國家還推行私有化政策，但大多數國家仍掌控重要的基礎工業。

軍人政府時期，雖然經濟曾獲得較大的發展。但是，拉丁美洲工業化、現代化過程中暴露出來的矛盾和問題，更加嚴重。例如：片面追求工業化，農業嚴重滯後；城市化超前工業化的發展，造成城市畸形化；貧富不均加大；以及大量舉借外債和高通貨膨脹。因此，一九八〇年代是拉丁美洲經濟「失落的十年」（década pérdida）。

㈣革命運動

二十世紀中葉以來，拉丁美洲有四個國家發生革命運動，分別是：瓜地馬拉革命（一九四四至一九五四）、玻利維亞革命（一九五二至一九六四）、古巴革命（一九五九）和尼加拉瓜革命（一九七九）。這四國爆發革命雖有各不相同的歷史背景和條件，但其共同的原因是，主政者執行有利美國壟斷資本和本國寡頭利益的政策，政治上實行專制統治，取消言論自由，並血腥鎮壓工農民主運動。因此，迫使包括知識份子和軍人等廣大民眾發動革命。其結局雖各不相同，但都是當代拉丁美洲民族民主運動最具影響的重大事件。

㈤外債問題

一九八〇年後，由於受發達國家陷入經濟危機影響，造成一九七〇年代以舉債發展的拉丁美洲國家陷入債務危機。一九八二年危機從墨西哥爆發，很快遍及整個拉丁美洲。在近十年的債務危機中，經濟發展停滯、倒退，通貨膨脹甚至高達百分之一千四百九十一·五，外債總額從一九八二年的三千三百〇九·六億美元增加到一九九〇年的四千二百二十六·四五億美元。

面對嚴重的債務危機，以及債權國施壓，拉丁美洲各國被迫調整和改革經濟。雖然各國改革的措施、力度和結果不盡相同，但有幾個共同點。第一，都實行緊縮政策。第二，都實行公共部門和國有企業私有化。第三，都實行貿易自由化政策。第四，都實行出口導向發展策略，擴大出口，積極參與國際市場。第五，為了提高國際競爭力，拉丁美洲國家都積極推進地區整合，促進地區經濟的發展。

㈥民主化

一九八〇年代，拉丁美洲經濟陷入危機時，其政治體制也開始變革。當時遍及拉丁美洲的軍人政權，或自願或被迫，紛紛還政於民，出現新一波的民主化浪潮。此進程肇始於一九七八年巴拿馬托里霍斯將軍向文人總統移交部分權力開始。一九七九年厄瓜多軍政府向民選政府交權。一九八〇年祕魯建立憲制政府，結束了為期十二年的軍人政府。接著，宏都拉斯（一九八二）、玻利維亞（一九八二）、阿根廷（一九八三）、薩爾瓦多（一九八四）、烏拉圭（一九八五）、巴西（一九八五）、瓜地馬拉（一九八六）相繼由民選政府取代軍政府。而頑固堅持軍事獨裁統治的尼加拉瓜索摩查政府、海地杜瓦利埃政府、巴拉圭史托斯納政府，也分別於一九七九年、一九八六年和一九八九年被革命運動或政變所推翻。一九九〇年三月，拉丁美洲最後的軍政府——智利皮諾契特軍政府也被民選政府所取代。至此，拉丁美洲軍政府國家完成向民選政府過渡，建立代議制民主政體。

(七)一九八〇年代後的政治與經濟發展

一九八〇年代後，拉丁美洲國家推動外交關係經濟化和多元化，除繼續加強與美國的關係外，同時加強和歐盟以及亞太地區的關係。

此外，中美洲幾個國家的內戰和中美洲地區的衝突也由於拉丁美洲國家的努力和多方斡旋而開始和平進程，並在一九八七年八月召開的中美洲五國首腦會議中，對停火、政府與反對派對話以及民主化進程等問題達成協議，簽署《中美洲和平協議》。九〇年代後，陷入長期內戰的薩爾瓦多、瓜地馬拉和尼加拉瓜都按照《協議》精神，走上和平發展的道路。

在經濟政治轉型時，拉丁美洲的社會問題也日益嚴重。一九八〇年代和九〇年代初，貧困現象達到新的高峰，平均吉尼系數高達〇．五六，社會衝突有增無減。因此，各國政府推出社會扶貧計畫和社會保障政策，雖然收到一些效果，但貧困人口的絕對數量並沒有減少。貧困問題仍然是拉丁美洲發展的嚴重障礙。

大部分的拉丁美洲國家幾乎都實行「新自由主義」的發展模式。但是，在此發展模式下社會兩極分化的問題日益嚴重，社會衝突和社會犯罪問題愈演愈烈。拉丁美洲究竟應實行什麼發展模式仍有爭論、仍需探索。

五、冷戰結束後的拉丁美洲情勢

一九八九年蘇聯及東歐共產體制的瓦解，代表東西對抗亦即冷戰時期的結束，此事件對拉丁美洲情勢也影響深遠。首先受到衝擊的是美拉雙邊關係。冷戰結束，美國成爲唯一超級強國，所以拉丁美洲不再是美國拉攏對抗共產主義擴張的親密戰友。一九九〇年代，柯林頓政府致力內政及經濟建設，對拉丁美洲的關注及援助愈來愈少，拉丁美洲有逐漸被邊緣化的危機。

此外，二次世界大戰以後的冷戰時期，美國常以反蘇、反共產的理由直接介入、干涉拉丁美洲各國事務，冷戰結束，已失去其正當性。因此在一九九〇年代美國以打擊毒品走私爲新的藉口，介入拉丁美洲打擊各國左派游擊勢力。此外，美國政府也認爲拉丁美洲移民影響其國家安全及社會福利。

另一方面，一九九〇年代美國極力在拉丁美洲推動經濟上的門羅主義（Doctrina de Monroe），企圖將拉丁美洲畫入美國唯一獨占的市場。美國、加拿大及墨西哥形成的北美自由貿易區，以及一九九四年舉行第一屆美洲高峰會議所揭示在二〇〇五年前建立美洲自由貿易區的構想，都顯現美國對此的企圖心。美洲自由貿易區的成立對拉丁美洲是利是弊，眾說紛紜。不過，拉丁美洲各國大都認爲全球化及自由貿易區的設立，獲利的只是美國，也是美國對拉丁美洲經濟上另類門羅主義的干涉。

雖然大部分拉丁美洲國家在一九九〇年代已經走向民主政府，但是，政治的極端主義以及社會混亂仍普遍存在拉丁美洲各國。例如巴拉圭在一九九六年曾發生失敗的政變；祕魯藤森總統更在一九九二年發動自我政變，解散國會、制定新憲法並重新改選總統及國會；委內瑞拉及阿根廷出現強人領導的局面，這些都不禁令人懷疑拉丁美洲眞的進入民主時代了嗎？此外，自一九二七年起在墨西哥執政的革命制度黨（Partido Revolucionario Institucional, PRI）於二〇〇〇年總統大選中敗給國家行動黨（Partido Acción Nacional, PAN），是墨西哥近七十多年來首次民主政府的更迭。

此外，九〇年代後，拉丁美洲各國進行憲法和選舉制度的改革，選舉程序進一步制度化，而且總統選舉大致上都能順利舉行，政局基本穩定。另外，拉丁美洲很多國家加強反貪腐的力度。然而，由於社會矛盾和社會衝突日益嚴重，近年來又出現極權化趨勢。在沉寂一段時期後，一些拉丁美洲國家的前軍事領導人又突然現身政治舞台，這顯示拉丁美洲國家政治民主化進程仍充滿艱難和曲折。

經過調整和改革，九〇年代拉丁美洲各國的經濟普遍有所恢復，通貨膨脹獲得控制，財政收支基本平衡，經濟發展速度加快。但是，九〇年代後期，先是由於墨西哥金融危機，後又由於東南亞金融危機，拉丁美洲國家的經濟再度陷入不同程度的動盪，這反映拉丁美洲外向型經濟的脆弱性。再者，爲了面對及克服經濟全球化的影響，一九九〇年代拉丁美洲國家再次推動區域整合，例如一九九四年，阿根廷、巴西、巴拉圭及烏拉圭成立南錐共同市場；而安地斯山的委內瑞拉、哥倫比亞、厄瓜多、祕魯及玻利維亞等國也積極推動成立安地斯共同體；至於中美洲也在一九九一年宣布成立中美洲整合體，試圖將政治、經濟及社會整合畢其功於一役。

總之，拉丁美洲地區幅員遼闊，人種複雜，地理差異性大，氣候及物產也不盡相同，因此唯有針對各國分別探討、研究，才不致於以偏概全，也才能夠眞正認識並掌握拉丁美洲情勢。

第二節　對外關係

一、地理位置的影響

在拉丁美洲，墨西哥和加勒比海島嶼部分靠近美國。此外，除了巴西的東北部比較靠近非洲和歐洲外，拉丁美洲大部分的地方，由於隔著大洋，與世界各地的關係比較疏遠，兩次世界大戰都對拉丁美洲沒有太大影響。換句話說，拉丁美洲從未捲入世界事務的漩渦，直到古巴問題發生，它才開始與世界其他地區直接接觸。

由於地緣關係，美國勢力進入拉丁美洲是極爲自然的發展。獨立後，美國雖然對國際事務時而持孤立主義，時而積極參與，但是對拉丁美洲地區，則始終保持高度的興趣與極大野心。基本上，美國以下列型態影響拉丁美洲。第一、有形的干涉，如占領島嶼，干涉中美洲國家事務。在十九世紀中葉，美國即曾侵入墨西哥。第二、向拉丁美洲傾銷美國產品，其多寡因距離遠近而有差異。第三、美國對拉丁美洲國家的投資和援助，不受距離遠近的影響。

顯而易見，在戰略和政治上，美國對於鄰近的拉丁美洲國家，比對於南美洲國家更爲關切。美國與鄰近的墨西哥、中美洲及加勒比海國家貿易大增，這主要是面臨大西洋的巴西及阿根廷等拉丁美洲國家所生產的產品與美國的同質性較高。總之，不管拉丁美洲政治如何不安定，以及其距離之遠近，美國對此地區的投資與援助始終抱著極大興趣，但數量多寡，常視地方環境需要及其給予美國的條件而定。

二、外交政策發展

拉丁美洲國家的外交政策和對外關係的發展大致可分爲兩大時期。第一時期從拉丁美洲國家獨立戰爭結束後至第二次世界大戰。此時期拉丁美洲國家的外交政策缺乏獨立性，除少數國家如墨西哥一九三四至一九四〇年的卡德納斯總統外，拉丁美洲國家尚未形成自己獨立的外交政策。第二時期從第二次世界大戰至二十世紀末。戰後半個多世紀拉丁美洲的外交政策和對外關係產生重大的變化。

(一)獨立戰爭結束至第二次世界大戰

1. 獨立戰爭結束至第一次世界大戰

一八〇四年，海地宣布獨立，是拉丁美洲第一個獨立的國家。一八〇八至一八二六年原西班牙美洲殖民地爆發獨立戰爭，戰爭結束後建立十六個國家。原葡萄牙殖民地巴西也於一八二二年宣布獨立。

早在一八一五年的《牙買加來信》中，南美獨立戰爭領導人玻利瓦爾便提出，拉丁美洲各國獨立後應成立統一的美洲共和國聯盟。一八一九年，他建立哥倫比亞共和國後，於一八二二年與委內瑞拉和厄瓜多組成大哥倫比亞共和國。一八二六年六月二十二日至七月十五日，美洲大陸會議在巴拿馬舉行，但與會者只有大哥倫比亞、祕魯、中美洲聯邦和墨西哥四國，美國代表到會議快結束時才到場。

巴拿馬美洲大陸會議是拉丁美洲的第一次國際會議，雖然沒有達到玻利瓦爾預想的成效，但會議所倡導的拉丁美洲各國團結合作的思想至今仍有實際的意義。

從獨立至第一次世界大戰，拉丁美洲的外交政策和對外關係的主要特點如下。首先，拉丁美洲各國獨立後，新生共和國的外交政策重點是防止西班牙重新征服拉丁美洲，另外也防止和抵禦歐洲其他國家的侵略。一八二九年，西班牙曾試圖入侵墨西哥等拉丁美洲國家，但都以失敗告終。

其次，由於歐洲殖民主義者在拉丁美洲的爭奪，以及殖民地時期拉丁美洲行政區缺乏明確界線，造成拉丁美洲國家獨立後發生諸多邊界糾紛。例如一八二〇年代以及一八四〇至一八五〇年代的兩次烏拉圭戰爭，一八六五至一八七〇年的巴拉圭戰爭，又稱三國聯盟戰爭（Guerra de Triple Alianza），以及一八七九至一八八三年，智利對祕魯和玻利維亞發動太平洋戰爭等。

第三，拉丁美洲國家在獨立初期曾對美國存有幻想。一八二三年十二月，美國總統門羅提出「門羅主義」及「美洲是美洲人的美洲」的口號，面對虎視眈眈的歐洲列強，拉丁美洲國家認爲門羅主義是他們的護身符。

第四，拉丁美洲各國曾努力促成拉丁美洲團結並催生泛美主義。在美國倡議下，美洲國家決定成立「美洲各國國際事務局」，後來改組爲「泛美聯盟」。美國企圖透過此機構，控制拉丁美洲各國。最後是，拉丁美洲各國對第一次世界大戰立場不同。

2.第一次世界大戰至第二次世界大戰

此時期，拉丁美洲的外交政策和外交關係特點如下。第一、一九二〇年代拉丁美洲國家對美國的「大棒政策」強烈不滿。因此在一九三〇年代，美國被迫調整對拉丁美洲的政策，提出「睦鄰政策」（Política de Buena Vecindad）。第二、拉丁美洲國家與蘇聯建立外交或經貿關係。一九二四年，墨西哥率先與蘇聯建交。此外，阿根廷、巴拉圭、智利等國與蘇聯發展經貿關係、民間友好往來和文化交流。

第三、一九三〇年代拉丁美洲國家之間發生戰爭和衝突。玻利維亞和巴拉圭發生查科戰爭；祕魯和哥倫比亞因萊蒂西亞的歸屬發生軍事衝突。第四、第二次世界大戰初期拉丁美洲國家採取中立政策。一九四一年十二月七日太平洋戰爭爆發後，大部分拉丁美洲國家跟隨美國先後與軸心國斷交。而阿根廷一直堅持親德立場，在美國壓力下，一九四四年一月才宣布與軸心國斷交，並於一九四五年三月二十七日向日本和德國宣戰。

㈡第二次世界大戰後至一九九〇年代末

1.第二次世界大戰後至一九六〇年代末

此時期，拉丁美洲外交政策特點如下。首先，第二次世界大戰期間和戰後初期，西歐和日本在拉丁美洲國家政經勢力大幅削弱，美國趁機進一步擴張，稱霸拉丁美洲。此時期，拉丁美洲多數國家在經濟上嚴重依賴美國，在政治上受美國嚴密控制。在對外政策上，拉丁美洲國家也都秉承美國的旨意，在聯合國等國際機構中成為美國的表決機器。

其次，第二次世界大戰後至一九六〇年代初大多數拉丁美洲國家與美國結盟和執行「單向依附美國」的政策。一九四七年八至九月間，拉丁美洲國家與美國簽訂《美洲國家間互助條約》，形成地區性軍事集團。隨後，在一九四八年把泛美聯盟改組為美洲國家組織。簽訂《美洲國家間互助條約》和建立美洲國家組織，確立美國在拉丁美洲的霸權地位。

第三，隨著民族經濟的發展和民族民主運動的高漲，第二次世界大戰後拉丁美洲國家對外政策的獨立自主逐步加強。一九四四年，瓜地馬拉革命後成立的民主政府（一九四四至一九五四），推行獨立的外交政策。阿根廷貝隆政府（一九四六至一九五五，一九七三至一九七四）奉行「第三立場」，反對美國在美洲國家組織中發號施令，拒絕支持第十次美洲國家會議通過的反共決議。墨西哥政府則拒絕與美國簽訂雙邊軍事協定，也不支持美國提出的反共決議。

第四，一九五九年一月初古巴革命勝利，嚴重挑戰美國在拉丁美洲的霸權地位。一九六〇年代，拉丁美洲國家對外政策獨立性不斷增強。此外，由於美國對古巴採取封鎖、禁運、武裝侵略等政策，古巴轉而加強與社會主義國家的關係。一九六一年初，美國與古巴斷交。一九六二年，美國利用美洲國家集體制裁古巴的決議，排除古巴會籍。不過，墨西哥仍不顧美國壓力，與古巴維持邦交。

最後，一九六〇年代後期拉丁美洲民族主義浪潮高漲，與美國關係疏遠。在經濟上，拉丁美洲國家推動國有化，沒收或徵收外資企業，特別是美資企業。在外政策方面，拉丁美洲國家也強烈希望擺脫美國的控制，按照自己的意願和利益處理對外事務。

2. 一九七〇年代初至一九九〇年代末

一九七〇年代，拉丁美洲外交政策獨立自主傾向增強。首先，拉丁美洲國家在一些問題上與美國抗衡，反對美國的控制。其次，承認國際關係中多元意識型態，對外關係多元化。

一九八〇年代，拉丁美洲外交政策目標更明確，外交政策漸趨穩健和務實，外交獨立性進一步加強。而且一九八〇年代是拉丁美洲地區努力爭取和平、發展和民主的年代。此外，一九八〇年代拉丁美洲爆發債務危機且中美洲衝突加劇，一九八二年英國和阿根廷爆發馬爾維納斯群島戰爭；一九八三年和一九八九年美國分別入侵格拉納達和巴拿馬；而且拉丁美洲各國民主化進程加快。當時，全球各種勢力聚焦拉丁美洲，外交動作頻繁。這些因素使得拉丁美洲外交政策展現新的特點。

首先，外交政策的目標更加明確，旨在爭取和平，特別是中美洲地區的和平，以及解決債務問題。其次，一九八〇年代隨著世界格局的變化和拉丁美洲地區民主化進程的發展，溫和穩健和務實的外交政策成爲拉丁美洲對外關係中的主要特點之一。

一九九〇年代，東歐劇變、蘇聯解體以及冷戰結束，世界從兩極走向多極，形成「一超多強的局面」。此外，世界經濟全球化以及區域化迅速發展，促成一九九〇年代拉丁美洲外交政策出現新的特點。首先，拉丁美洲國家之間團結合作加強，區域整合取得新的發展。其次，拉丁美洲除了重視與美國的關係，積極推行多元外交，加強與歐盟、亞太地區國家的關係。第三，拉丁美洲國家與美國關係有所改善，雙方的合作加強，但在貿易、人權、掃毒、環境、移民等問題上依然存在矛盾和分歧。

三、拉丁美洲與美國的關係

從二十世紀初起，特別是在第二次世界大戰後，與美國的關係一直居拉丁美洲對外關係和政策的優先地位。目前，美國是拉丁美洲第一大貿易夥伴，也是最大投資國和最主要的債權國。

此外，拉丁美洲是美國南面的屛障，中美洲和加勒比地區，特別是巴拿馬運河，是美國西海岸與歐洲之間，東海岸與日本、中國及亞洲其他國家間的重要通道，戰略十分重要。而且，拉丁美洲也是美國重要的原料供應地、出口和投資市場，經濟利益重要。因此，美國一直將拉丁美洲視爲傳統勢力範圍，不容其他外來勢力染指。

㈠從獨立運動至第一次世界大戰

一八二〇年代，拉丁美洲國家獨立後不久，紛紛與美國建立外交關係。當時拉丁美洲國家仍面臨西班牙殖民勢力和神聖同盟侵略的威脅，因此迫切希望得到美國的支持。

一八二三年十二月二日，美國總統門羅提出「美洲是美洲人的美洲」的《門羅宣言》，以抵制歐洲列強對拉丁美洲的干涉。此宣言是美國擴張的理論基礎，也是美國將西半球變成勢力範圍的正式聲明。

不過，此宣言發表後的二十年，美國因國力有限沒有能力對外大舉擴張。一八四六至一八四八年，美國挑起美墨戰爭，墨西哥被迫簽訂《瓜達盧佩——伊達爾戈條約》。總之，一八四〇至一八五〇年代，美國透過戰爭、掠奪及購買，使墨西哥喪失百分之五十五以上，近二百三十萬平方公里的領土。

一八四〇年代，門羅主義漸漸形成，並衍生出各種擴張理論。此外，一八四五年，美國提出「天定命運」（Destino de Manifiesto），鼓吹「上帝賦予美國在整個美洲大陸發展的權利是天定命運」。

一八九八年，爆發美西戰爭，西班牙戰敗。西班牙放棄對古巴的主權和所有權，並將波多黎各、關島和菲律賓割讓給美國。一九〇一年，美國將《普拉特修正案》強加給古巴，修正案同意美國軍隊干涉古巴的權利。一九〇二年，美國承認古巴獨立，但於隔年利用修正案租借古巴的關塔那摩灣爲海軍基地。

一九〇〇年，「大棒政策」成爲當時美國在拉丁美洲，特別在中美洲和加勒比地區高壓政策的代名詞。一九〇三年，美國揮舞大棒支持巴拿馬脫離哥倫比亞獨立。隨後，美國與巴拿馬簽約，獲得運河的開鑿權和控制權。

一九一二年十二月，為加強美國在拉丁美洲的經濟和政治影響力，美國總統塔夫脫提出「美元外交」政策，大棒與美元並用。此外，美國利用第一次世界大戰期間歐洲列強無暇顧及拉丁美洲的機會，擴大在拉丁美洲的勢力。

㈡一九二〇年代至第二次世界大戰

一九二〇年代，美國隨意以武力干涉拉丁美洲國家內政。一九二六至一九三三年，尼加拉桑地諾領導人民反美抗爭，迫使美軍撤退。一九三三年三月，美國總統小羅斯福提出「睦鄰政策」，美國與拉丁美洲關係明顯改善。在一九三三年第七次美洲國家會議上，美國投票贊成古巴、海地等國提出的《各國權利和義務公約》，並廢除《普拉特修正案》，但仍繼續占據古巴關塔那摩海軍基地。此外，一九三八年，墨西哥總統卡德納斯宣布石油國有化，雖然美國堅持墨方賠償，但被迫接受墨國將美資公司國有化。

二戰期間，拉丁美洲與美國密切配合，關係到加強。戰爭初期，拉丁美洲多數國家與美國採取中立。且除阿根廷外，大都與美國簽訂協議，允許美國軍隊因戰爭需要過境援助他國。巴西、墨西哥等國還同意美國飛機飛越領空和在本國機場著陸、補給和維修。一九四一年十二月太平洋戰爭爆發後，拉丁美洲多數國家跟隨美國紛紛向軸心國宣戰並與其斷交。

㈢第二次世界大戰結束至一九五〇年代末

此時期，拉丁美洲多數國家實行親美政策，在政治、經濟等方面受制於美國。一九五〇年代起，美洲國家組織成爲美國控制、干涉拉丁美洲的工具。另外，一九四五年三月美洲國家外長會議通過《美洲經濟憲章》，有利美國商品傾銷以及向拉丁美洲輸出資本，使得雙邊貿易以及美國對拉丁美洲的投資急劇增加。此外，美國透過一九四七年的《美洲國家間互助條約》和一九四八年成立的美洲國家組織，掌控拉丁美洲的政治與軍事。

㈣一九六〇年代初至一九八〇年代末

一九五九年古巴革命勝利後，美國宣布停止對古巴的經濟援助，並取消古巴對美國的食糖出口份額。另外，美國操縱美洲國家組織通過決議，干涉古巴內政，並實行禁運。一九六一年一月，美國與古巴斷交。四月，美國支助反抗軍入侵古巴，遭到失敗。

古巴革命勝利和拉丁美洲民族民主運動的蓬勃發展，迫使美國總統甘迺迪於一九六一年三月提出「爭取進步聯盟」，強調美國和拉丁美洲共同發展經濟和改革社會，以遏止古巴革命對拉丁美洲的影響。

一九六〇年代末一九七〇年代初越戰失敗，美國被迫調整國際戰略。一九六九年一月尼克森上任後，推行多極均勢外交，強調願與拉丁美洲國家建立多傾聽及更成熟的夥伴關係。不過，隨著民族民主運動的蓬勃發展，拉丁美洲將以美資爲主的外國企業國有化並擺脫或減少對美國的依賴。對此，美國採取削減配額、限制進口、停止貸款、貿易禁運、經濟制裁和在政治及軍事上施壓等報復措施。

一九七四年，美國國會通過《一九七四年貿易法》，取消參加石油輸出國家組織的委內瑞拉和厄瓜多，以及參加其他原料生產國和出口國組織的拉丁美洲國家和發展中國家的優惠國待遇。

一九七七年一月，卡特政府推動人權外交，改善與拉丁美洲關係。一九七七年九月，卡特與巴拿馬總統托里霍斯簽署巴拿馬運河新約，規定美國在一九九九年底歸還運河主權。此外，卡特政府也採取停止對古巴的偵察飛行，取消美國公民到古巴旅行的限制，美、古在對方的首都互設「照管利益辦事處」等措施。同時，卡特政府向拉丁美洲獨裁政權施壓，有助拉丁美洲民主化。

一九八一年一月起，雷根政府強力干預中美洲和加勒比地區，以防止出現第二個古巴。同時，雷根政府積極打開墨西哥石油市場、爭取墨西哥對中美洲政策的支持，力勸墨西哥加入「北美自由貿易區」，積極改善和加強與墨西哥的關係。另外，雷根政府也盡力修復與巴西、阿根廷、智利等軍政府的關係，以確保南大西洋海上通道安全。

一九八四年前，美國忽視拉丁美洲國家解決債務危機的建議和要求。一九八五年九月，美國改變態度，提出「貝克計畫」，表明美國對債務問題的責任，並採納拉丁美洲提出「以發展促進還債」的要求。

㈤一九八〇年代末至一九九〇年代末

一九八九至一九九三年布希執政期間，正逢東歐劇變、華約解散、蘇聯解體及冷戰結束等變局，因此布希執政初期，雖然主張改善與拉丁美洲關係，改變干涉主義形象。但是，但美國仍以維護國家安全作爲拉丁美洲政策的重點。

同時，布希政府要求薩爾瓦多政府與馬蒂民族解放陣線談判。一九九二年一月，雙方簽署和平協議，結束長達十二年的內戰。另外，一九九二年八月，墨西哥與美國、加拿大達成建立北美自由貿易區的協定，並於一九九四年一月一日起生效。

一九九〇年六月，布希總統提出「美洲倡議」，主張建立美洲自由貿易區，要求拉丁美洲國家改善投資環境，並主張減輕拉丁美洲的債務負擔。提出「美洲倡議」顯示美國對拉丁美洲政策的重點已從國家安全轉到經濟議題。

一九九三年一月起，柯林頓總統延續布希執政後期對拉丁美洲的政策，但也有所調整。他提議在二〇〇五年建立以美國居主導地位的美洲自由貿易區，同時主張鞏固拉丁美洲地區的民主體制，並以打擊販毒和恐怖主義活動作爲安全重點。

另外，柯林頓政府取消對拉丁美洲國家出口高科技武器的禁令，放鬆對拉丁美洲國家的軍售管制，以擴大占有拉丁美洲軍火市場。不過，克林頓政府繼續對古巴施壓，促其和平演變。

整體而言，一九九〇年代後，面對國際形勢的劇變和美國的主動倡議，多數拉丁美洲國家積極改善與美國的關係。但拉丁美洲也同時實行多元外交，避免過分依賴美國。此外，美國與拉丁美洲在人權、掃毒、環保、移民、貿易、對古巴態度等問題上仍存在短期難以消除的裂痕和矛盾。

㈥二十一世紀美國與拉丁美洲的關係

進入二十一世紀後，美國成爲全球唯一的霸權國家。然而，九一一事件迫使美國面對無所不在的恐怖主義，而且國內經濟困境制約其在國際舞台的揮灑。此外，委內瑞拉查維斯政權的出現鬆動美國在拉丁美洲的霸權地位。

首先，柯林頓「美洲自由貿易區」的構想在查維斯主導的「玻利瓦爾美洲替代方案」、「南方共同市場」以及「南美國家聯盟」的挑戰下，進展有限。其次，古巴與美國的長期矛盾短期內難獲改善。第三，雖然獲得哥倫比亞的合作，拉丁美洲毒品在美國市場依然氾濫，且墨西哥毒品走私更加猖獗。此外，中美洲青少年幫派迅速蔓延並與毒品走私結合，使毒品問題更加複雜化。最後，非法移民問題也急待解決。

二〇〇〇年起，小布希採取強勢的外交政策，尤其在九一一事件後發起「反恐戰爭」，偏廢拉丁美洲事務，引起拉丁美洲國家強烈反感，大幅減少美國在拉丁美洲的影響力。二〇〇九年元月歐巴馬就職後，拉丁美洲國家普遍期待歐巴馬緩和美拉日益緊張的關係。

雖然歐巴馬已經進入第二任期，但因拉丁美洲普遍存在左翼政府，與拉丁美洲的關係並未因二〇一三年初反美大將查維斯病故而有大幅改善。因此，歐巴馬政府在拉丁美洲仍面臨：移民問題及自由貿易區協商深刻影響美國的政策；以委內瑞拉爲首的拉丁美洲左派勢力聲勢高漲；古巴政權轉移的不確定性，以及中國在該地區影響力日增強等嚴峻的挑戰。

此外，長久以來，美國與拉丁美洲存在諸多猜疑及不信任，而且美國一直視拉丁美洲爲囊中物，認爲拉丁美洲必須無異議的跟隨美國。然而，目前拉丁美洲在國際舞台上表現比過去優異，特別是歐美先後爆發經濟危機後，拉丁美洲大多數國家仍能維持穩定的成長，對此美國不能視而不見。另外，毒品是美國與拉丁美洲間最棘手的問題。美國如何透過「哥倫比亞計畫」，徹底解決拉丁美洲毒品生產與走私，仍有待進一步觀察。

再者，美國與古巴斷交並實施禁運已逾一甲子，至今僵局未解[1]。一九九九年查維斯上台後，以石油支援古巴並將古巴視爲重要盟友。而且，中國開始向古巴採購，維持古巴經濟發展與共黨政權持續統治。

二○一一年三月，歐巴馬訪問巴西、智利、薩爾瓦多，為美國尋求商機，擴大出口及創造就業機會。他表示，對美國而言拉丁美洲比以往更重要，尤其是經濟領域。同時希望與拉丁美洲建構「平等夥伴關係」，加快區域自由貿易進程。

總而言之，目前美國與拉丁美洲關係不如以往密切，意識型態作用降低。目前，美國更關注拉丁美洲的貿易、金融、能源、反恐、打擊毒品走私和武器交易、環保以及合理處理移民等共同面臨的課題。

此外，未來美國能否維繫在拉丁美洲的影響力，端賴美國是否改變霸權思維並與拉丁美洲保持「平等夥伴關係」，讓拉丁美洲深信美國的誠意。同時，美國應針對拉丁美洲各國的情況與需求，依議題尋找適當夥伴。否則面對俄國及中國在拉丁美洲日增的企圖心和影響力，未來美國在拉丁美洲將面臨更大的挑戰。

第三章　人民、文化與風俗民情

第一節　人民與語言

一、人口的構成

根據統計，目前拉丁美洲和加勒比地區總人口約爲五・九億，約占世界總人口的百分之八・五，而人口平均密度約爲每平方公里二十八・九五人。拉丁美洲地區人口平均壽命約爲七十一歲。且城市人口比重較高，預計未來內將高達百分之八十五。

在拉丁美洲地區各國中，人口最多的前三名國家是巴西、墨西哥及哥倫比亞。其中巴西人口約爲一・九億，僅次於中國、印度、美國和印尼，居世界第五位。此外，拉丁美洲地區，印第安人約三千六百多萬，約占拉丁美洲總人口的百分之八・二。印第安人分布在拉丁美洲十九個國家和地區，人口成長率爲百分之二十七。印第安人口最多的國家是墨西哥、祕魯、玻利維亞、瓜地馬拉和厄瓜多，這五個國家印第安人口，約占拉丁美洲印第安人口總數的百分之九十。在南美洲，人口較多的印第安民族有：克丘亞人、艾馬拉人、瓜拉尼人和阿勞坎人，在墨西哥和中美洲有：馬雅人、納瓦人等。

拉丁美洲人口的民族、種族構成極爲複雜，他們源自於當今人類的所有三大基本種族，即蒙古人種、歐洲人種和黑人人種。美洲大陸被「發現」後到達拉丁美洲的主要是西班牙和葡萄牙的殖民者，後來前往美洲的包括義大利、法國、德國以及巴爾幹半島等地的歐洲移民與人種；而十七至十九世紀陸續從非洲引進的奴隸屬黑人人種。但目前眞正屬於這三個人種的純血統居民已爲數不多，半數以上是上述三個人種的混血種人。經過漫長的種族融合，目前拉丁美洲的居民包括：印第安人、美洲土生白人的後代克里奧約人、黑人、印歐混血的麥斯蒂索人（mestizos）、黑白混血的穆拉托人（mulatos）和印第安人與黑人混血的桑博人（zambos）。此外，還有在不同時期從亞洲中國、印度、印尼、日本等國家到達美洲的契約勞工和移民，他們當中有的保持亞洲人的血統，有的與其他種族的居民通婚。

在西方殖民者到達後的五百年歷史中，在拉丁美洲地區始終存在各民族和種族之間複雜的融合過程。各種族的拉丁美洲居民經過漫長的種族融合過程，形成了當代的拉丁美洲居民。目前拉丁美洲人口中有半數以上是混血人種，而其他人種的分布各國差異很大。阿根廷、烏拉圭、哥斯大黎加主要以歐裔白人為主；智利則白人與混血人種各占一半；至於印第安人口比例較高的國家有墨西哥、瓜地馬拉、厄瓜多、祕魯和玻利維亞；哥倫比亞、委內瑞拉、巴拉圭、薩爾瓦多、宏都拉斯、尼加拉瓜則以麥斯蒂索人居多；古巴和巴西，歐裔、黑人和黑白混血比率差不多，多明尼加則以黑白混血比率較高。

二、居民的形成階段

(一)印第安人發展階段

在哥倫布到達前，印第安人在美洲分布不均。他們組成一定規模的部族和部族聯盟，在不同地區形成許多燦爛的古印第安文化，其中最具代表性的包括在瓜地馬拉高地和墨西哥猶加敦半島上的馬雅文化。從十一世紀起，由北向南遷徙到墨西哥中央谷地定居的托爾特克族和阿茲提克族印第安人。此外，大約在西元一二〇〇年，居住在南美洲中部安地斯山區的印第安部族在的喀喀湖至庫斯科谷地一帶興起，建立南美大陸最輝煌的印加文化。

㈡印第安人的興衰過程

自一四九二年哥倫布到達美洲後，歐洲殖民者對拉丁美洲和加勒比島嶼居民進行了野蠻的征服和殖民，不僅帶來無窮的災難，而且也使印第安人的數量驟減。在殖民者征服美洲的最初三十年中，整個西印度群島的印第安人幾乎被滅絕。

除了征服初期的野蠻屠殺，殖民者強迫印第安人從事體力所不及的勞動，對他們殘酷剝削，許多印第安人因無法忍受而自殺。此外，歐洲人帶到美洲的各種流行性疾病，以及印第安人酗酒造成的死亡等，都使拉丁美洲地區印第安人口大量減少。總之，經過三百年的征服和殖民，拉丁美洲地區的印第安人口從征服前夕的五千萬左右，下降到一六五〇年不到一千二百萬。

十九世紀初，當拉丁美洲新民族國家形成時，土著印第安人居民只有約八百萬。獨立後二〇〇年來，拉丁美洲地區印第安人口又逐漸恢復增長。但是，由於五百多年的種族混血和融合，如今純印第安人口已爲數不多。

㈢移民對人口組成的影響

1.歐洲移民

從十五世紀末到二十世紀中葉，歐洲向拉丁美洲地區移民分爲三個階段。首先是十五世紀末到十八世紀中葉歐洲工業革命時期。此時主要的移民國家是西班牙和葡萄牙。但是，由於這兩個國家的人口不多，加上十六世紀下半葉爆發歐洲戰爭，移民的規模不大。

其次，從十八世紀末到十九世紀上半葉，隨著拉丁美洲地區更深刻地參與世界市場，新的作物如咖啡種植面積不斷擴大，海運日益便捷以及歐洲工業革命後人口過剩，歐洲向拉丁美洲地區的移民大幅增加。

此外，從十九世紀上半葉到二十世紀中葉，即一八七〇年代和一八八〇年代起，歐洲向拉丁美洲地區移民出現第一次高潮，主要移民至阿根廷、巴西、烏拉圭和古巴。一九二九年的世界經濟危機結束第一次移民高潮。最後，一九四六至一九五〇年間，歐洲向拉丁美洲移民出現第二次高潮。阿根廷、巴西、委內瑞拉等國共接受了一百萬歐洲移民，其中阿根廷就接收了五十六萬。在這些新移民中，有義大利人、西班牙人，此外還有德國人、烏克蘭人等。

2.非洲黑奴

隨著拉丁美洲經濟與歐洲等主要國際市場關係日益緊密，且爲了開發廣闊的拉丁美洲大陸，以攫取更大的利潤，拉丁美洲殖民當局急需大量勞動力，以緩解土著人急遽減少造成的勞動力奇缺。因此，殖民當局從非洲大陸，特別是從葡屬非洲國家引進大批黑奴，強令從事奴隸勞動。自一五〇二年第一批非洲黑人奴隸運到加勒比地區的聖多明哥島後，黑人奴隸便源源不斷地輸送到拉丁美洲各地。十八世紀末，由於大力推廣甘蔗種植，巴西吸收的黑人奴隸大量增加，其人數是白人的一倍。

黑人主要分布在中美洲、西印度群島和巴西的甘蔗種植園以及其他農作物種植園。運抵美洲大陸的黑奴絕大部分是男性，性別比例嚴重失衡。此情況一方面使總人口成長緩慢，但也相當程度促進種族的融合。十九世紀上半葉，拉丁美洲地區許多國家相繼獨立，並先後廢除奴隸制。唯巴西於一八五一年才開始禁止買賣奴隸，並至一八八八年才最終廢除。

3.其他地區移民

十九世紀下半葉起，隨著全球廢除奴隸制度，西方國家以「契約勞工」等方式將數以萬計來自中國、印度、日本、韓國等亞洲國家人民誘騙到拉丁美洲地區，以塡補勞動力的不足。

從一八四〇年鴉片戰爭起的三十年間，被誘騙到拉丁美洲的中國人約三十萬，主要分布在祕魯、墨西哥、智利、巴拿馬等太平洋沿岸國家以及加勒比海的古巴。到第二次世界大戰結束時，總共還有十三萬華人分布在拉丁美洲和加勒比地區的二十一個國家，到一九六〇年代末在拉丁美洲的華僑已達十七萬。日本移民主要是在日俄戰爭（一九〇四至一九〇五）後到達拉丁美洲，他們主要集中在巴西。第二次世界大戰後初期，日本人又掀起移居拉丁美洲的浪潮。一九五一至一九七〇年，移居巴西的日本人近五．六萬，還有近一．五萬日本人移居巴拉圭、阿根廷、玻利維亞和祕魯。印度移民主要移居圭亞那、蘇利南、千里達托貝哥、格瑞那達和聖露西亞等國家。拉丁美洲地區各國的人口構成基本上取決於洲際間人口遷移狀況，即移民的來源和數量，也取決於種族融合的程度。歷史上以歐洲移民爲主要人口來源的阿根廷、烏拉圭和哥斯達黎加等國，現今的居民構成以白人爲主；吸收黑人奴隸較多的海地、牙買加、巴貝多、多明尼加、聖露西亞等加勒比島國，其居民以黑人爲主；歷史上的印第安人文化中心，如祕魯、玻利維亞，其居民仍以印第安人居多數；墨西哥和中美洲國家以各種混血人爲主，其比重高達百分之八十至百分之九十。

三、人口分布

拉丁美洲是人口分布極不均衡的大陸，與其廣闊的土地面積相比，它是人口密度較小的地區，特別是南美大陸。此外，拉丁美洲人口的分布是各個地區社會經濟條件、自然地理環境及人口的自然增長和遷徙等諸多因素長期形成的結果。

首先，哥倫布到達美洲前，居民多聚集在內陸高原上。而殖民統治時期，歐洲移民大多群聚在沿海地區。在西班牙、葡萄牙殖民者到達美洲前，不同時期的古印第安文明中心是居民最集中的地區，它們都不在沿海地區，而在高原上。在南美洲安地斯山上的傳統農牧業區，儘管氣候條件較差，但人口密度大的地區仍爲數不少。古印加文明發祥地庫斯科的海拔爲三千六百五十公尺，的的喀喀湖附近的高原海拔在三千八百公尺，人口都很稠密。墨西哥城位於中央高原谷地中，海拔也在二千二百四十公尺。在哥倫布發現美洲前，那裡聚居了阿茲提克帝國三千萬人口的一半以上。

到達美洲的歐洲殖民者和後來的移民多聚居在沿海地區，形成一條不連貫的島狀人口帶，幾乎一半以上的拉丁美洲人口居住在這條距海岸一百公里至二百公里的狹窄的人口帶上。

拉丁美洲地區平均人口密度爲每平方公里二十一人。拉丁美洲各地區人口密度差異很大，邊遠地區和內地人口稀少，而亞馬遜叢林地區每三平方公里只有一人。而一些大城市的中心區每平方公里竟多達三萬至四萬人。

其次，拉丁美洲人口的分布和構成還受到歷史上經濟發展階段的影響。在一些拉丁美洲國家的歷史上，經濟的發展伴隨著某種單一作物的種植或某種單一產品的發展而形成幾個不同的發展周期，人力資源的配置也隨著各個發展周期而發生變化和流動。例如，在巴西經濟發展歷史中，殖民者爲開發和掠奪當地的自然資源以參與國際市場，曾形成甘蔗周期、橡膠周期、咖啡周期和黃金周期等。在甘蔗周期時，甘蔗種植從聖維森特迅速擴展到里約熱內盧和東北部，初期的印第安人，以及後來的黑人奴隸勞動力，隨即向沿海地區的甘蔗種植園轉移；在橡膠周期裡，許多人從沿海城鎮進入亞馬遜地區天然橡膠林，而使那裡的人口迅速膨脹。

當咖啡種植從巴西北部興起後，很快成爲巴西帝國的經濟基礎。隨著咖啡種植向內地擴展，建立在奴隸制基礎上的咖啡種植業吸收了大批勞動力，黑奴作爲主要勞動力也源源不斷地向內地擴散。後來在黃金周期時，成千上萬的巴西勞動力被吸引到內地礦區，許多奴隸主帶著自己的奴隸到礦區採金。黃金周期也引起了葡萄牙移民的浪潮，僅十八世紀，前往巴西的歐洲移民比從前增加十倍。

在阿根廷，隨著十八世紀彭巴草原農牧業生產的發展，大批歐洲移民到那裡定居，大幅地改變當地的人口構成。但是，經濟的發展只是在一定程度上改善了拉丁美洲人口分布的不均衡狀況，並沒有從根本上改變居民向大洋沿岸流動的趨勢。

四、拉丁美洲人口的幾種現象

(一)人口的城市化趨勢

拉丁美洲城市的發展大致分爲三個時期。首先是古印第安文化發展時期。在印第安文化發展的每一個主要階段，特別是在馬雅文化、印加文化和阿茲提克文化的全盛時期，都留下寶貴遺址。

圖3-1 墨西哥塔斯科古城（林麗珺攝）

這些遺址記載古印第安人文化中心——城市發展的歷史。馬雅人大約在公元八世紀建立了一百多座城鎮。托爾特克人建立了輝煌的圖拉城。阿茲提克人在特斯科科湖中的島上建立起宏偉壯觀的特諾奇特特蘭城。在印加文化的發祥地，印加人創建了人口千萬、以祕魯爲中心輻射到現今厄瓜多、玻利維亞以及阿根廷和智利北部的大帝國，庫斯科就是印加帝國的首都。

其次是殖民地城市人口發展時期。西班牙、葡萄牙殖民者到達美洲後，就著手建立用於殖民征服和統治的基地。從在西班牙島上建立第一座城鎮聖多明哥起，在征服和殖民的三百年裡，殖民者相繼在南美大陸沿海及加勒比地區，建立了哈瓦那、卡塔赫納、利馬、布宜諾斯艾利斯、智利的聖地亞哥、巴西的薩爾瓦多和里約熱內盧等城鎮，改建和擴建了基多、庫斯科、墨西哥城等原有的印第安人古城。隨著殖民地經濟的發展，殖民者又在礦產區興建許多內地礦業城鎮，如玻利維亞的波托西、墨西哥的塔斯科、瓜納華托、巴西的歐魯普雷托、庫亞巴等。此外，為了便於殖民統治和對外交往，殖民者也建了一些港口城市和旅遊城市，如墨西哥的維拉克魯斯（Veracruz）和阿卡普爾科（Acapulco），巴拿馬的巴爾博亞（Balboa）和科隆（Colón），巴西的阿雷格里亞港（Alegría）等。

第三是獨立後至二次大戰後的城市化加速時期。十九世紀上半葉，拉丁美洲各國相繼獨立，隨著歐洲移民和歐、美資金的大量流入，拉丁美洲地區成為歐洲、北美工業化國家的原料生產地，城市建設步伐逐漸加快。一些農牧產地，如巴西南部的咖啡產區、阿根廷的彭巴農牧區，經濟獲得快速發展，城市地位獲得加強。二次大戰後，拉丁美洲地區國家相繼實行進口替代工業化，城市工業快速發展，農村人口大量流入城市，使城市人口急劇膨脹，城市規模不斷擴大。

(二)人口城市化現狀

不同於大部分的開發中國家，四分之三的拉丁美洲人居住在城市，而且拉丁美洲擁有眾多百萬以上人口的巨大城市。聖保羅、墨西哥市、布宜諾斯艾利斯和里約熱內盧，都擁有超過一千萬的人口。此外，有至少四十個城市擁有超過一百萬的居民。

拉丁美洲地區是世界上人口城市化比重最高的地區之一。其中，中美洲國家的城市人口占百分之四十七・三，加勒比地區國家為百分之六十一・三八，安地斯地區國家為百分之七十四・五，巴西為百分之七十五・五九。

拉丁美洲初期的城市化多半不建立在工業化程度提高及生產力發展的基礎上。農村人口過度向城市集中給國家發展造成不利影響。一是使城市，特別是中心城市基礎設施不足，交通及供應吃緊，郊區布滿了貧民窟，帶來嚴重的社會問題；二是勞動力和技術人才不斷向城市流動，造成農村勞動力和技術缺乏，不利於廣大內地農村經濟的發展；三是工業企業過度集中於大城市，帶來原料產地與工廠的脫節，加重了運輸的負擔，同時也造成城市環境的汙染。

拉丁美洲高聳、現代化的公寓以及城市外緣髒亂的貧民窟並列，強烈對比。此外，街頭攤販和工匠是都市階層的窮人。一九九〇年代，拉丁美洲鼓勵外來投資、出口生產以及民營化的新自由主義政策，雖然這些政策讓拉丁美洲成功迎接經濟全球化且擁有驚人的經濟成長，但也深化了貧富的差距。

(三)人口形勢

拉丁美洲地區人口高成長的原因，一是醫藥衛生的進步和某些地方性疾病得到防治，使原本很高的死亡率，特別是嬰兒死亡率下降；二是社會保障覆蓋面小，存在著多生子女就是多一份經濟來源和年老後多一份保障的觀念；三是育齡婦女大多不採取節育措施，特別是有些國家採取鼓勵生育的政策；此外，教會反對各種非自然的避孕方法，反對計畫生育，也阻礙了對人口快速成長的控制。

因此，一九七〇年代以後拉丁美洲地區仍為持人口高出生率、低死亡率和高成長率的模式。就地區而言，目前熱帶南美洲國家和中美洲國家人口平均成長率較高；溫帶南美洲國家人口成長率較低，接近或相當於歐洲國家的水準。而且，經濟較發達國家的人口出生率和死亡率都比較低，阿根廷甚至出現負成長，加勒比地區人口成長平緩；在經濟較落後的中美洲國家，由於醫療條件較差，上述兩項指標仍較高，但也呈下降趨勢。

人口快速成長是導致拉丁美洲地區貧困化的重要原因之一。由於經濟的成長速度不足以緩解人口快速成長帶來的壓力，不足以提供充分的就業，加上拉丁美洲國家分配政策不合理，社會財富愈來愈集中在少數人手中，貧困人口數目和占總人口的比重都大幅增加。

計畫生育的日益普及讓人口出生率日趨下降，此外，居住條件的改善和有效防治疾病，使人口死亡率明顯降低。目前，拉丁美洲人口的平均壽命顯著提高。人口出生率和成長率的下降，以及人口平均壽命的提高，使拉丁美洲地區人口的年齡結構發生變化。一是兒童人口比重下降，二是老年人口比重明顯上升。拉丁美洲很快將步入或接近老年型地區。此外，拉丁美洲的人口政策也從鼓勵人口成長轉爲控制人口成長，而且與世界各大洲相比，拉丁美洲地區是種族融合程度較高的地區。

㈣人口政策

首先，面對長期人口快速成長帶來的就業、貧困化、生活質量下降、環境汙染等一系列問題，拉丁美洲國家開始正視人口成長的嚴峻形勢，拉丁美洲大多數國家都從過去的鼓勵人口成長轉向以法律規範人口的成長；有的國家正在逐步推廣包括使用避孕工具等計畫生育措施；更多的國家正廣泛討論實行控制人口過快成長的政策。

雖然，拉丁美洲地區控制人口的觀念正在逐步加強，計畫生育工作也得到逐步推廣。但是，阿根廷等國由於幅員遼闊、地廣人稀，仍堅決奉行天主教的不節制生育的教義，實行人口成長政策。

此外，拉丁美洲地區是種族融合程度最高的地區。事實上，拉丁美洲的歷史就是一部種族、民族融合的歷史，各個種族、民族的人都在不同的歷史階段，在不同程度上參與了種族、民族融合的漫長過程，並作出貢獻。

相對於印第安人，無論是歐洲白人，還是非洲黑人，乃至後來的亞洲移民，在拉丁美洲這塊新的大陸上都是外來客。但是在征服時期，由於各個種族的巨大差異，及其社會地位的不同，印第安人沒有能力以主人的姿態吸納和同化外來的種族，而是被歐洲殖民者殺戮、役使和驅趕，成爲遭受迫害的種族。西班牙、葡萄牙以及英國、法國、荷蘭等國的歐洲白人殖民者，由於已進入資本主義發展階段，因此憑藉當時所擁有的先進生產力和科學技術，開啓美洲大陸的大門。用武力、文化、宗教等手段達到征服和占領的目的。他們把自己的價值觀強加給印第安人和黑人奴隸，成爲新大陸的眞正主人。

但是，征服者和殖民者最終還是在掠奪過程中逐漸地與被奴役的種族發生血緣的融合。因此，拉丁美洲社會並不像美國那樣充滿了種族歧視，而且混血種人成爲拉丁美洲人口的中堅。在大多數國家裡，純血統的種族人口已爲數不多。

㈤語言

在一四九二年哥倫布到達美洲前，拉丁美洲地區印第安語言存在著九大語系和數目眾多的語族、語支。拉丁美洲地區印第安人使用的語言多達八百七十九種。西班牙、葡萄牙、英國、法國、荷蘭等歐洲殖民者到達美洲後，在強行推動它們的殖民體制、宗教、文化的同時，也強行推廣他們的語言和文字。

殖民初期，西班牙國王就下令在殖民地採取各種措施普及西班牙語，使其成爲殖民地的官方語言。同時，在與當地土著居民和非洲黑人奴隸的長期和廣泛接觸中，西班牙語也不可避免地吸收了其他語言中的詞彙。到十八世紀末十九世紀初，便形成一種與宗主國語言有一定差別、各地各具特色的西班牙語。

至於葡萄牙殖民者到達巴西後，一直在推廣和使用葡萄牙語。在巴西沿海地區，殖民者在與當地土著圖皮族印第安人日常接觸中也使用圖皮語。一七五七年葡萄牙殖民當局頒布法令禁止使用圖皮語，葡萄牙語從此成爲多數大都市居民使用的語言。一七五九年耶穌會會士被驅逐後，葡萄牙語最終確立爲巴西的官方語言。但巴西的葡萄牙語在動植物名稱、地名以及一些特殊名稱、節慶、食品名稱方面吸收了當地印第安人的語彙。

在拉丁美洲，大約三分之二的人講西班牙語，三分之一的人講葡萄牙語，且由於這二種殖民語言普遍，使得十九世紀拉丁美洲新的獨立國家也大多使用這兩種語言。事實上，直到現在，很多國家仍有抵制印第安語的取向。玻利維亞在一九九〇年代開始一連串的改革，將原住民語言合法地納入教育中和認同國家存在多元文化。

由於西班牙人和葡萄牙人的支配，此地區有一種忽視原住民及其影響的趨勢。然而，在祕魯中部安地斯山脈、玻利維亞、厄瓜多南部，有超過一千萬的人仍說著傳統的語言伴隨西班牙語。在巴拉圭和玻利維亞低地有四百萬人說瓜拿尼語（Guaraní），而墨西哥南部和瓜地馬拉至少有六百萬人說馬雅語。散布在南美各地和中美洲孤立森林內的小型原住民部落也說著他們傳統的語言，但是這些語言的使用人數少於一萬人。

第二節　民族與文化傳統

拉丁美洲是世界上人種齊全、民族繁多的地區，該地區的土著居民爲印第安人。一四九二年，哥倫布發現美洲後，伊比利半島國家的西班牙和葡萄牙開啓了美洲的征服史。伊比利建築及市鎮設計強化殖民地城市景觀的一致性。此後，歐洲、非洲和亞洲不同種族、不同民族的移民大量湧入，使拉丁美洲地區人口不斷增加，民族結構日趨複雜。

雖然大部分拉丁美洲人名義上信仰天主教，但是基督新教已逐漸在當地攻城掠地。歐式的特色與不同的印第安民族融合。印第安文化在玻利維亞、祕魯、厄瓜多、瓜地馬拉和南墨西哥的影響依然強烈，廣大又多元的原住民人口保存其母語、服飾和傳統。

在初期的征服後，其他的文化群體注入於原住民和伊比利人民的混雜群體。奴隸制度的遺留透露強烈的非洲影響，尤其在哥倫比亞和委內瑞拉的海岸以及整個巴西。十九世紀中葉後，新一波的移民者來自西班牙、義大利、德國、日本和黎巴嫩，使拉丁美洲成爲世界上種族最複雜的地區之一。

此外，拉丁美洲地區由於種族和民族來源具有多樣性和複雜性，所以民族文化傳統也表現出多樣性的特點。但是，由於西葡殖民者的長期統治和文化傳統的影響，因此拉丁美洲的民族文化傳統一般是以歐洲文化成分爲基礎，吸收古老的印第安文化和非洲、亞洲文化，經過不斷的發展，最後形成一種各民族共同的文化傳統。同時，拉丁美洲各民族在各自不同的生活區域和環境中，也不同程度地保留和發展本民族的文化傳統並顯示出其民族的文化特徵。

一、民族與宗教

學界普遍認爲，拉丁美洲甚至整個美洲，最早居民是亞洲蒙古人種。他們是在兩三萬年前從亞洲經過白令海峽進入北美大陸，而後逐漸南移散布到拉丁美洲各地。當然，這種早期移民絕非只有一次，很可能是分批陸續進入美洲，而且也有可能其中的一部分是由太平洋上的島嶼進入美洲。

拉丁美洲地區原著民被誤稱爲印第安人是由於一四九二年，哥倫布一行首次到達美洲時，誤認爲他們所發現的新大陸就是印度，因此將當地的居民稱爲印度人（indios）。後來，在翻譯時，爲了與印度人區別，因此譯爲印第安人。

現今拉丁美洲各國印第安人絕大多數生活在農村，從事農牧業生產，或兼事漁、獵，生活水準較低。他們在農村人口中占很高比重，而且只有極少數印第安人進入城鎮，但也只是從事一些體力勞動。他們時常受到歧視和被解雇的威脅，生活極不穩定。印歐混血的梅斯蒂索人數量最多，主要分布在講西班牙語國家特別是太平洋沿岸的國家；其次是黑白混血的穆拉托人，主要分布在巴西、巴拿馬、多明尼加、貝里斯及西印度群島；黑人與印第安土著混血的桑博人居第三位，人數不多，主要分布在委內瑞拉、哥倫比亞、圭亞那等地。

宗教信仰是各民族共同擁有的文化內涵之一。歐洲殖民者到拉丁美洲時，把歐洲傳教士帶進這個地區，強制人們接受天主教。目前天主教已成爲拉丁美洲最主要的宗教，而且拉丁美洲也是全球天主教徒最集中的地區，占總人口百分之八十以上。此外，自十九世紀中葉起，基督教、東正教、猶太教等也開始在拉丁美洲傳播。後期到拉丁美洲的移民，特別是亞洲移民，也帶去了自己的宗教信仰。儘管印第安人受到歐洲人強烈的宗教同化，但至今在墨西哥、中美洲和安地斯國家中，許多印第安人仍保留自己的原始宗教信仰，崇尚萬物有靈，如對自然現象、動物、植物、山脈、河流等的崇拜，甚至有圖騰的崇拜。

二、民族文化傳統

(一)文學與藝術

拉丁美洲的文學藝術也展現了多民族的特性。它融合了印第安文化、非洲文化和歐洲文化，同時也在一定的程度上吸收了亞洲移民的文化內涵，形成了多樣化的形式和風格。在墨西哥、玻利維亞、祕魯、厄瓜多等國，印第安民族的文學藝術占有重要的地位。第二次世界大戰後，隨著民族民主運動的高漲，這些國家掀起廣泛的印第安文化復興運動，要求消除美國文化不良影響，繼承和發展印第安文化傳統。

歐洲移民到達拉丁美洲後，其文化對拉丁美洲文化特別是早期殖民地文化產生重大影響。以伊比利亞文化爲基礎的拉丁美洲文學藝術走過了從模仿到創新的道路，同時在表現形式上和題材上借鑑了印第安人和黑人的文化傳統，進而形成了各獨立國家的民族文學。

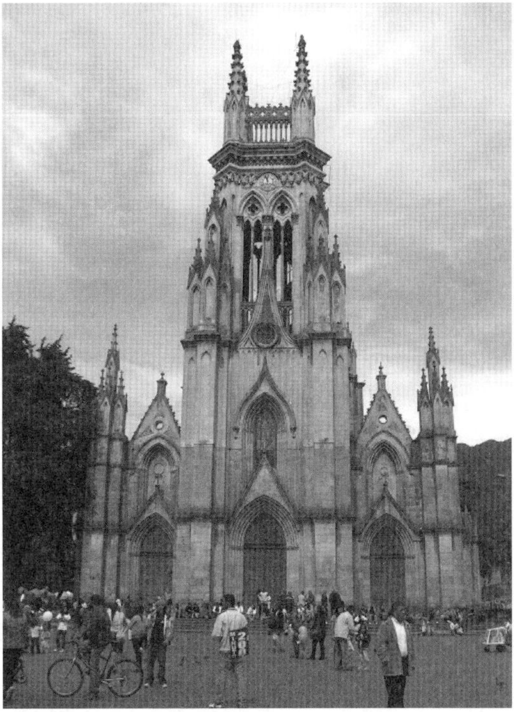

圖3-2　波哥大路德教堂（吳樹民攝）

自二十世紀以來，拉丁美洲各國的文藝創作，以其緊跟時代脈搏，反映現實生活和社會問題的顯著特點而成爲拉丁美洲民族文學的主流。其中，反應印第安人日常生活、文化傳統及社會問題的土著主義（indigenismo）題材的文學創作占有重要地位。一九二〇年代，拉丁美洲也出現了黑人文學和黑人主義運動。

此外，拉丁美洲的音樂、舞蹈等藝術形式既有西班牙、葡萄牙、義大利、德國、法國等民族的文化因素，又有印第安人、非洲黑人以及亞洲民族的文化因素，充分展現了互相吸收及相互融合的特點。

黑人音樂在拉丁美洲通俗音樂中影響也很大。特別是在巴西、西印度群島等黑人人數較多的國家和地區以及哥倫比亞、委內瑞拉等國的沿海地區，黑人音樂的影響更爲明顯。在舞曲方面，許多舞曲中的節奏、風格都具有典型的非洲文化特徵。

再者，在拉丁美洲的民族文化傳統中，繪畫、雕塑、建築、編織等藝術形式也很有特色。不過，歐洲人的建築風格在拉丁美洲無疑占有很重要地位。在各國較大城鎮，特別是沿海地區的城鎮，一般都能夠看到殖民時代所遺留的教堂及其他歐式建築的雄姿和風采。

㈡衣著

在拉丁美洲，歐洲民族及其後裔一般穿西裝打領帶，但在非正式場合人們衣著亦較簡單隨意。不過，拉丁美洲社會其他移民穿西裝、吃西餐也是很平常的事。然而在其民族群體內部仍都保留其民族的飲食和傳統。至於印第安人則是拉丁美洲民族中在衣飾和飲食方面最多樣化的民族，這和他們民族集團數目眾多，生活比較封閉有密切的關係。安地斯山區地勢高寒，印第安男子習慣衣著外

圖3-3 墨西哥瓜達拉哈拉大教堂（林麗涓攝）

圖3-4 墨西哥的守護神瓜達露佩大教堂

邊披上大幅斗篷，婦女則喜歡穿戴披肩和多層裙子，裙子層數愈多愈顯雍容華貴，但其實也是禦寒的需要。熱帶雨林區的印第安人衣著非常簡單，赤裸上身，下掛圍裙的現象還是很普遍。此外，有的印第安人喜歡紋身，在裸露部分塗上紅色等染料，視為吉祥、美麗。

三、風俗與習慣

風俗習慣是民族文化的一部分，且與一個民族的物質文明和精神文明有著密切的關係。拉丁美洲民族數目眾多，各民族的歷史淵源、生活區域、經濟活動各異，因此，風俗習慣無疑也呈現出多樣性特點。另一方面，由於長時期的融合，拉丁美洲的民族風俗習慣也具有共同性。

(一)飲食習俗

印第安人飲食、作物也反映出其悠久的文化傳統，他們擅長種植和加工木薯、玉米等，並以此為主食。歐洲人征服拉丁美洲後，引進了小麥、大麥、甘蔗、咖啡以及多種水果和蔬菜。為了適應新大陸的生存環境。歐洲移民向印第安人學習烹飪，其飲食文化也深受印第安人的影響。當然，印第安民族也吸取了歐洲民族的部分飲食文化。亞洲移民來到拉丁美洲後，老一輩移民保留其民族飲食文化，同時也吸收了一些歐洲、非洲民族的飲食文化。黑人的飲食文化對拉丁美洲其他民族的文化傳統也產生了一定的影響。西印度群島和巴西等地的許多美味佳餚都源自非洲。

拉丁美洲各國居民除了有許多共同的節慶、娛樂活動和習俗外，還有喝咖啡的共同飲食習慣。拉丁美洲是世界上主要的咖啡產地，巴西產量及出口量居世界首位，有咖啡王國之稱，而哥倫比亞的優質咖啡則享譽全球。在安地斯山，印第安人有嚼食古柯葉和喝古柯茶的習慣，古柯葉有抗禦飢寒、緩解疲勞、病痛及高山症的作用。幾千年來，印第安人把古柯視爲上帝的恩賜和生活的必需品。此外，古柯也是印第安人的占卜工具。人們出外旅行或做某種重要事情之前，一定要摘片古柯葉占卜。以擲葉落地或咀嚼，根據葉子的正反面或甜苦味道決定事情的吉凶。

在阿根廷、烏拉圭、巴拉圭等地的印第安人有飲用瑪黛茶的習慣，其效果與當地人喝咖啡，中國人飲茶一樣。飲瑪黛茶的方法很講究。當親朋好友來訪，主人用一個精美特製的茶壺泡瑪黛茶，客人們圍坐壺旁，透過插入壺內的細管輪流吸呷。另外，瑪黛茶還是印第安人表示友誼的象徵，也是相互間增進了解和情感的媒介。

此外，墨西哥盛產仙人掌，當地印第安人有食用仙人掌的習慣。他們用肥厚的仙人掌莖炒食、涼拌和做餡，是墨西哥的風味名菜。仙人掌果實多汁味甘，印第安人把它當水果食用或用它熬糖釀酒。另外，用龍舌蘭所釀製的龍舌蘭酒（tequila），已經成爲墨西哥的國酒，也是很重要的出口商品。

(二)節慶

歐洲人到達拉丁美洲後，他們所偏愛的宗教儀式、節慶和文化娛樂活動，如聖誕節、復活節、聖母寄宿節、狂歡節及鬥年等也得到普及，成爲拉丁美洲各國許多民族共有的風俗習慣。當然，各國民族組成有別，宗教信仰各異，對上述節日、娛樂活動等習俗接受的程度也各有不同。

1. 聖誕節與復活節

聖誕節是拉丁美洲民眾普遍喜歡的節慶。節慶活動從十二月二十四日開始，延續十天左右。

當節日臨近時，大街小巷布置一新，聖誕樹及聖誕老人的形象隨處可見。十二月二十四日當晚闔家團聚，準備豐盛的晚餐及娛樂活動。而復活節是基督教徒紀念耶穌復活的節日，一般在春分月圓後的第一個星期日。節日前夕，基督教徒要爲耶穌像點油燈、供祭品及彩蛋，晚上教徒們秉燭前往教堂，午夜時分教堂大門敞開，迎接前來慶祝節日的教徒。

2. 聖母寄宿節，又稱客店節

這也是基督教節日之一，在墨西哥等國非常流行。節日在每年十二月十六至二十三日。此節日源於聖經的故事。相傳聖誕節前夕，懷孕的聖母瑪利亞和丈夫若望遵照羅馬皇帝的命令到祖籍伯利恆登記戶籍。途中大小客店爆滿，即將臨盆的瑪麗亞無處棲身，在一家客棧的馬棚生下耶穌。聖母寄宿節即以此爲背景表達眾人爲瑪麗亞求宿的過程。節日期間，每天晚上親朋好友輪流作東舉辦慶祝活動。慶祝活動的高潮是兒童用木棍敲破懸在空中裝滿糖果、小玩具等的彩罐，在場的人一擁而上撿拾落地的糖果或禮品。

3. 狂歡節

它是歐洲人傳入拉丁美洲的娛樂活動，拉丁美洲國家一般都舉辦狂歡節。巴西的狂歡節最有名。每年二月中下旬即天主教四旬齋戒的前幾天，全國放假狂歡。巴西的狂歡節由葡萄牙傳入，在漫長歲月中吸收了印第安人和黑人的文化傳統，特別是起源於非洲的桑巴舞曲爲節慶活動增添色彩。此外，拉丁美洲的鬥牛活動也很盛行。鬥牛由西班牙人傳到拉丁美洲，很快地成爲許多國家的一項體育娛樂活動。目前在墨西哥、哥倫比亞等國非常盛行。每逢假日，鬥牛場上座無虛席，人們在鬥牛士驚險和絕佳的表演中，體會勝利的喜悅和滿足。

4.墨西哥的亡人節

每年十一月二日，骷髏成了吉祥物，而骷髏雕刻藝術是墨西哥古印第安阿茲提克人最常出現的圖案。人們在信封上貼著畫有骷髏的圖案，孩子們玩著骷髏形式的各種玩具，年輕人把骷髏糖果贈送給自己的心上人以示愛慕。總之，在墨西哥骷髏不僅與災難和死亡毫不相干，而且代表著友誼、幸福和愛情的吉祥物。

圖3-5　墨西哥亡靈節代表吉祥的骷髏造型（江志昌攝）

5.降魔節

玻利維亞奧魯島的印第安人每年都要舉行降魔節，即與魔鬼進行搏鬥的節日。該節慶起源於當地礦工的迷信和自衛心理。因爲礦工們在採礦過程中，常會遇到坍方、爆炸等事故，或患上肺病等，人們認爲這是觸犯了地下魔王所遭到的報復和懲罰。礦工們戰勝魔王，祈盼四季平安的願望，慢慢地演變成今天的降魔節。

6.太陽祭

現在的祕魯人對太陽仍有著特殊的感情。他們稱自己的祖國爲「太陽之國」，把「太陽」定爲貨幣名稱（Nuevo Sol 新索爾），而沿襲數百年的太陽祭更是歷久不衰。

太陽節於每年六月二十四日舉行，祭壇設在祕魯南部印加帝國的古都庫斯科城北的薩克賽瓦曼（Sacsayhuaman）古堡。在曚曚的晨曦中，人民穿著節日盛裝，從四面八方湧向該域。中午過後，祭典儀式開始，人民向太陽神敬獻美酒並點燃聖火，祭上當場屠宰的駱馬或羊駝，祈求來年五穀豐收，萬事如意。接著開始狂歡活動，滿山遍野的群眾圍繞著象徵印加古帝國四方的四堆聖火翩翩起舞，盡情歡樂。同時，不少城裡的藝文團體也趕來獻藝，直到太陽沉入安地斯群山中，歌舞方休；但是，節日的狂歡還要持續一周以上。

印第安人舉行如此盛大的太陽祭與古印加崇拜太陽神有關。根據民間傳說和史料記載，在古代祕魯信奉的諸神中，太陽是至高無上的神靈。此外，相傳在太古時代，印第安人過著狩獵和採集生活，由於他們辛勤的工作打動了太陽神，於是太陽神就賜給他們金犁和金色種子。他們利用金犁開墾大地，培育出金黃的玉米，哺育眾生。從此，印第安人把太陽神視爲眾神之首，且爲了離太陽近一點，把城市建在高山之頂，並在城市至高點樹立「栓日石」，企圖拴住太陽，渴望大地永遠處於太陽神的保護之下。

西元十二世紀，一個自稱是太陽子孫的印第安人部落，在太陽的兒子曼可・卡帕克率領下，向日初之山遠征，創建印加帝國，並按照太陽神的旨意建立庫斯科城。大約在西元十五世紀前，印加人開始每年爲太陽舉行盛大祭典。

(三)奇風異俗

拉丁美洲印第安人在生育方面有很多習俗。有的習俗隨著社會的進步不斷消失，而有的則因爲生活環境等原因仍保留至今。婦女懷孕後照常做繁重的工作，直到臨產也不休息。分娩時孕婦由其他婦女陪同或獨自一人到密林深處，跪在地上把孩子生下來。生產後幾小時就開始做家務和田間勞動。

印第安人與現代社會的隔絕使其在生育方面至今仍存在著許多迷信，有的印第安人認爲生雙胞胎不吉利，它與某些邪惡、神靈有關。另外，有些印第安部族產婦生下小孩後死亡，嬰兒也要同母親一起陪葬。巴西欣古族印第安人生活在亞馬遜地區森林中，至今仍保留一夫多妻制。男子可以透過結婚加強自己在家中的地位和威望。多妻可以是姊妹，也可以是其他部族女子。

拉丁美洲的亞洲移民也有許多民族習俗。不管在哪國，華人一般都保留了歡度春節的習慣，華人社團組織都舉辦春節聯歡會，出席者互相拜年、放鞭炮、吃湯圓等。印度族居民有舉辦燈節的習俗，這是描述羅摩皇太子失去繼承權，最後戰勝十首魔王，攜妻子歸國的古老傳說故事。

爲數眾多的黑人也將其風俗習慣帶入拉丁美洲。關於「蜘蛛安南西」

圖3-6　墨西哥婚禮花童（江志昌攝）

的民間故事就是源於非洲。該故事將蜘蛛擬人化，講述它艱苦奮鬥、創業有成，受到人們尊重的事蹟。但黑人有些風俗習慣是來到美洲，在生活和奮鬥中逐漸形成。剛到拉丁美洲的黑奴沒有人身自由，相互間不許交談，不許穿自己喜愛的服裝，但女奴可以裹戴頭巾，於是她們就想出以變換頭巾包裹的樣式來交流思想感情。久而久之，裹頭巾的方式愈來愈多，達百種以上，人們喜、怒、哀、樂透過頭巾表露無遺。熟悉的人一看便知裹頭巾者是在求愛、悲哀、憤怒，還是高興、快樂、調情等。

四、人民特質與性格

今日的拉丁美洲，因為不同的人文要素不斷的融入，逐漸形成和以往不同的新社會型態。但整體而言，拉丁美洲社會是建立在共同的歷史、哲學、宗教、社會、經濟及政治的基礎上。在文化上，呈現出區域、階級和種族上的差異，不盡然完全相同。整體而言，拉丁美洲文明有較多相似的特色，相異處其實不大。另外，因為拉丁美洲各人種之間通婚、融合非常普遍，所以很難或幾乎不可能歸納出某種人種具有哪些特質與性格。一般認為，拉丁美洲人的特質受社會、文化及經濟因素的影響遠超過種族的因素。拉丁美洲人共通的特質與性格有：注重衣著與外表（decencia）、強調個人主義（personalismo）及大男人主義（machismo）、喜歡攀親帶故或注重裙帶關係（compadrazgo）、喜歡滔滔不絕地說話（verbosidad）、好客（hospitalidad），以及其他因受到文化移植（transculturación）影響所造成的特質。

大部分拉丁美洲人都非常注重衣著、外表，並非常在意別人對他們的看法。中、高社會階層人士非常在意同等或較高社會階層對他的重視及尊敬程度。過分的重視外表，讓許多拉丁美洲人士打腫臉充胖子。爲了讓自己的社會地位不斷上升，有不少拉丁美洲人士會模仿比他高一階層社會人士在生活及行爲方面的表象，而不是其實質內涵。

所謂的個人主義是指拉丁美洲人，不顧一切代價甚至犧牲性命來捍衛個人的榮譽、領導才能及其他精神上的特質。這是個人對「我」的歌頌，並期待他人對其尊崇。

至於大男人主義則是源於印第安人以及西班牙殖民統治的影響。Macho在英文中常指對自己能力有強烈的認同且吸引女人的男人，Machismo也指誠實、具冒險精神且有自信的男人，一個Macho是不容許他的權力被懷疑，無論在家中或公眾場合。拉丁美洲人過分強調男人應具有勇敢、果決、自信、無所不能、體力好、性能力強等特質。從拉丁美洲人盛傳「雖非所有的男人都是首領，但至少所有的首領都是男人」，這句話可印證在拉丁美洲男人掌握一切。

女人的文化（Marianismo）則相反，它反映理想的女人應像聖母瑪利亞，她們的特徵是有耐心、忠實、溫柔及安靜。他們是家庭的維護者，小孩的照顧者，和尊敬丈夫的女人。近年來，傳統性別的刻版印象受到挑戰，例如：很多女人在家庭之外有專職和政治的地位。近幾十年，拉丁美洲的女性進入職場。拉丁美洲現有三分之一的勞工爲女性，在政治上也占有一席之地，墨西哥的國會女性則占四分之一席次。

至於「裙帶關係」是指父母與兒女的教父以及教母與教子、教女之間的關係與責任。這是一種透過小孩受洗聖禮，認教父、教母，藉以擴大、延伸血緣或政治上的關係，甚至已成爲有心人士在社會、經濟及政治上快速竄升的捷徑，這很像中國社會中的攀關係、走後門。

拉丁美洲人普遍熱情好客，這種特性主要源自西班牙殖民者所承襲自阿拉伯及猶太人，以及美洲土著印第安人好客的特質。此外，拉丁美洲人具有口才便給的特質。一個人若具有演說的才華或善於詞令，像天才演說家和溝通者在拉丁美洲普遍受到社會大眾的尊崇。古巴前總統卡斯楚及已故的委內瑞拉總統查維斯，是最典型的例子。

近年來，因爲生活步調加快、工業化以及現代化，正快速改變拉丁美洲人民的特質與風俗習慣。在都會、工業化較深、教育較普及以及有較多機會接觸外籍人士與外來文化的地區，這種改變尤其明顯深刻。

第三節　民族問題與民族政策

目前，幾乎所有的拉丁美洲國家都是多民族國家。拉丁美洲是一個由移民構成的社會，除當地土著居民印第安人外，其他各民族都是外來移民。因此，他們心理上受到一定的制約，渴望和平共處是他們的共同心態。但是，由於在語言、文化、風俗習慣、價値觀、社會地位以及經濟狀況等方面的差異，各民族之間在思想上和心理上也不可避免地會發生某些誤會、隔閡。此外，一些民族的統治集團爲了爭奪國內外的自然資源和政治、經濟利益，不斷挑起民族矛盾和糾紛，使得民族關係問題的性質和內容變得更加複雜。

拉丁美洲各國獨立後，掌握國家政權的人多爲殖民地時代的土生白人莊園主和貴族，他們幾乎原封不動地保留舊的封建制度和國家機器。他們爲了維護其階級或本人的利益，不願與下層黑人、印第安人、甚至混血種人攜手共建新的國家。他們甚至鼓吹白人優越，主張白人統治，剝奪有色人種參政權利。因此，在第二次世界大戰前拉丁美洲社會政治結構中的種族構成呈金字塔形。少數白人壟斷所有高級職位，是社會的最上層；人數眾多的黑人、印第安人等民族成員無職無權，是社會的最底層，從事繁重的體力勞動；混血種人及一部分白人則是社會的中間層。

戰後，在多數拉丁美洲國家，各民族成員平等參與國家政治和經濟生活的原則仍未實現。拉丁美洲的民族關係複雜，各國國情不同，民族關係問題表現形式也不盡相同。雖然，拉丁美洲民族關係仍存在問題，但其民族關係一般比較平和與融洽，矛盾不十分突出。

一九九四年初，墨西哥恰帕斯州農民武裝暴動、一九九五年初祕魯和厄瓜多邊界武裝衝突以及拉丁美洲一些國家中曾經發生內部戰亂等，都在一定程度上與民族問題有關。目前，拉丁美洲地區的民族問題主要表現在印第安人與黑人問題兩個方面。印第安人和黑人在拉丁美洲地區總人口中是少數，除在少數國家黑人居民占多數外，他們都屬於拉丁美洲的少數民族。他們在政治、經濟、文化等方面所面臨的許多困難或問題長期得不到解決。

一、印第安民族問題

由於歷史的原因，現今的印第安人除極少數生活在城鎮境遇稍好外，絕大多數仍生活在國家的邊遠地區，從事農、牧業並以漁獵、採集維生。經濟狀況落後，生活水準低下，面臨許多方面的問題。

首先，拉丁美洲大多數國家的印第安人被排斥在國家政治生活外，沒有政治權力，有的甚至人身安全也得不到保障。雖然各國憲法中都規定各民族一律平等、有選舉權和被選舉權，但印第安人很難進入國家權力機構，他們的利益在國家機構中很難得到反映。目前，不少國家的印第安人要求自治。智利馬普切族印第安人組織甚至提出脫離智利，與阿根廷馬普切人一起組建馬普切人國家的要求，以恢復其基本權利。

其次，印第安人長期面臨傳統土地被侵占的問題。拉丁美洲絕大多數印第安人以土地爲生，其經濟利益集中反映在土地所有權上。拉丁美洲國家獨立後，進行多次土地改革，並在某種程度上緩和印第安人的土地要求，但改革並不徹底。近年來，玻利維亞、厄瓜多、哥倫比亞、墨西哥、巴西、祕魯等國的印第安人都先後爲解決土地問題示威遊行，甚至採取封鎖道路、強行奪地等激烈行動。

再者，在各國現代化過程中，開發內地資源以發展國民經濟常與印第安人的生存發生衝突。伐木、採礦、墾殖公司等不斷侵占印第安人僅有的傳統生活區域和土地，破壞生態環境，汙染土地和水源，對印第安人生存造成極大威脅。

第四，印第安人也在文化教育等方面面臨困難和歧視。印第安人大多生活在邊遠地區，缺少教學設備、辦學基金、師資等，尤其是懂雙語的師資嚴重不足。拉丁美洲國家對印第安人語言的歧視，如不實行雙語制，不出版土著語言書刊等，造成他們文盲率高。至於印地安婦女受性別歧視，文盲率更高，生活處境更艱難。

在印第安人的諸多問題中，土地問題最突出。由於土地問題長期得不到解決，印第安人的生存條件愈來愈差，活動空間愈來愈小，一些印第安民族面臨滅絕危險。事實上，印第安人問題主要集中在要求民族自治、要求獲得合法的土地權利以及恢復其文化傳統等方面，其本質是社會經濟問題，其中土地問題左右其他一切問題。資本主義現代化與印第安人的農業經濟存在矛盾，因此要解決印第安人的社會經濟問題，必須進行社會結構的改革。

二、黑人的問題

絕大多數黑人的政治地位和經濟狀況都屬於社會下層。在拉丁美洲各國黑人情況複雜，分爲四大類。

首先，在西印度群島黑人占總人口百分之八十以上的國家，黑人是掌權者。在這些國家，受過良好教育、地位高的極少數黑人，一般代表中產階級利益；但也有的代表大地主、大莊園主、大工商業資本家的利益。另外，住在城鎮的一部分黑人爲白領階層，在政府部門任職，或擔任公司和企業經理或管理人員，或從事教師、醫生、律師或作家等自由職業，政經地位中上。但是，大多數黑人從事農牧，或在城鎮、礦場和林場從事體力勞動。他們遠離政界，工作辛苦，收入微薄。

其次，黑人占總人口百分之三十以上至百分之五十的國家，因存在另一個人口與其相當的民族而政治地位不穩定。在這樣的國家中，黑人民族地位不穩固，有時掌權，有時大權旁落。其政經地位會隨政權的得失而變化。

第三，在黑人占比重較小的國家，其政經地位明顯欠佳。他們被排除在國家政權機構外，從事粗重的體力勞動，收入微薄，住房條件差，子女受不到良好教育。儘管在這些國家中有的黑人參與政黨，但一般參政機會較少。他們的利益較難在國家政治、經濟活動中得到反映。

第四，在蘇里南、法屬圭亞那等國家和地區，黑人們居住在叢林中，與世隔絕。他們大多是十六至十九世紀由種植園、礦場逃亡的黑奴後代，被稱爲叢林黑人，亦稱馬隆人。

黑人所面臨的根本問題是種族歧視問題，大致可分爲三類型。首先，在加勒比海大多數島國黑人種族歧視，問題較少程度較輕。因爲在這些國家黑人比重高，有的還是黑人掌權。但並非這些國家沒有種族歧視和膚色問題。其次，黑人比重較少的國家種族歧視問題比較嚴重。如巴西，黑人僅占總人口的百分之六。儘管一九五一年巴西政府就以法律禁止種族歧視，但至今膚色仍是衡量社會地位的標準。黑人與白人在工作條件、工資待遇、子女受教育程度方面差異很大。第三，在黑人占總人口比重與另一民族相當的國家，種族歧視表現方式不同，形成種族對立。

第四章　美洲古文明

第一節 美洲印第安人的由來

印第安人是美洲的原住民。一四九二年十月十二日，哥倫布首次到達美洲時，美洲印第安人總數，估計達一千四百萬至四千萬人。

哥倫布將所「發現」的美洲誤認為印度[1]，所以將當地居民稱為「印度人」或「印第安人」。而且，過去一般都把美洲土著稱爲紅種人，事實上印第安人皮膚並非紅色，只是他們常把紅色顏料塗在臉上而已。

美洲印第安人從何處來？屬於什麼人種？一般認爲，印第安人是蒙古人種的一支。大約在一萬二千至一萬五千年前，從亞洲東北部通過白令海到達阿拉斯加，經過不斷遷移和推進，終於散布到南北美洲的全境。另有一部分認爲印第安人是屬於

圖4-1 瓜地罵拉亞提特蘭湖畔的印第安部落

澳大利亞的美拉尼亞人種[2]。

首批來到新大陸的亞洲人不懂得耕種，而以漁獵和採集野生蔬果維生。他們有石頭做的工具，學會取火，能使用弓箭，飼養家犬，並懂得編製漁網和利用獸皮製作衣服。此外，他們也使用獨木舟或草製小船，還學會製作陶製食具等。因此，在美洲大陸建立各種生活和社會制度，並累積大量文化財富。

印第安人的分布非常廣泛，種族也非常複雜。各個部落和種族間，各有自己的語言，膚色也不盡相同。各種印第安人在社會經濟發展方面雖然各不相同，但大致可歸爲部落公社制模式，這種部落成員多半具有血緣關係。

美洲印第安人雖然在社會組織方面處在較低階段，但在文化上卻有輝煌的成就與貢獻，其中又以馬雅、阿茲提克和印加文化發展程度最高。

第二節　馬雅文明

一、起源與歷史

馬雅的歷史大致區分爲：前馬雅期到西元四世紀，分布地區在今天的薩爾瓦多海岸、宏都拉斯及墨西哥南方的恰帕斯州；馬雅古帝國（三一七至九八七），影響範圍擴展到整個猶加敦半島並形成城邦制；馬雅新帝國（九八七至一六九七），此時期出現重要的馬雅中心。西元一二〇〇年至一四五〇年馬雅人曾經非常繁榮，統治範圍達猶加敦半島北部且形成小王國，並先後建立了奇臣伊察（Chichén-Itza）及馬雅邦（Mayapán）兩大城。隨後，由於和其他部族的戰爭，導致馬雅文明在十五世紀遭受摧毀、沒落並落入西班牙人的統治。

圖4-2　提卡馬雅古文明遺跡

二、宗教與節慶

馬雅人的日常生活從出生、死亡、農業活動、四時記載、天文乃至建築都深受宗教的影響。馬雅的神祇相當多，主要有天神（Itzamá）、雨神（Chac）。對雨神的崇拜，顯示馬雅是個農業社會；還有玉米神（Ah Mun）和死神（Ah Puch）等。

馬雅人認爲，任何物品和動、植物都具有靈魂。因此，當砍樹或在地上挖洞播種時，都要向樹神或地神祭拜，請求諒解。而且，不同於西方人信教是爲了得救，馬雅人禱告不是爲了避免災難或獲得永生，只是希望雨下得適時、適量，有好的收成。

馬雅文化形成初期，宗教簡單且自然。當時沒有教士也沒有神殿，只崇拜打獵、捕魚、播種、收成、下雨等和生活有密切關聯的神。在出現教士階層後，馬雅的宗教慢慢變得複雜。神變得抽象，祭典也變得神祕莫測，同時也出現神殿。此外，宗教也漸漸隱含強烈的政治意圖。在初期的宗教祭典中馬雅人只奉獻鮮花，後來才用野生動物或家畜來祭祀，接著他們抓其他部落的人來當祭品，最後本地罪犯也成為祭品。

馬雅的祭典和節慶相當繁多，但過程大同小異：節食、禁欲；事先選時擇日；驅除魔障；上香、祈禱，最後及最重要的是供奉動物或人。此外，女性不能參加馬雅祭典。

馬雅人比較重要的節慶活動有石球活動及新年。打石球不是一般民眾的活動，它是少數領導階層的活動，通常打輸的一方必須奉獻給神。新年活動從前一年的最後五天開始，在這不吉祥的五天中所有的人都待在家裡以免災禍臨頭。新年那天，大家穿著新衣並把家中舊的瓷器及物品銷毀，代表萬象更新。

三、政治組織與社會概況

馬雅的政治組織類似古希臘的城邦制。每個城邦由許多部落組成，各有特色，互不隸屬。城邦的首領身兼行政及宗教的最高領袖，擁有相當大的權力。在教士及特別顧問協助下，他制定城邦的對內及對外政策並任命近親擔任各部落的首領。

他們的社會層級大致可分成貴族、教士、平民及奴隸。每個層級又有不同的稱號，相當複雜。

貴族及教士住在城市中，一般平民則住在城市外圍地區並在貴族領導下，從事相關工作。馬雅人的社會地位可從他和執政者住的遠近察知。在馬雅社會，奴隸的後代、搶犯、戰犯、孤兒或經由買賣成爲階級最低的奴隸。

馬雅人的葬禮依其社會階級而有所區別。在古典期，只有成年男性才能葬在神廟，後來漸漸擴及女性及各年齡層。其社會犯罪可分爲蓄意及無心兩種。太太若因丈夫的緣故而自殺的話，丈夫雖然無心但仍然會被定罪。在馬雅社會中夜不閉戶，因此偷竊是一項嚴重罪行。此外，被控通姦者須遭受落髮及脫衣示眾的羞辱。

而且，馬雅法律嚴禁離婚及同姓通婚，不過領導階級可以和其姊妹結婚以維護血統的純正。另外，馬雅人的婚姻具有濃厚的母系社會色彩，當男子欲結婚時，必須住在丈人家並爲其工作五年。離婚不容於馬雅社會，但婦女不孕或沒做好日常家務，丈夫可以休妻，反之亦然。休妻、休夫者可以立刻再婚。鰥夫必須在妻子過世一年後才可再婚。如果在這段時間他認識其他女性，將會遭受社會唾棄。

四、藝術發展

馬雅的藝術品大半爲宗教而設，也都刻在宗教建築上，這些藝術品成爲後人考證馬雅相當重要的依據。一般而言，馬雅人的建築高度依其不同用途，介於二至五十公尺。當然最高的是神殿，是政府領袖和教士的住所。這些神殿和金字塔，多半是用粗石子和泥土堆成核心，然後再用雕刻過的石頭裝飾外表。因爲他們不知道運用拱形，所以沒有圓頂式的建築。

大部分的馬雅雕刻也都爲宗教而設，使用的材質則是猶加敦半島垂手可得的石灰岩；不過他們也使用木頭、沙岩等其他不同材質。此外，馬雅的浮雕以人或具人形的神爲主。馬雅雕刻家也使用大量的珠寶、羽毛、面具及象形文字等裝飾建築的空白處。至於馬雅的陶瓷也有不錯的發展，浮雕陶瓷及彩繪瓷器等與歷史發展息息相關。

五、天文曆法與算數

馬雅人的天文曆法相當進步，他們使用一種比當時羅馬人還要準確的曆法。他們也發現零的妙用，遠在阿拉伯人將他們的數字符號傳入歐洲之前，馬雅人已建立了一套數字系統。他們以貝殼形狀、點、線分別代表零、一及五。他們採二十進位法，並以二十爲倍數推演。

由於農耕及捕魚等生活需要，馬雅人善於觀察天象並能準確預知何時會下雨以利民眾播種；也能觀

圖4-3　墨西哥奧美加文明巨石像

圖4-4　墨西哥奧美加文明石雕（林麗涒攝）

察何時月圓月缺及何時有颶風，讓漁民安心捕魚。良好的數字系統及精準的天象觀察，讓馬雅人擁有相當進步的曆法：太陽曆（三百六十五天）及宗教曆（二百六十天）。宗教曆有十三個月，每月二十天；太陽曆則有十八個月，每月也是二十天，另外五天是額外的，馬雅人視之爲不吉祥日子。

六、奇風異俗

馬雅人的日常生活深受宗教影響並且依教士指示行事，而且馬雅人也是一個父慈子孝的社會。他們視額頭扁平及鬥雞眼爲美的象徵。因此在小孩出生四、五天後，父母使用木板綁在孩子的前後額，一段時日後再取下即成。此外，爲人父母者會在小孩髮梢綁一小球垂於兩眼前，假以時日小孩即成鬥雞眼。馬雅人也有穿鼻、穿耳洞以利戴金、銅、玉等飾物的習慣。

令人好奇的是馬雅人也有抓周的習俗，又稱赫滋梅克（Hetzmek），這是首次托著嬰兒的臀部，讓嬰兒能立起來的儀式。此儀式通常在女嬰三個月，男嬰四個月時舉行。據說是因馬雅人爐火邊有三塊石頭，象徵婦女在家中的活動範圍；而種玉米的農田有四個邊角，象徵男子在田裡的活動範圍。這就是女三男四的意義。抓周時，若是男孩子則準備書、短刀、斧頭、農耕等相關用品；女孩則備有針、線等屬於女性工作的相關物品。

馬雅小孩的哺乳期通常到四、五歲時才結束。這時媽媽會在女兒髮梢上佩戴紅色貝殼以示童貞，一般認爲在成年前拿掉這項物品是極不光榮的事。馬雅男性不願留鬍子，因此媽媽就在小男孩臉上不斷熱敷，當他們成人時，就不會長鬍子了。馬雅的男孩與女孩婚前在部落中分開居住。女孩婚前偷看男人，眼睛會遭塗辣椒以示懲罰。做玉米餅、洗衣、照顧孩子是馬雅女性的三大職責。

馬雅人非常恐懼死亡，當死亡降臨時，他們都非常悲傷痛苦。當親人過世，隨即用紙將之包裹並放一根玉米及玉在其嘴中，以避免逝者往生挨餓、貧窮。窮人通常葬在自家後院，領導階層葬禮則相當繁複。此外，當馬雅人親屬去世後，要爲他舉行洗罪儀式，把往生者的遺體放在長條狀木澡盆中洗淨。洗澡水是稀玉米熱湯。洗罷，親屬和家人一起分頭把熱湯喝光，象徵分擔死者的罪惡，使得死者的靈魂可以順利進入天堂。

馬雅人實行男女分餐制，馬雅男性（丈夫和兒子）在妻女、姊妹的侍候下用餐，妻女在陪侍用餐時還需背對著丈夫；等男性離開餐桌後，才輪到母親和女兒用餐。農人大都早睡早起。此外，馬雅人大都全家共居一室。

在馬雅世界，食物在宗教儀式中扮演重要角色。馬雅祭司必須喝一種用樹皮與蜂蜜釀製的酒至微醺才能與神通靈。此外，馬雅人認爲萬物皆有靈魂，因此在食用動物的肉後會將其頭顱或骨架懸掛在家門口以示尊重。否則，這些犧牲的動物會通知其他動物，以阻礙獵人下次再捕捉到獵物。此外，除了是重要的食物來源外，玉米粒也是馬雅人卜卦工具。而且，馬雅人會在獨處的孩子身邊放一根玉米以防止小孩的靈魂被惡魔偷走。當馬雅人生病時，他們會在病人的床頭放五根玉米以驅逐惡魔。

此外，馬雅人會將玉米及其他食物與去世的親人一起埋葬，而且會在出殯的路途中沿路撒玉米粒以便親人的靈魂找到回家的路。同時，馬雅人認爲如果婦女食用黏在鍋子上的玉米粒，其小孩的腸子會黏成一團而死亡；或者剛生產的婦女燃燒玉米鬚，其小孩的臉會留有疤痕。

而且，馬雅人認爲如果把柴火掉在地上，柴火仍繼續燃燒，那就表示掉柴火的人一定長壽。再者，馬雅人認爲，小孩把腳擱在爐灶上，他們將會在戰爭中遭遇不幸，或無法逃脫而成爲俘虜。此外，如果有人用手直接從爐灶抓食物吃，會被警告，如果再犯，在戰爭將會不順遂，而且永遠無法捕獲戰俘，甚至可能淪爲俘虜。最後，馬雅人是個迷信的民族，他們認爲夢到紅色的花生，暗示嬰兒的死亡。獵人如果販售打到的鹿頭、肝或肚，就必定在日後遭到厄運。

第三節　阿茲提克文明

一、起源及歷史

阿茲提克的起源因缺乏文字史料記載很難考證。但一般認爲阿茲提克是一個比較年輕的印第安部落，屬於那瓦（Nahua）部落集團一支。據說他們最初住在海島上，地點可能是墨西哥西部。大約從十一世紀中葉開始，阿茲提克人即逐漸向墨西哥盆地遷移。據說，他們部族的神指示祭司，如果在一個地方看見一隻老鷹立在一棵仙人掌上啄食一條蛇（這是今天墨西哥的國徽），該處就是他們永久的居留地。十四世紀初，這個部落在酋長率領下，到達墨西哥盆地的Texcoco湖畔。一三二五年，他們在湖中兩個小島上，建立了後來阿茲提克著名首都特諾奇特蘭（Tenochitlán）。

在西班牙殖民者到達之前，阿茲提克正處於開始由盛而衰的時期。首都特諾奇特蘭己經非常繁榮。全城有六萬幢房屋，十萬至三十萬以上的人口。而同時期的倫敦卻大約只有二十萬人口。當時城市供水也很周全，到處有花園、街道寬闊，主要街道燈火通明。一五二五年，阿茲提克被西班牙征服者消滅。

二、社會組織

當阿茲提克人從游牧民族轉爲邦聯領袖時，他們發展嚴格的社會階級：王室、教士、貴族、商人、自由民及奴隸。大封建主與高級軍官很快便形成貴族。教士具有特權，他們負責宗教及教育事務並操縱人民未來的命運。自由民則成爲社會的基礎。商人也是社會上的重要份子，特別是富商，對社會具有一定的影響力。阿茲提克最重要的職業是戰士，因爲戰爭比農業更值得重視。他們的軍事組織和訓練都相當好，也特別重視年輕人的軍事教育。

在阿茲提克，國王身兼領袖及最高教士。王位繼承並非世襲而是經由智者團依民主方式產生。Calpulli是其帝國的核心，每個Calpulli形成一個自治的政府，有自己的執政者、學校及神殿等。Calpulli一般是由親屬或職業相同的人組成。在阿茲提克社會，任何人都可能成爲智者團一員，但只有貴族才能被選爲國王。貴族一旦被選爲國王就成爲神，任何人不得直接看他，必須透過特定人士傳話，但遇到緊急事件時，國王可和智者團直接會談。

阿茲提克社會規定犯竊盜且無力賠償者，必須淪爲奴隸。一位自由人和女奴結婚生小孩，他也必須成爲女奴主人的奴隸。叛國者的子女及親屬必須淪爲奴隸。阿茲提克法律也規定同姓不婚且嚴禁近親結婚。男、女適婚年齡分別是二十及

圖4-5　墨西哥古文明戰士雕像

十六歲。通常父母會先徵求當事人同意並請問教士這樁婚姻將來是否美滿。隨後會央請媒婆提親。結婚時新娘由媒婆背到男方家中。典禮時，長者們有冗長的莊嚴祝詞，之後把新郎及新娘衣服綁在一起，代表永結同心。

由於經常征戰，男性人口驟減，阿茲提克社會盛行一夫多妻制。不過元配權力最大，其子女才有繼承權。他們允許同居及娼妓存在。雖然離婚是不名譽的事，但婦女不孕、脾氣不好或疏於家事，丈夫可藉此休妻；若婦女遭受先生暴力或其丈夫無法養育子女也可訴請離婚。離婚婦女可以和任何人再婚，但是寡婦再婚對象只限於丈夫的兄弟或丈夫同姓族人。

阿茲提克的婦女雖然社會地位不及男人，但是她們擁有財產、締約及上法庭尋求正義等權利。在性方面，未婚少女必須貞潔，已婚婦女則須忠於丈夫。而男人只有在和已婚婦女有婚外情，太太才能申訴其夫不忠。此外，阿茲提克男性的社會地位，依其對社會貢獻的大小而有所不同。例如戰士因捕捉犧牲用的戰俘可獲得最大榮耀，而其服飾上代表榮譽的飾品也因其捕捉戰俘數量而不斷增加。

阿茲提克人一生皆歸屬於部落，一切行為都受部落習俗所規範。行為偏差遭受驅逐的阿茲提克人將落入敵人手中，成為犧牲或無助的流浪漢。隨著人口不斷增加，阿茲提克也設立法庭來解決部落的法律事件，並藉此強化領導者的權力。

由於害怕神明生氣帶給部落災難，阿茲提克社會甚少發生褻瀆神明及聖物情事。雖然如此，阿茲提克宗教信仰無關倫理道德，也就是人死後不會再遭受任何懲罰。因公殉難的戰士及生產致死的婦女得以升天。

在阿茲提克社會中，違反社會的任何行為不須入監服刑，只須賠償受害者。不過在審判前，這些嫌犯通常須關在籠子裡。小偷將淪爲奴隸或科以竊物雙倍罰金，一部分償還受害者，另一部分納入部落財庫。謀殺犯或背叛者同樣將淪爲奴隸或處以死刑；綁架者將被販賣成奴隸。除了在某些特別節慶外，酩酊大醉是嚴重罪行，不過已善盡社會責任的老年人，有較大的飲酒自由。毀謗者將受割舌割耳的處罰。通姦也會受嚴厲懲罰，最重可處死刑。亂倫或獸姦會遭社會嚴厲唾棄。

總之阿茲提克的法令相當嚴酷。從小，每位阿茲提克人就須謹守其社會的正確行爲模式，也深知違反者後果嚴重。雖然每個人都有某些種類的財產，但大部分土地都屬於部落，個人僅能擁有土地的某些產物。阿茲提克人部落共同體的意識強烈，個人的存在是基於神的意旨，因此每個人的一生大同小異。他們沒有自由的思想，沒有個人自由也沒有私有財富，但他們卻依循著某種規則，讓其部族世代綿延。

三、宗教與節慶

阿茲提克基本上是多神教的部族。他們相信靈魂永生和一種由至高無上的主統治一切的觀念。他們的宗教信仰無關道德，沒有救世主，也沒有天堂和地獄的存在。阿茲提克的宗教信仰是對大自然力量的敬畏並試圖去控制祂。他們崇拜對生存和耕種有利的自然神，如太陽神、月神、雨神和玉米神等。祭祀時以戰俘作爲犧牲。因爲犧牲被視爲一種榮譽，在特殊情形下有些犧牲是從特殊家庭中選出。國王被當作神的化身看待。阿茲提克人有強烈的宗教情結，在首都就有四十多座神廟，教士五千人以上。

在阿茲提克部落的日常生活中，教士扮演導引的重要角色。初期，教士除具一般民眾身分外，只在特定儀式中扮演神職角色。但隨著阿茲提克文化的日益繁複以及宗教儀式的日趨多元，終於形成專職教士。

阿茲提克大的節慶都依太陽曆慶祝。太陽曆有十八個月每個月二十天，另有五天是不吉祥的日子。另外在每五十二年一次的新火節慶典中，阿茲提克人象徵性地熄滅持續燃燒五十二年的火把，再點燃新的火炬，代表新生命的開始。同時在不吉祥的五天中，他們也熄滅家中的火光並摧毀所有家具。他們以節食並惋惜的心情等待災禍的降臨。懷孕的婦女被關在穀倉中，以避免變成野獸；而小孩子則必須不斷走動，保持清醒才不會變成老鼠。

以人作爲犧牲來祭祀是阿茲提克人的習俗。他們認爲神要讓人們存活下去自己也需要日益壯大才行，因此這些神都獲得最好的供養，即人的心臟。從此，阿茲提克開始以人作爲犧牲的惡習，戰俘是犧牲的主要來源。

四、經濟發展與手工藝術

阿茲提克的社會體制讓眾多的人民能和諧地居住在同一部落。家庭及部落式的經濟提供阿茲提克人食物、住屋、衣服及工具。這種經濟模式和其社會組織一樣具有簡潔的特性，同時也具備彈性擴張的功能以滿足不斷增加的人口。

農業是阿茲提克經濟的基礎，玉米則是其最佳的糧食作物。阿茲提克土地的擁有與管理是屬於部落而非個人，中央將土地分給各部落，各部落酋長再將土地公平合理地分配給每個家庭。此外，他們也保留特定土地共同耕種以供應領導階層、教士及戰士所需。土地是世襲制，若沒有後代或兩年沒有耕種的土地則須歸還部落，重新再分配。由於阿茲提克中心所在的墨西哥谷地人口不斷增加，已無多餘土地再分配，因此他們必須不斷地向外侵略，擴張其領土。此外，貢品是阿茲提克另一項重要經濟來源與支柱。

由於缺乏錢幣，阿茲提克的貿易以物易物，貨物價值端視其需求及稀有性而定。為了補足以物易物可能的差額，阿茲提克人以易於攜帶的可可子作為代替幣，可可所沖泡的飲料最後甚至成為風行阿茲提克全境的飲料。另外，寶石和玉是阿茲提克社會最貴重的物品。金子只有在作為裝飾物才成為貴重物品。關於製陶，阿茲提克人不知使用陶車，單憑其靈敏的雙眼和精巧的手指就能捏出想要的形狀。而瓷器作品大多以紅色為底並以黑白構成的幾何圖形作為裝飾。此外也有許多陶土作品，如酒杯，盤子等。阿茲提特人也常用石頭雕製人形，瓷器不僅限於家庭用品，也常用於大神殿屋頂的裝飾。

阿茲提克的藝術主要表現在建築、雕刻及舞蹈上，繪畫是較弱的一環。建築藝術表現最突出的是神殿的建築，神殿建築都相當雄偉高大且面積寬廣，一般住家則以適合居住為主要目標。

五、奇風異俗

算命在阿茲提克相當盛行。小孩出生後，父母親會請問教士小孩未來的命運。四天後家族慶祝小孩誕生並為他取名字。如果是男孩，父母會為小孩展示玩具刀或工具並教他們如何使用；若是女孩，父母則會以玩具教她們紡紗織布。男孩以出生日命名而女孩名字大都和花有關。

阿茲提克人，有類似我國中元普渡的習俗。他們會準備豐盛的食物祭祀去世的親人，以免挨餓。至今，他們仍保有此一習俗。他們也將可可豆放在去世親人的口中，據說可使往生的人來世復活。此外，阿茲提克人用餐時規定用右手掌持醬料盤，並用左手捲玉米餅沾醬吃。

古代阿茲提克人給孩子哺乳四年，這段時間婦女不會讓丈夫靠近。而且如果丈夫去世，孩子還未斷奶，她們也不會再婚，免得因爲再懷孕而疏忽嬰兒。斷奶的孩子直接改吃玉米食品，沒有其他乳品替代過渡。此外，他們在餵食孩子前，會把每種食物在幼兒前額沾一下，以免幼兒在吃的時候噎到。

發生地震時，阿茲提克人會立刻把玉米收藏好，因爲地震代表玉米將歉收。如果有人發燒，他們會用玉米麵糰做成小狗的模樣，並在一大早把玉米小狗放在發燒的親人將經過的路旁，以便把疾病轉嫁到玉米小狗身上。另外，到了玉米結穗開始成熟時，會舉行六月節。因距離收成的日子尚早，家家戶戶都搬出存糧，煮一鍋濃濃的玉米豆子粥請每一個到家中來的親友飽餐，藉此表示他們對管掌雨與生長的「特拉克勞多」神，很有信心。

由於玉米是阿茲提克人的主要食糧，偷盜正在成長的玉米是一種嚴重的罪行，要被判處死刑或貶爲奴隸。但是，行人餓了可以採路旁的玉米充飢。此外，在阿茲提克世界，龍舌蘭酒只允許特定人士在特定時、地飲用，而高齡者亦被許可飲用。這種對老人的特別優待，未必是因年紀愈長愈可敬，而是因爲他們的體力、性能力都隨年歲而減弱，不會給社會帶來太大的危險。

阿茲提克人在日常生活中，對待玉米有特別體貼的規矩。婦女將玉米放入鍋中煮之前要對玉米輕輕吹氣，用溫溼的口中之氣使玉米勇敢受火烹煮。從穗上揮落的玉米粒也必須撿起來收好，這樣才不會發生飢荒。另外，如果磨玉米的石臼破裂，代表磨玉米的人或家中有親人將死亡。

在重要慶典儀式前，阿茲提克人有齋戒的習俗。首先是禁食，一天只能吃量少而粗陋的一餐。

同時要禁色慾，並且從耳垂、舌頭、大腿肌肉擠出血來。齋戒的俗人家要找市場以彩繪爲業的人爲他的身體塗彩，然後穿上合適的衣著，配戴鳥的羽毛或玉米莖、鮮花等扮相。而祭司的齋戒更艱苦。

阿茲提克人在結婚禮儀上夫妻互相餵食玉米粽，以示永結同心，之後才進入洞房，並開始四天的禁食。此時賓客開始大吃大喝，而新婚夫婦必須等到第五天，祭司完成婚禮的賜福，才可以進食。此外，阿茲提克人用餐時端坐在木凳或木棍上，因此婦女總是提醒女兒不可站著吃飯，否則將會嫁到很遙遠、偏僻的村落。

第四節　印加文明

一、起源與歷史

在南美洲，印加人文化發展最高。他們的文化疆域寬五百公里長三千公里，含括今天的厄瓜多、祕魯、玻利維亞、智利的一部分及阿根廷的西北部。印加人是安地斯高原克丘亞族（quechua）的一支，說克丘亞語。他們的王稱爲Inca。西班牙殖民者最初與這一支人接觸時，誤以他們王的稱號來稱呼這個部族，於是印加的名字就因此被沿用。

關於印加的具體歷史演變，目前研究有限，所以並不十分明確。大致而言，從西元前一〇〇〇年在北部高原地區出現了查文（Chavín）文化，而南部沿海地區出現了帕拉卡斯（Paracas）文化。差不多與這兩個文化的同時，在北部沿海出現了莫切（Moche）文化或稱奇慕（Chimu）文化。西元六世紀至十世紀，在的的喀喀湖附近的高原部分則出現了蒂華納柯（Tihuanaco）文化。西元八百年時蒂華納柯開始沒落，因此遷往新都瓦里（Huari）。西元一〇〇〇年時瓦里也逐漸衰亡，分裂成庫斯科、強卡斯（Chancas）、阿伊馬拉（Aymara）及印加等小王國。在十一至十五世紀，北部沿海地區的莫切又強盛起來，出現了奇慕文化，不過在十五世紀中葉就被印加所征服。由瓦里所分裂出來的印加不斷擴張，在西元一四三五至一五二五年間已征服大部分安地斯高原中部，附近谷地及鄰近高原部分，並建立印加帝國，稱作大皇帝所有（Tahuantinsuyu）。印加文明就是在這一系列的文化傳統基礎上建立的。

印加族是一支很年輕的部族，他們原來住在庫斯科盆地，從十三世紀起，開始向外擴張。關於印加族的起源，有不同的傳說。印加人曾流傳這樣一個故事：太陽神在的的喀喀湖的島上，創造了一個男人和其妻子，使他們成爲國王與王后，並命他們外出尋找建立部族的基地，他們走進了谷地，把人民召集在一起，共同建築了庫斯科城。從此以後，印加族就以庫斯科爲中心，逐漸向外擴張。

從十五世紀中葉起，印加王國先後在帕查庫第（Pachacuti）及圖帕克印加（Tupac Inca）領導下，大舉擴充版圖，約在一四五〇年時，印加王國所占領的土地，已超過今天祕魯共和國的面積。一五二五年時，印加帝國發展達到極盛時期，帝國已達今日哥倫比亞和厄瓜多邊境，同時也與智利中部谷地及玻利維亞東部山坡接壤。

一五二七年，印加王去世，他的兩個兒子爲了爭奪王位，兵刃相接達三年之久，最後雖由弟弟獲勝，但也造成西班牙征服者皮薩羅（Pizarro）入侵的良機，一五三二年印加帝國終於被皮薩羅所滅亡。

二、政治與社會制度

印加人擅長組織，實行中央集權制。政府從中央到地方有一套完整的體制。他們把整個印加帝國稱爲大皇帝所有，這是統一也是四方的意思。印加帝國以庫斯科爲中心，分成四個大的行政區，每個區叫做一個Suyu，Suyu底下分若干省。印加國王，擁有至高無限的權力，同時被稱爲「太陽之子」，是世襲的職位。

當印加人征服一個地區後，會保留三分之一給被征服者，三分之一給印加人，另外三分之一給國王。被征服者所信仰的神也會被吸收，但地位較低。爲了防止被征服者反抗，印加人建立了良好的交通網以便管理和控制。此外，印加人對被征服者採取同化政策並規定他們學克丘亞語，共同語言有助於印加帝國的統一和鞏固。

印加社會以阿由（Ayllu）爲基礎。阿由的成員都屬於同一血統的親屬，受同一氏族的神保護，它是一個行政暨經濟共同體。印加社會最上層的是國王印加，接著是國王家族所形成的貴族，從這些人士裡選出未來國王、高級官員、軍官及教士。此外還有因打仗或其他貢獻而形成的特權貴族，再來是有技術的工匠和農人，最低下的爲奴工階級。

三、軍事與交通建設

綿密便捷的交通網是印加帝國軍事爭戰、發展經濟及行政體系的基礎。直到目前爲止，可靠紀錄顯示，印加帝國的道路總長二萬三千多公里。此外，印加人也比其他部落有較先進的訊息傳遞系統。除了得力於良好的交通網，類似中國古代驛站的設立，使得信差們能快速接棒傳遞訊息。

印加的軍隊數目龐大且組織嚴密。二十五至五十歲成年男子都必須完全或部分的投入戰事。印加擁有適於軍隊集結、行軍的良好交通網、沿途設置可不斷供給軍隊武器和糧草的驛站（tambos），以及優良的戰略、戰術的運用是印加軍隊攻無不克的重要因素。另外，對於戰敗者視爲同胞的尊重並逐漸加以同化也使得印加版圖不斷且迅速擴張。

四、經濟與貿易

土地是印加經濟繁榮的基礎，沒有私人土地。農業爲其生活之本。他們在國家所分配的土地上耕作與收穫，並飼養家畜。收成後的作物和農產品皆屬帝國政府所有，政府再經由配給制度公平地發放給每一戶人家。人民有義務爲政府做這些農活，且一切活動必須以團體之間的互助合作來進行。政府爲了發展農業還建造了灌溉渠道、導水管與儲糧倉庫，此外，更教導農民使用有機肥料。爲了避免土地貧瘠，他們以輪種的方式來耕作，這些都有利於土地的開發與利用。而帝國內的土地是屬於集體財產，土地不能買賣，但在人數變動時，會適時調整，可分成三個部分：太陽之地，這塊土地所產的物品是用來祭祀神明及供養神職人員；帝王之地，其產品是供給皇帝、貴族、官員及軍隊；村民之地，顧名思義是供養一般平民的土地。

耕作時先耕皇族的土地，然後耕作村社鰥寡、孤獨、廢疾者的土地，最後才是村社所擁有的土地。耕作時由村社長老率領，彼此互相幫助。土地上所生產的食物，全部歸入公共倉庫再重行分配。印加人曉得水利灌溉制度加上知道使用鳥糞作爲肥料，所以農業得到良好發展。他們培養近四十種經濟作物，馬鈴薯及玉米產量尤其豐富。

印加社會幾乎不存在對外貿易，內部的貨物交流也不發達，加上家庭生產只能自給自足，鮮少地區貿易。此外，沒有金屬貨幣也缺乏度量衡，不少地方仍實行以物易物。

印加人的課稅很重。皇族、公務人員、教士以及鰥寡、殘疾百姓都不需要繳稅。二十五至五十歲的成年人需爲皇族耕作，築路及其他公共工程以代替付稅。

五、科學與藝術

在科學技術方面，印加人和其他古代美洲文明一樣，有許多貢獻。雖然和所有印第安人一樣不知道鐵的使用，但已能用各種方法加工金屬。陶器與紡織更是巧奪天工，每個時代都具有別出心裁的不同風格。

爲了因應經常發生的戰傷，印加的外科醫學相當發達，他們已能進行解剖和使用痲醉劑，也知道利用奎寧和可可治病。

在天文和數學方面，印加人雖比馬雅人和阿茲提克人略遜一籌。但是其曆法已脫離馬雅人抽象的概念，分成十二個月，另外也採行更實用的十進位法。在文字方面，印加人不知象形文字，只知道結繩記事，這種方法叫做基普（quipu），即在一條主繩結了很多小繩，打結表明數字，用顏色、長度的不同排列表明人口、稅收和軍事行政事蹟。

在藝術方面，印加人的表現並不突出，但以實用爲主。印加人建築技術十分精良，所以直到今天，他們的灌溉系統、寺廟、碉堡、宮殿和諸如馬丘比丘之類的城市建築才能維持不墜，而石材建築的接縫之間雖不塗灰泥，卻連刮鬍刀鋒也插不進去。這一切都是在不懂得如何運用輪子、鐵和文字的情況下，就已經造就出來的成果。此外，印加人在建築上少有裝飾性的雕刻。印加人不知道使用柱子、拱門及拱頂，也不會使用水泥。庫斯科及馬丘比丘都相當雄偉、壯觀及耐震，但外觀卻很樸實。

六、生活與風俗習慣

在宗教方面，印加人特別崇拜太陽神（Inti），自稱太陽的兒女，首都庫斯科的太陽廟是最大的祭拜中心。印加族的祖先被認爲起源於太陽，印加王更是太陽的化身。

太陽神爲世界帶來了光和熱，並負責統掌季節時令以及農作物的生長周期。印加國王則是印提在地球上的代言人。月神（mama quilla）是太陽神的妹妹和妻子，並會對雌性世界造成影響。在爲月神建造的神殿中，牆壁上均繪有銀色的葉子。此外，印加人相信星辰是天上的守護神；每種動物和鳥類在天上均有對應的星辰或星座。此外，印加人相信地球上的生物繁衍是由海洋之母Mama Cocha 和 大地之母Mama Pacha負責掌管。它代表拜這兩位女神之賜，地球上的海洋和陸地能夠取之不盡、用之不竭。

印加人信仰太陽神，而太陽貞女則是太陽神的妻子。挑選太陽貞女的條件苛刻，必須具備太陽神的血統，即印加王直系血統的女性。被選中的女孩基本上八歲就進入貞女宮，有的可能老死其中，有的到萬年回鄉，受到當地人民極度的尊敬。

此外，印加王歷來都是與其親姐妹結婚，這樣的婚姻在於保護印加王的統治權，因此印加歷史上沒有出現過「外戚專權」的現象。不過，印加法令禁止老百姓在族內通婚，以保證遺傳的優越性。國王和百姓截然的反差，又給印加帝國蒙上神祕面紗。

爲了讓人口不斷成長，殺嬰及通姦在印加社會須受嚴厲懲罰；婚姻是義務，娼妓幾乎不存在。婦女須自己接生而且生產後不久即須做家事；生雙胞胎或畸形兒，被視爲不祥。另外，婦女墮胎是一項不幸的事，若想再孕必須先經巫師解咒。小孩出生後就接受嚴格的紀律每天都須浸泡冷水，使其適應寒冷並強壯骨骼。餵食小孩一天不超過三次，大部分時間小孩都單獨在搖籃裡，媽媽從不會將小孩抱在手中，以培養其獨立性格。印加人的名字一生必須更換三次；十二、十三歲時舉行成年禮。

在印加帝國只有貴族才有受教權，一般民眾只能跟著父母親學生活技能。至於婚姻，印加人有試婚的習俗，如果共同生活一段時間後發現不和，男女雙方可各自回到父母家裡，如果已有小孩，小孩則跟著媽媽。對印加人而言婚姻是一種義務，因此若有人沒有對象，官方會幫他選派一位。在印加的社會也有買妻的現象；通姦要處死刑。一夫多妻只盛行於印加王及其他高官。

在日常生活方面，印加貴族日食三餐，一般民眾只有早午餐。婦女通常背對著先生用餐，且在餐畢前是不准喝東西的。他們通常兩天沐浴一次，不過避免在上、下弦月的日子，因爲他們認爲在這些日子沐浴，易遭疾病附身。

印加國王的財富是靠自己爭來的而不是承襲自他的祖先。因此當他去世後，皇宮就被棄置，屋舍也永遠關閉，他的皇后有時也被處決，一起陪葬。

紡紗及家事是婦女的主要工作，他們必須陪著先生出征，所有印加婦女都受法律保護，丈夫不能對他們施加暴力或辱罵。

印加的法律對貴族比一般大眾寬容。死刑是常見的處罰。另外，有時也會將罪犯與猛獸關在一起。孩子犯罪，父親同受處罰，但是父母犯罪，罪不及子女。不小心燒毀房子必須負責重建。偷竊須接受懲罰，但若因三餐不繼偷東西，官員則須提供竊犯食物。

印加人的飲食十分多樣化，不同社會階級人士所消耗的食物也存在著許多差異。一般平民每天只吃兩餐。安地斯山區最典型的食物是「丘紐」（chuño），意指經過脫水處理的馬鈴薯粉。印加人會在「丘紐」中加入水、辣椒和鹽，並於混拌後烹煮。他們也會將肉乾或烤肉配上大量的辣椒、馬鈴薯和豆子，以製作燴菜。此外，他們也吃仙人掌的果實。玉米的使用十分廣泛，料理方式則包括烹煮或烘烤。

貴族和王室成員吃得比一般人還多。肉類很少在印加國王的餐桌上缺席，但一般人民卻很難吃得到肉。印加國王所食用的肉類包括駱馬、小羊駝、野鴨、平原地區的岩鷓鴣、青蛙、蝸牛和魚類。

印加人會在用餐之後或是節慶活動來臨時飲用酒精飲料。在出生、進入青春期、結婚或死亡的儀式以及任何粗重的勞力工作總是少不了大量的酒精飲料。印加人主要的酒精飲料是以玉米製作的「奇恰」（chicha）。通常由年邁、有充足的經驗婦女負責製作「奇恰」。她們會將玉米粒咀嚼後，吐到容器中，利用唾液的酵素讓它們發酵。最後加入水分，再埋入地下，好讓發酵程序能夠因爲溫度而進行得更快。存放一周、兩周或一個月後，便可飲用。

印加人普遍使用興奮劑，古柯是最常見的興奮劑，它能讓印加人不斷地工作，而不疲累或飢餓。印加人會將古柯葉和以貝殼或各種安地斯穀物磨成的粉塊混合在一起，並製成小型的球狀物，然後放入嘴中不停滾動。早在印加帝國成立之前，當地人就已經在使用古柯了。

第五章　飲食文化

第一節 概論

拉丁美洲是指從美墨邊界的格蘭德河（Río Grande）一直延伸到南美最南端的火地島（Tierra del Fuego），總長達一萬多公里。涵蓋多種氣候、地形及地理環境，從終年冰封的山脊到典型的雨林，從廣大的草原到狹長的加勒比海岸，從仙人掌散布的沙漠到森林覆蓋的高地。這些錯綜複雜的因素，造就拉丁美洲飲食的多樣性。

一四九二年十月，哥倫布發現新大陸不僅擴大歐洲人地理與經濟的範疇，更爲歐洲及全球帶來新的飲食革命。因此，要認識拉丁美洲的飲食文化，必須深入了解殖民前後拉丁美洲飲食的狀況，因爲西班牙及葡萄牙三百多年的殖民統治，改變了印第安原住民的生活方式、食物及飲食習慣。

發現新大陸，除了將原產於美洲的可可、番茄、馬鈴薯、玉米、香料以及火雞等食材帶回歐洲，也將歐洲的牛、羊、豬、雞等牲畜以及其他不同的食用作物引進拉丁美洲，讓拉丁美洲的飲食更加豐富與多元。同時，拉丁美洲的烹調，也呈現出多樣性，在不同國家或地區有不同的食物。

不過，在食材、設備、方法等，拉丁美洲有其獨特的烹調特色，這歸功於西班牙及葡萄牙殖民者所遺留下來的文化與宗教遺產。而且，幾乎所有拉丁美洲國家，炸蔬菜都大量使用洋蔥、大蒜與甜椒。有時番茄也會用橄欖油或豬油炸到熟軟，炸蔬菜可以說是數以百千種拉丁菜餚製作的基礎。另一方面，拉丁美洲各國也都廣泛使用玉米、南瓜、豆子及辣椒等四種新大陸的原生作物。

實際上，每個國家對於玉米粽（tamal）的製作，都有自己的一套做法。在委內瑞拉，這道菜叫「阿雅卡斯」（hallacas），其做法是先用胭脂樹油浸泡使其入味，再用香蕉葉包起來煮。

在玻利維亞稱「烏蜜塔絲」（hurmitas），它是使用混合乾玉米與新鮮玉米的材料，用玉米葉包裹蒸熟即可食用。尼加拉瓜則擁有尺寸最大的玉米粽，即拉丁美洲人所熟知的「納卡玉米粽」（nacatamal），是一種用粗玉米粉、稻米、肉、蔬菜及香草作爲材料，包在香蕉葉裡的特大食物。

而豆子在拉丁美洲也是普遍使用的材料。炸豆（frijoles fritos）在墨西哥相當受歡迎；酸奶大紅豆（cazuelitos）是尼加拉瓜極具風味的菜餚；阿根廷人則偏愛「南美豆子沙拉」（ensalada de porotos）。另外，豆子是拉丁美洲民眾最好的蛋白質來源。像古巴的豆子米飯（moro y cristianos）、墨西哥的豆子玉米捲餅，以及薩爾多、宏都拉斯的奶油玉米捲餅（baleada），都是典型的豆類與穀物的混合食物。冬季盛產的南瓜是拉丁美洲飲食中另一種重要食物，它的每個部分都可食用，花是用來製作墨西哥湯及烤起司玉米餅（quesadilla）的材料。另外，像阿根廷的克里奧約燉雞（carbonada criollo）就是用小火烹煮，然

圖5-1　古樸的騷莎醬石缽

後裝進南瓜盅中食用。

另外，辣椒是拉丁美洲最爲人熟知的調味料。辣椒是新大陸的原生作物，藉哥倫布發現新大陸後傳布到世界各地。不過，拉丁美洲每個國家對辣椒的使用不一。在墨西哥，辣椒是烹飪的催化劑，著名的莎莎（salsa）辣味醬可加在任何菜色中食用；在阿根廷和烏拉圭，則被切成薄片，放進各種醬料中。至於祕魯的辛辣食物，通常使用大量的黃辣椒（ají amarillo）。

最後，美洲古印第安時期沒有牛、馬等協助耕種的牲畜、沒有輪子、沒有鐮刀，也不會使用犁。然而，印第安人主要面對的是不利的氣候及災害對其作物的影響。他們深刻了解大自然對其作物的影響，因此存在各種宗教儀式以祈求作物豐收。

第二節　一四九二年前拉丁美洲的飲食發展

一四九二年西班牙人抵達美洲前，美洲印第安人具有良好的飲食文化發展。馬鈴薯、玉米、南瓜、酪梨、樹薯、辣椒、火雞、番茄以及鳳梨等，是拉丁美洲主要的原生作物。在甜食方面，香草及巧克力也是源自拉丁美洲。今日，在拉丁美洲數以百計的飲食中，多半源自阿茲提克、馬雅及印加。此外，在拉丁美洲有各式各樣的玉米粽，而且豆子是阿茲提克另一種重要產品。

一、農業作物

一四九二年前，拉丁美洲已有良好的農業發展。首先，西元前六〇〇〇年在安地斯山已有最早的豆子種植。其次，西元前七〇〇〇至六五〇〇年前，墨西哥已栽種酪梨、南瓜及辣椒等作物。在百分之九十的食物來自打獵及採集野生作物時，這些作物是當時墨西哥印第安人重要的補充糧食。到西元前四〇〇〇年，墨西哥開始種植豆子，並成爲印第安人的重要食物。此外，西元前三五〇〇至二三〇〇年前，墨西哥開始大量種植玉米，約占日常飲食的百分之三十。不過，西元前一五〇〇年前，當時的玉米的大小只有目前的五分之一。

至於馬鈴薯，約在西元前二五〇〇年前，首次出現在祕魯的海岸地區。由於馬鈴薯的大量生產，讓印第安人能定居，且

圖5-2　各式各樣的乾扁辣椒

在十五世紀末供應六千至八千萬美洲印第安人所需。此外，在高冷的安地斯山區種植馬鈴薯，當地印第安人將採收的馬鈴薯冷凍，之後在陽光下晒乾，並磨成馬鈴薯粉以利保存，是當地很重要的糧食。而玉米則是神奇的穀物，墨西哥印第安人因它而建立馬雅及阿茲提克兩大帝國。豆子的種植比玉米約早一〇〇〇年，而番茄及其他葫蘆科作物也對印第安人飲食有很大貢獻。

此外，辣椒也是印第安人必備的日常食材。於西元前五〇〇〇至三〇〇〇年前，開始在墨西哥谷地種植。墨西哥辣椒約有三百種，而且當時有商人專門做辣椒買賣的生意。在哥倫布發現新大陸後，多樣性的辣椒立刻被歐洲人接受，取代自東方進口的昂貴辣椒。至於樹薯則是加勒比海地區及南美某些地區印第安人的基本糧食，與玉米同樣重要。

二、魚及肉品

雖然印第安美洲盛產玉米、馬鈴薯、南瓜、樹薯等農作物，但卻缺乏蛋白質。哥倫布發現新大陸前，美洲大陸因地理環境的限制，很難得到魚及肉品。此外，魚和肉品只限於少數貴族食用，雖然在節慶或祭祀時一般民眾也能少量食用。

古印第安原住民擁有的家禽牲畜不多。在安地斯山區，駱馬是當地印第安人重要的肉品來源。印第安人會將駱馬的肉晒乾（charqui），可保存一年，之後再慢慢食用。此外，當地印第安人也會吃兔、鹿及羊駝的肉。在墨西哥，火雞及無毛狗是重要的肉類來源。除了上述較大型的動物外，印第安人也食用蜥蜴、烏龜、蛇、青蛙及昆蟲等，以補充蛋白質。

至於在海岸及河流捕捉軟體動物、魚及甲殼動物可追溯到哥倫布發現新大陸前數千年。在西葡殖民前，當時的印第安人已會運用各種工具及技術進行撈捕。此外，印第安人也曉得使用醃製、煙燻、乾燥等方式保存剩下的魚貝類，以利運送或交換其他食物。

三、廚具及農業組織

通常印第安人的廚房和其他房間沒有特別隔離。墨西哥印第安人廚房中央有用石頭架設的爐灶（tecómitl），並擁有一些傳統的廚房用具，如、鍋、水壺、水瓢及裝食物的籃子等。此外，在墨西哥會用火山岩做的器具磨玉米。

在歐洲殖民前，對土地的擁有及開墾決定印第安農民的生活。在墨西哥農村公社組織（calpulli），它是由一個家族或宗教高層所組成，並擁有一定的耕作土地。而安地斯山區祕魯印第安人的農村社會基礎稱作（ayllu），每個地區的作物不同。在高地種植馬鈴薯及藜麥（quinua）並養殖駱馬；溫帶谷地則種植玉米，至於熱帶谷地則生產水果、棉花及可可。

然而，在殖民前，其他地區及部落並沒有類似的村社組織，他們有許多仍處於前農業期的新石器時代，例如阿根廷彭巴草原的印第安游牧民族，他們仍以捕獵及採集蔬果維生。在加勒比地區的印第安人則種植木薯、甘薯及棉花等，而巴拉圭的瓜拉尼人則種植玉米。此外，通常婦女負責耕種，而男性則出外打獵。

總而言之，殖民前印第安民眾的生活方式反映在他們的烹調方式、使用的器具並與其風俗有密切關係，同時也反映在他們對外來影響的保留態度。

第三節　西班牙與葡萄牙殖民的影響

一、概論

一四九二年西班牙來到新大陸後，引發拉丁美洲各地土著食材與烹調法的革命。西班牙人對美洲本土傳統處理食物的方法，帶來了正負面的影響。

首先，西班牙從舊大陸引進牛肉、羊肉、豬肉及雞肉等原料至美洲，讓拉丁美洲的飲食更加豐富。而牛奶、乳酪、酸奶和起司等日常食品，更是當地從未使用過的。至於柑橘類水果，如柳橙、檸檬是當時前所未聞的作物。另外，使用麵粉製作麵包和點心以及吃米飯，更是新鮮事。季節性的小茴香、番紅花、肉桂、丁香、荳蔻、大茴香的引進，為新大陸的餐飲帶來更多不同的香料。另外，一四九三年，糖傳入多明尼加共和國，造就拉丁甜點的出現。其他重要的，還有像咖啡、白蘭地、啤酒等飲料的引進。

葡萄牙在新大陸的活動，除了帶來舊大陸的食物，更帶來非洲及亞洲等地的餐點。非洲奴隸及葡萄牙的供給船，更為拉丁美洲帶來日後飲食中的兩大主要水果：香蕉及芒果，以及棕櫚油、山藥及秋葵等。

由歐洲引進的新式廚房技術也有同樣的影響。烤箱、金屬容器，和採用豬油來煎、炸的技術等，都改變了拉丁美洲人的烹調方法。同時，歐洲人帶來油和葡萄榨汁機、大型酒桶、剪羊毛刀及製糖機等的引進，對新大陸的經濟和飲食造成重大的衝擊。

不過，短時間內從歐洲引進這麼多的食物，確實改變了拉丁美洲人的飲食習慣，並且造成深遠的影響。食用肉、豬油、牛油、奶油、起司、糖和酒精，增加拉丁美洲人罹患肥胖症、心臟疾病和糖尿病的風險。而常採用的油炸方式也對身體造成傷害。

早期，傳統的拉丁美洲飲食尚未受到美國飲食的影響。但是當墨西哥、巴西、阿根廷等拉丁美洲國家，逐漸工業化及富裕時，便接受美國不好的飲食及生活習慣。他們愈來愈少食用蔬果，而大量選擇紅肉、速食、高脂點心及菸草製品等。

二、影響

十五世紀中菲力普二世執政起，除了原先印第安人所種植的玉米、豆子及辣椒外，美洲殖民地開始種植特殊經濟作物。首先，西班牙人帶來小麥並在美洲大部分地區收成良好，但在安地列斯群島因地質的關係，幾乎沒有收成。然而，木薯及蔗糖在熱帶低地，特別是安地列斯群島，因氣候合宜及勞動力充裕而蓬勃發展。至於可可則盛產於厄瓜多的瓜亞幾爾、委內瑞拉的馬拉開波、墨西哥的恰帕斯州、瓜地馬拉及薩爾瓦多等地。

當時，重要的染料靛藍種植在中美洲，而古柯葉則生長在安地斯山東側的低谷地，至於生產龍舌蘭酒的龍舌蘭主要種植在墨西哥高原。此外，安地斯山區大量生產馬鈴薯。至於葡萄酒的生產，因為很晚才從西班牙引進，且因氣候的關係，只能在南美洲一些地區有較好的收成。而橄欖油也因土壤及氣候因素，只在智利及祕魯的某些省分有較大面積的種植。但因西班牙本土大量生產且是出口美洲的重要產品，因此西班牙禁止在拉丁美洲殖民地大力種植葡萄及橄欖。此外，由於農耕器具的改良，不論是印第安人的原生作物可可，或是西班牙殖民者引進的小麥或蔗糖都獲得大量發展。

另外，雖然在印第安人保留的小面積土地仍然使用原始的耕種工具，但在殖民者的大莊園中，已大量使用從歐洲引進的手推車及犁等工具，這些工具有利耕種及提升產量。但很可能是因爲殖民者的強迫，也可能是印第安人仍慣於使用原先的工具，因此大多數的印第安人仍抗拒使用新的農耕工具。

十六世紀末，在貨品交易方面，西班牙殖民者並沒有大力推動或改善，仍沿用殖民前印第安人的方式。而且，殖民時期，市集上仍只販售殖民前已存在的火雞、玉米、蛋、兔子、番茄、辣椒、仙人掌果、馬鈴薯等物產。此外，由於西葡殖民者的引進，美洲殖民地已出現牛肉、豬肉及羊肉，但這些肉品在印第安人的市集仍不普遍。

此外，引進牲畜是西班牙對美洲大陸的貢獻之一。哥倫布在美洲第二次航行時將豬和馬引進安地列斯群島，緊接著是羊和牛，起初牛被當作是耕田及馱運的牲畜。由於美洲大陸地廣且水草肥美，從西班牙引進不到三十年，就大量且迅速繁殖，且一度失去控制，很多成爲到處流竄的野生動物。最後，西班牙殖民者將牲畜的豢養移往人煙稀少處，同時由牛仔加以管理，終於控制牲畜的大量繁殖。此外，殖民者也屠殺牛隻，將皮革銷往歐洲。當時在墨西哥、新格拉納達、拉布拉他河平原等地，皮革出口僅次於金銀，成爲美洲大陸最大的財富來源。

雖然牲畜大量增加，但印第安人的飲食只能沿用傳統的玉米餅加辣椒，肉品只有西班牙殖民者及特權人士才能享用。在西元十六及十七世紀，印第安農民仍維持殖民前的生活模式，廚房用具是自己製造的陶製用品。雖然西班牙人帶來家禽並大量繁殖，當地的飲食大多維持原先印第安人的方式。殖民時期，印第安人會利用一些植物釀酒，例如墨西哥印第安人有龍舌蘭酒，祕魯印加人則

圖5-3　墨西哥美味的仙人掌果

有玉米酒。印第安人在祭祀或慶典時會大量喝酒，但平時較節制。此外，他們也讓病人少量飲酒滋補身體。同時，印第安人也喜歡西班牙人引進的葡萄酒及啤酒。後來，印第安人大肆喝酒迫使殖民者頒布法令禁止嗜酒，違者罰款，但成效不彰。總之，西班牙飲食在拉丁美洲各地的影響不一。西部美洲許多國家仍維持印第安人的飲食，但也重視並深愛西班牙殖民者所帶來的影響，特別是修道院所製作的甜食，這些甜食都來自西班牙的安達魯西亞並具有濃厚的阿拉伯元素。另外，豬、牛、羊、家禽及某些水果也深受拉丁美洲人喜愛。

第四節　各具特色的區域飲食

拉丁美洲由於幅員遼闊、氣候及地形錯綜複雜，因此，大致可分爲下述幾個飲食區。

一、墨西哥菜

十五世紀西班牙征服新大陸時，墨西哥擁有許多高度發展的土著文明。因此，墨西哥菜是北美地區最富盛名、最特殊且最複雜。今日，墨西哥擁有超過一百五十種玉米餅的製作方法，八十種以上的玉米粽，十二種以上玉米製成的飲料，以及一百二十種煮玉米的方式，讓墨西哥向來有「玉米的故鄉」雅號。此外，墨西哥人使用十二種以上的植物、香料，以及超過五十種不同形式的新鮮或乾燥辣椒，創造

圖5-4　墨西哥各式甜食

圖5-5 製作騷莎醬的綠番茄（江志昌攝）

出上百種不同的莎莎醬。對中世紀的墨西哥而言，莫蕾[1]（mole）這種調味料，更含有二十五種以上的成分。墨西哥最好的莫蕾產於普埃布拉市（Puebla），相傳是由該市修道院的修女所製作。

由於西班牙統治墨西哥長達三百多年，所以墨西哥的飲食也受到西班牙、葡萄牙、法國等歐洲國家的影響。因此，現代墨西哥飲食是融合印第安及以西班牙爲主的歐洲飲食，但印第安的成分大於歐洲。

玉米是墨西哥本土化的物產且種類很多，最常見的有玉米薄餅（tortilla）、玉米捲餅（taco）、玉米粽（tamal）等。玉米薄餅是墨西哥上至總統，下至平民百姓三餐不可或缺的主食。而玉米捲餅是將玉米薄餅捲上乳酪、洋蔥、火腿肉等，再用油煎成焦黃色，吃時沾些辣椒醬。墨西哥大街小巷都有賣玉米捲餅。至於玉米粽是用玉米或香蕉葉包裹玉米麵糰及各種內餡，紮成長方形，用蒸或水煮，很像台灣南部的粿粽。另外，墨西哥人喜歡吃豬下水、牛雜碎。用豬腳、豬下水和玉米粒燉煮成的名菜鮑索蕾（pozole），是菜也是湯。

墨西哥盛產的玉米和可可都是古印第安時代飲料的主要原料。此外，墨西哥素有「仙人掌王國」的美稱。對墨西哥人，特別是對墨西哥的印第安農民，仙人掌是不可或缺的食物。而且，仙人掌有一種寄生昆蟲叫胭脂蟲，能提煉名貴的紅色染料。至於龍舌蘭，主要分布在中央高原和東部地區。龍舌蘭的莖裡有大量的汁液，味道酸甜可口，是墨西哥印第安農民工作及趕路口渴時的天然飲料。

墨西哥著名的龍舌蘭酒「特吉拉」（tequila），是墨西哥的國酒，產於墨國中部瓜達拉哈拉市附近的特吉拉小鎮。墨西哥人喝龍舌蘭酒前，在左手背上放一點鹽。飲用時，嘴巴舔一點鹽，然後將酒一飲而盡。

圖5-6 美味可口的起司玉米餅

墨西哥盛產可可豆，據說在古印第安時代阿茲提克的主要神祇「克察爾科阿特爾」（Quetzalcoatl），在離開當地時贈送阿茲提克子民可可樹。阿茲提克人從這神賜的可可豆中補充精力，且因其貴重，可可豆還成爲當時流通的貨幣。雖然哥倫布是第一位認識可可豆的歐洲人士，但相傳是聖芳濟會教士將可可豆帶回西班牙，之後流傳至歐洲及世界各地。

在阿茲提克帝國時代，喝的巧克力混合了辣椒粉，但這種香辣的巧克力飲料專屬貴族。而且，

圖5-7 玉米餅的重要佐料仙人掌莖

圖5-8 各式的龍舌蘭酒

阿茲提克人視巧克力爲回春的飲料，據說阿茲提克皇帝在臨幸後宮佳麗前，一定暢飲香辣巧克力增進元氣。另外，阿茲提克人有把可可豆放在去世親人口中的風俗，據說可使往生者在來世復活。

二、加勒比海菜

加勒比海菜擁有屬於自己的獨特香料，但卻受限於地區歷史發展。古巴和多明尼加共和國都是西班牙首先開拓的殖民地，當時土著的烹調非常簡單。因此，加勒比海菜的烹調最接近西班牙。西班牙人認爲，甜鹹風味的強烈對比是這些島國菜餚的主要特色。而且，在西屬加勒比海以木薯、南瓜和玉米等蔬菜用文火烹煮的「紅燒牛肉蔬菜湯」（ajiaco），深受土著烹調的影響。加勒比海的烹調，主要表現在火候上。對新大陸而言，加勒比海地區算是最先引進蔗糖的地方。因爲糖，此地區不同點心的發展就更爲多元。

此外，因地理的關係，海鮮是加勒比海島國的共同食材。有些國家以龍蝦見長，有些國家則偏好某種魚類。此外，雖然每個國家有不同的烹調方式，但加勒比海國家大多以稻米爲主食。在某些季節會在米飯中加入貝類，有時則加入椰奶。此外，有時米飯會煮成黃色，有時米飯只是餐飲的一部分。

㈠古巴

古巴的飲食受到非洲以及中國的影響，特別是西班牙巴斯克及加納利的飲食風格影響。此外，古巴飲食也受到阿拉伯的影響，因爲早期到達古巴的殖民者，大多數來自西班牙南部的安達魯西亞，當地的飲食特別是甜點，深受阿拉伯人的影響。近年來，美國飲食對古巴的影響非常明顯。

此外，黑豆及木薯是古巴道地的食材。而且，古巴的飲食以其特有的小茴香、奧勒岡、月桂葉，同時融入西班牙、中國及非洲的烹調方式，而顯得更加出眾。著名的黑豆飯主要是運用當地的熱帶水果、植物的根莖、海鮮等加上黑豆及稻米烹煮而成。至於水煮白飯則是華人移民對古巴飲食的重要影響。此外，在古巴幾乎不使用辣椒、紅椒及玉米等作爲食材。另外，用木薯粉做成的扁平包子，在蒸熟後風乾，可延長食用期限。食用風乾的木薯包，通常會加鹽水煮再搭烤肉片。

在古巴飲食中，紅燒牛肉蔬菜湯與西班牙式的大蒜濃湯並存。再者，古巴有各式烹調米飯、各種鱈魚烹煮、不可或缺的香蕉、以及典型的西班牙甜食與糕點，如炸牛奶雞蛋麵包淋糖漿（torrijas en almuban），番薯椰奶（los boniatos en tentación）及蛋黃碎麵包等等。此外，也有許多的飲料，如用酒、水、檸檬汁和糖熬煮的飲料ponche；用甘蔗酒、檸檬、汽水及糖所調製的傳統飲料mojo crudo；以及用甘蔗酒、檸檬及可口可樂所調製的雞尾酒Cuba libre。再者，古巴飲食中也不乏美味的醬料（salsa）及佐料（adolezos），但最不可或缺的是一種叫做vita nuova的番茄醬料。此外，古巴也廣泛使用來自美國的番茄醬。

㈡多明尼加

數世紀來，多明尼加飲食受到印第安人、西班牙和非洲人混合的結果。多明尼加傳統的早餐包含了煎蛋和水煮過的泥狀大蕉，另加煎烤過的火腿片。午餐是最重要的一餐，主要有飯配肉類，豆子和沙拉。豆子飯（La Bandera）也是多明尼加人常吃的午餐。近年來披薩、義大利麵、炸雞、薯條也是受歡迎的食物，各地多有中國人開的Pica Pollo炸雞店，中國簡餐店也很受歡迎。

多明尼加的餐飲主要包括：海鮮或肉類、飯、馬鈴薯或是大蕉（可以是整條水煮，泥狀，整條煎烤或塊狀油炸）、蔬菜或是沙拉。多國人比較愛吃肉類和澱粉類食物和米飯、海鮮及乳酪。木薯和甜薯也是多明尼加人的主要食物。路邊小吃可以看到有empanada（炸牛角餅），內含乳酪，牛肉，雞肉或是豬肉、炸木薯球、烤肉串、刨冰和各種熱帶水果飲料。多國人嗜吃甜食，牛奶甜粥（arroz con leche）、鳳梨水果蛋糕（bizcocho dominicano）、椰子豆奶（habichuelas con dulce）、甜奶布丁（dulce de leche）都是常見的點心。多明尼加盛產咖啡和可可，多國人喜歡喝小杯咖啡，放入許多白糖，這是拉丁美洲及加勒比國家特有的文化。

由於多明尼加盛產甘蔗，當地由甘蔗加工出來的萊姆酒也非常有名。多明尼加獨特的Mama Juana是當地家庭自己調配的藥酒，主要是把萊姆酒、蜂蜜、紅酒混合後加入樹皮或是樹根和草藥，主要爲壯陽藥酒。Mabi爲樹薯製作的飲料，Malta爲大麥飲料，很甜。各種萊姆水果酒都是多明尼加常見的飲料。多明尼加的咖啡和雪茄也是世界有名。

多明尼加美食包括：由雞肉或豬肉加植物根莖烹煮的蔬菜肉湯（sancocho）、木薯餅（cazabe）、炸豬皮（chicharrón）、炸雞塊（chicharrón de pollo）、木薯餡餅（catibia）、炸香蕉（friotos verdes）、臘腸（longaniza）、豬腸湯（mondongo）、用牛羊豬的內臟烹煮的pipián、香蕉泥（mangu）、椰奶魚湯（pescado con coco）等。但多明尼加最普遍的日常飲食稱爲la bandera dominicana或pabellón，它是用白米飯、燜紅豆、烤肉、香蕉、木薯以及當季的酪梨所組合成的美味餐點。

三、中美洲的飲食

中美洲的飲食融合墨西哥和加勒比海的烹調特色，但仍有其獨特風格。對瓜地馬拉及尼加拉瓜人，玉米薄餅是生活中的必需品。薩爾瓦多家常飲食玉米餅（pupusas），則拌入豆類、肉類和起司。而海鮮則明顯的刻畫出中美洲飲食的風貌，特別是巴拿馬、哥斯大黎加等國。此外，香蕉是中美洲的主要物產，更是重要的食物，如烤芭蕉（maduros）以及炸香蕉（patacones），種類繁多。

此外，中美洲美食最大的特點是，從原料的採用到烹調的手法，當地人始終堅持化繁爲簡，不加修飾的理念。一塊新鮮的烤牛肉，一根塗滿蜂蜜的烤香蕉和一碗綿軟的紅豆米飯，就成爲中美洲人最常見的午餐。

中美洲佳肴傳遞給食客的，除了美味，還有當地人樂天閒散的生活態度。廚師和服務生經常哼著歌、不急不徐地工作，他們不會因爲客人多而緊張，也不會因爲生意少而煩惱，更不會爲了節省成本而偷工減料。

由於曾經是古代馬雅人的聚居地，中美洲除廣泛食用玉米餅和紅豆泥外，蜥蜴肉也經常出現在當地普通家庭的餐桌上。

中美洲各國因經常下大雨，綠色蔬菜的種植和收獲非常少，且價格昂貴。除了牛肉和雞肉，價格低廉的洋蔥和胡蘿蔔是當地人的基本食材，而香蕉和奶酪也是中美洲人佐餐的重要食物。此外，氣溫也影響中美洲的飲食文化。尼加拉瓜地處平原，終年酷熱難耐，因此菜肴口味就相對簡單清淡些，且大多是蔬果等易消化的食物。而宏都拉斯境內多爲山地，氣溫涼爽，當地人在日常菜肴中喜歡使用鹽和辣椒等調味品。

在經歷數百年的自我演變和發展後，中美洲傳統飲食正面臨來自國際連鎖快餐店的衝擊。漢堡、披薩和炸雞塊等快餐食品在各國「攻城略地」，快速贏得大批年輕消費群。此外，傳統的手工玉米餅也被機器大量生產所替代，這項曾被視為中美洲女孩子必須學會的手藝，正面臨後繼無人的困境。

(一)瓜地馬拉

瓜地馬拉的飲食受到印第安原住民以及西班牙殖民深刻的影響。因此，瓜地馬拉的飲食與墨西哥特別是墨西哥南部的飲食相似。

瓜地馬拉以玉米為主食，番茄也是必備的食材。辣椒因地而異，但沒有像墨西哥用得那麼多。各類豆子，特別是黑豆是瓜地馬拉民眾日常的食物。此外，他們也用南瓜等種子，以及香草、香菜、茴香調味，而馬雅部落在節慶的飲食也使用可可豆。

東北部的伊薩巴（Izabal）省的飲食受到非洲黑奴後裔的影響，融入加勒比海的香蕉、椰奶、大蕉及海鮮。此外，歐裔及印歐混血的瓜地馬拉人的餐桌禮儀主要承襲歐洲人。至於印第安人則因時因地制宜，直接用手拿著玉米餅或玉米捲餅吃。

二〇〇七年十一月，瓜地馬拉政府宣布，青醬牛肉或雞肉（jocón）、茄汁雞肉（pepián）、火雞肉湯（kaqik）、巧克力醬香蕉（plátanos en mole），和紅豆燉豬皮（frijoles con chicharrón）等五種食物為瓜地馬拉無形文化遺產。這些食物基本上融合了印第安、西班牙及阿拉伯的元素。

最後，瓜地馬拉人自有品牌炸雞店Pollo Campero則打敗肯德基及麥當勞，稱霸瓜地馬拉，甚至是許多瓜地馬拉移民返回僑居地的最佳伴手禮。

(二)薩爾瓦多

薩爾瓦多人的飲食是西班牙人和印第安人的融合。城市居民主要吃西餐，主食是稻米、豆類、玉米、牛奶、水果等，普及城鄉的飲料是可口可樂、啤酒、咖啡等。在薩爾瓦多最流行的是涼飲（frescos），這是一種混合果汁、水、糖和汽水的飲料。薩爾瓦多製造的啤酒極受國內人民的喜愛，最受歡迎的品牌爲pilsner。

薩爾瓦多的許多飲食都有玉米成分，其中玉米捲餅（pupusa）是當地著名的食物。它是由厚厚的玉米餅包著香腸、起司或是豆類一起品嘗的美食，素食玉米捲餅則包南瓜泥。另外，油炸木薯也是當地美食之一。

圖5-9　薩爾瓦多玉米餡餅（林銘泉攝）

(三)宏都拉斯

宏都拉斯的飲食混合了印第安、西班牙、英國、亞洲、非洲等多種口味，形成了味重量足的特色。宏都拉斯飲食以玉米、米飯和豆泥爲主，此外也會使用起司和奶油等乳製品、灌腸、麵粉、蛋、水果、蔬菜、肉、魚、海鮮等爲食材。然而，因爲貧窮，大部分宏都拉斯家庭很少食用肉、魚及海鮮。他們的飲食以玉米、米飯和豆泥爲主。炸豬皮（chicharrón）是宏都拉斯的一種傳統食物。色澤金黃、口感香脆的炸豬皮配上木薯、玉米餅和檸檬，是宏都拉斯人餐桌上不可缺少的一道美食。飲料是啤酒、可口可樂和玉米釀成的飲料，而咖啡是三餐必備飲料。此外，宏都拉斯的水果品種較多，有香蕉、芒果等。

北部海岸地區，居民主要以煮香蕉（plátanos cocidos）、大蕉加椰子和其他材料做成的machuca以及薄的木薯麵包（casabe）。此外，在美國果品公司大量種植香蕉時代，引進麵粉，改變當地人以玉米餅爲主食的習慣，並使baleada成爲當地最典型且最受歡迎的飲食。另一道美食爲蜥蜴濃湯（consomé de garropo）。

至於中部地區則是南北飲食的融合。有北部的炸魚以及豬肉、牛肉和雞肉搭配米飯、沙拉或蔬菜、牛肚湯、紅豆泥、海鮮、玉米餅或玉米起司捲餅（pupusa），同時又有南部的海鮮湯、雞湯、玉米起司捲餅（quesadillas de maíz）、各種玉米粽等。此外，聖誕節及除夕會吃玉米餅（nacatamales）、豬腳、烤雞或烤火雞以及葡萄及蘋果。至於復活節則會準備晒乾魚湯。

在宏都拉斯南部地區盛產蝦，而且有香瓜、西瓜、鳳梨、芒果等水果及蔗糖。此外，南部也是畜牧區，因此有各式各樣乳製品，以及牛肉及豬肉。再者，以魚、蝦和蟹做成的海鮮湯（sopa marinera）是南部典型飲食。最近則流行烏龜蛋龍蝦海鮮湯（sopa levantamuertos），其他美食還包括家常老母雞湯（sopa de gallina casera）以及碳烤牛肉串。而西部地區的傳統飲食爲烤乳豬（chanchito horneado）、硬麵包（pan duro）等。

(四)尼加拉瓜

尼加拉瓜的飲食融合西班牙、加勒比海地區黑人以及印第安人的飲食。尼加拉瓜的飲食在太平洋沿岸地區的飲食以水果和玉米爲主，而加勒比海沿岸則以海鮮及椰子爲主。

玉米、各式豆子及稻米是尼加拉瓜民眾的基本糧食。另外，飲食中會搭配一些熱帶水果，同時在年節時偶爾會吃些肉類。西班牙殖民後，帶來各類家禽及牲畜、水果與蔬菜以及各式各樣美味的甜點。尼加拉瓜較著名的食物有紅豆泥（frijoles rojos）、玉米粽（tamal pisque）、蒸肉（carne en vaho）、炸樹薯、炸豬皮及高麗菜絲所組合而成的vigorón等。

圖5-10　尼加拉瓜國民美食gallo pinto（林立綸攝）

此外，尼加拉瓜飲食上也大量使用玉米，例如玉米餅、玉米粽（nacatatmal）、玉米餡餅（tuchilada）、玉米濃湯或玉米糊（mazamorra）等。同時，也喝玉米加糖、可可及肉桂調製的pinolillo飲料及玉米酒（chicha），並製成各式玉米糕點。另外，他們也使用香菜（cilantro）、奧勒岡葉以及胭脂樹（achiote）當作香料。而且，以紅豆和稻米烹煮的gallo pinto是尼加拉瓜最具代表的飲食。在加勒比海沿岸地區，gallo pinto可加入椰子油或椰奶烹煮。

㈤哥斯大黎加

哥斯大黎加的主食仍是以米飯爲主，但當地的米是細長的品種，口感較硬。雖然以米作爲主食，但沒有發展出特別的稻米文化，日常料理不外乎白飯、炒飯。

再者，哥國主要的大宗飲食是紅豆、香蕉、馬鈴薯、和洋蔥。通常用悶鍋加水煮成爛爛的紅豆泥加上鹽巴，淋在飯上當調味。至於香蕉則視品種有不同料理，和台灣的香蕉差不多的banana當作水果，可以直接生吃，或是拌沙拉吃；另外，外觀較大較長且生吃口感較澀較硬的plátano，通常以油炸或煎的方式料理，烹調後特別香甜，有點酸酸的，相當好吃。

至於馬鈴薯和洋蔥，是家家戶戶餐餐必備的食材，舉凡沙拉、炒飯、湯、甚至白飯有時也會拌著馬鈴薯下去煮。哥斯大黎加的飲食也受印第安文化的影響，如各式各樣的玉米料理及加工品。法國麵包配上奶油或果醬以及熱咖啡是哥國的典型早餐。

哥國主要美食有：以黑豆或紅豆和稻米烹煮成的gallo pinto是三餐的主食，而玉米餅（tortillas）也是主食之一。至於picadillo則是以牛肉及蔬菜搭配馬鈴薯、青豆仁、南瓜、佛手瓜等烹煮而成。

㈥巴拿馬

巴拿馬當地食物主要以玉米及根莖類爲主，同時也吃很多的海鮮及肉類。此外，木薯、山藥，南瓜及麵包果等也是重要食材。再者，因地理及歷史因素，巴拿馬飲食深受印第安原住民、歐洲、非洲、哥倫比亞、牙買加及華人移民的影響。

另外，巴拿馬人常吃玉米餅及木薯餅，也會飲用玉米酒。他們也做玉米醋，但只當作調味料，並未飲用。

整體而言，巴拿馬飲食仍以稻米、木薯、玉米、馬鈴薯、番薯、豆子爲主。而且西班牙人所帶來的飲食對巴拿馬的影響比其他中美洲國家更爲深刻。而巴拿馬著名的飲食則包括雞肉菜湯（sancocho）、雞肉飯（arroz con pollo）、紅豆米飯（gallo pinto），炸豬肉（cuchifrito），至於fufú是以磨細的堅果加上山藥以及香蕉做成的食物；而甜點則有大麥汁（resbaladera）、小麵包（queques）及sopa borracha等。

四、山與海的交界——南美洲北部

南美洲北部，特別是安地斯山脈的厄瓜多、玻利維亞及祕魯等國，馬鈴薯和藜麥（quinua），是當地盛產及重要的作物。祕魯生產各式各樣的馬鈴薯，而且生產南美洲很難獲得的黃辣椒。哥倫比亞及委內瑞拉則展現更多的西班牙風情，如燉蔬菜肉湯（sancocho）和燉海鮮（mariscada）。不過，這裡也有非常豐富的印第安土著菜餚，像委內瑞拉的玉米粽（hallacas）、粗玉米粉煎餅（arepas）等。在哥倫比亞及委內瑞拉的沿海地區，魚、蝦和椰奶都是烹煮的材料。此外，像祕魯的海鮮料理（ceviche），是將新鮮海鮮薄片用檸檬汁或酸橙汁浸泡，並加入洋蔥、大蒜、鹽及辣椒所做成的菜。

㈠哥倫比亞

哥倫比亞印第安人以玉米爲主食，但也食用木薯（yuca）、藜麥（quinua）及像蘿蔔的根莖作物cubia。用玉米及藜麥的粉，可做烤玉米餅（arepa）或玉米粽。此外，豆子、葫蘆（zapallo）及番薯也是主食之一。哥倫比亞印第安人不太吃辣椒，但卻常食用甜椒。由於數量很多，鹿肉及野兔肉是肉類來源，但僅限於某些地區，其食用並不普遍。在哥倫比亞內陸地區，魚類很少。在海岸地區有龍蝦、蛤蜊、大牡蠣、章魚、魷魚，但沒有廣泛食用。相反地卻大量食用蝸牛肉、烏龜及爬蟲類動物的肉，他們也吃蜥蜴的蛋。

哥倫比亞有相當多樣的水果如番石榴、鳳梨、釋迦等，而在海岸地區則盛產椰子及香蕉。哥倫比亞的涼飲主要以各式水果製成，特別是鳳梨汁，也會以木薯打汁食用。此外，會用水果汁和甘蔗汁一起釀製酒精濃度很高的飲料gurapo。同時，也有玉米酒、鳳梨酒及木薯酒等。另外，他們會用胭脂樹種子（achiote）及鹽調味。鹽的產量很多，甚至可以外銷。古印第安時代存在市集，進行以物易物，但不存在貨幣。西班牙的征服與殖民，帶來杏仁、燕麥、大蒜、豆子、麵條、紅酒、白酒等眾多物品。

㈡委內瑞拉

委內瑞拉是一個混血人種爲主的國家，來自世界各地的歷代移民帶來原屬國家的飲食習慣與風味，融合形成新的本地食品風味。

玉米和稻米是委內瑞拉人的主要糧食。玉米餅（arepa）是委內瑞拉獨特的傳統食品，更是多數委內瑞拉家庭早、晚餐的必備食物。吃玉米餅時可將中間切開，加入火腿、乳酪、香腸等，口感不同，各具特色。至於玉米粽（hallaca），是委內瑞拉人耶誕節不可缺少的傳統食品。製作時將玉米做成麵糰，加入豬肉、雞蛋、洋蔥和紅辣椒等做成的餡，外包芭蕉葉，水煮至熟，是節慶、假日時的必備食物。hallaca在西班牙語中是「那裡」（allá）和「這裡」（acá）的意思，因此有人解釋爲來自歐洲和非洲的風味與美洲本地的風味相結合。

在東北部的帕里亞灣地區，除了食用玉米、熱帶水果和根莖類作物外，也吃魚，但魚並非委內瑞拉人的最愛。西班牙殖民者到達後，肉類，特別是牛肉才成爲委內瑞拉人的桌上佳餚。至於在瑪格麗特島，因盛產烏龜，因此成爲日常的主食之一。

委內瑞拉人喜歡飲酒，最主要的是玉米酒（chicha）以及用蛋、牛奶、糖調製的混和甜酒（ponche）。由於委內瑞拉種植並盛產咖啡、可可、甘蔗等熱帶農作物，因而養成他們嗜飲咖啡、可可的習慣。委內瑞拉人也偏愛甘蔗釀製的萊姆酒（ron）。黑豆米飯佐以煮熟的香蕉片、肉絲所做成的pabellón也是委內瑞拉著名的菜餚。

總而言之，委內瑞拉人不喜歡濃郁的食品，不愛吃牛油點心，也不喜歡吃水梨。他們也不喜歡太鹹的口味，但偏愛辣椒。委內瑞拉人普遍講究菜餚的營養、品質、衛生和色彩。主食以米飯爲主，至於醬料則偏愛番茄醬、辣椒等。此外，委內瑞拉人特別偏愛燒、烤、炸、炒等烹調方式製作的菜餚。

(三)厄瓜多

根據地形高度及農業條件，厄瓜多具有多樣性的飲食。在山區，盛產牛、豬、雞等肉品，通常搭配各式各樣的米飯、玉米及馬鈴薯食用，最普遍的是烤豬肉馬鈴薯（hornado）；橘汁滷豬肉

（fritada），通常會搭木薯、米飯、炸香蕉、馬鈴薯等一起食用；玉米粽（humita o tamales）；馬鈴薯起司餡餅（llapingachos）；油炸里肌肉（lomo salteado）以及炸排骨（churrasco），此道菜通常會搭配米飯、炸香蕉、薯條、煎蛋及酪梨。

海岸地區的典型飲食有涼拌海鮮（ceviche）、木薯麵包（pan de yuca）、以大蕉泥裹海鮮、番茄及洋蔥丁油炸的corviche、以豬肚、洋蔥、辣椒及番茄等烹煮的紅燒豬肚（guatita），這道菜通常會加馬鈴薯或搭配米飯食用，還有起司馬鈴薯（papa con queso）、茄汁洋蔥肉片（carne encebollada）；起司餡餅（empanada de viento）、大蕉起司餡餅（empanada de verde）、烤肉豆子飯（arroz con menestra y carne）、大蕉肉丸子菜湯（caldo de bola de verde）等。

厄瓜多的飲食通常有湯、米飯搭配魚或各式肉品，飯後則會喝咖啡及吃甜點。而晚餐則很清淡，有時只有咖啡或茶配麵包。在復活節會吃多種豆類烹煮的魚湯。此外，萬聖節典型的飲料是colada morada果汁，並搭配食用做成小孩形狀的麵包。

㈣祕魯

長久以來，祕魯的飲食深受印第安人、西班牙殖民者、阿拉伯、日本、義大利以及中國飲食文化的影響，風味獨特，別具一格。

玉米與馬鈴薯是印加時期最重要的農產品。祕魯印第安人是馬鈴薯的最早培育者和食用者，馬鈴薯至今仍是他們最鍾愛及款待賓客的佳餚。在安地斯高原上的印第安人將收成的馬鈴薯，利用夜間低溫冷凍以及白天的豔陽將馬鈴薯脫水、晒乾以便長久保存。以太陽子孫而自豪的祕魯人，歷來視黃色爲神聖，所以在選料上也多用黃馬鈴薯、黃甘薯、黃南瓜、黃辣椒、玉米等食材。而駱馬與羊駝是祕魯印第安人肉類重要來源，而原生於南美洲的火雞是相當貴重的肉品。整體而言，除了特定的日子或節慶，祕魯的印第安人平時很少吃肉。

十六世紀初，西班牙殖民者將祕魯由農業化社會一夕間變成以採礦爲主的社會，這嚴重打擊農民原本安居樂業的生活，並造成社會失衡以及內部大規模的移民。但是，引進新的耕作器具，有助小麥、大麥等新作物在祕魯的推廣與發展。此外，西班牙人也帶來眾多新的家畜、家禽以及牛奶與蛋的食用。另一方面，西班牙人在燉、煮及湯類的烹調方式的貢獻，都讓祕魯的飲食更爲豐富與多樣。

另外，阿拉伯人對祕魯的甜食影響很深；義大利移民引進大量麵食；日本人精緻可口的魚及海鮮料理在祕魯也深受稱道；在祕魯中國餐館叫「吃飯」（chifa），祕魯專用名詞的菜、豆腐、炒飯、餛飩、醬油等都是漢語譯音，以稻米爲主食的中餐已成爲祕魯人飲食的一部分。

祕魯菜餚分成兩大系統，以利馬爲代表的沿海地區菜餚以辣味爲主，而以庫斯科爲代表的山區菜餚以甜味見長。

沿海地區的辣味菜，主料以魚、海鮮和馬鈴薯爲主，佐料有蒜、辣椒、檸檬汁、洋蔥、橄欖油等。做法則多爲涼拌、清蒸和燒烤。傳統的名菜涼拌海鮮（ceviche），採用生魚片、墨魚絲加檸檬汁、橄欖油、洋蔥、食鹽和胡椒配製而成。與辣味菜搭配的主食有馬鈴薯燜米飯、玉米餅等。另外的風味名菜是「安蒂庫喬」（anticucho）是把用辣味調料浸泡過的魚心或魚塊串，在火上燒烤。

山區甜味名菜有用牛肉、黃甘薯、胡蘿蔔熬燉的「桑科恰多」（sancochado）；馬鈴薯粉煎餅（chuño）；滋補美味的羊頭湯以及用馬鈴薯搭配肉、魚、海鮮、牛奶、乳酪、辣椒、番茄或其他食材熬煮的燉菜（chupe）等。甜食小吃有甜包、嫩玉米甜餅、杏仁餅和栗子餅等。山區甜味菜多以牛、羊肉和馬鈴薯為食材，並以燉、燴、煎為主。

奇恰酒和畢斯科（pisco）酒是祕魯人傳統飲料。在印加時代，印第安人已掌握釀製奇恰酒的方法，它是以玉米釀製的烈性酒。一般而言，山區印第安人愛喝奇恰酒，沿海城市居民喜歡葡萄酒畢斯科。

此外，安地斯山區的祕魯印第安人有嚼食古柯葉的習慣，以減少飢餓、口渴、疲勞甚至可預防高山症。他們也以古柯葉預卜戰爭、未來命運乃至與過世的親人通靈、對話。另外，他們也喝一種由巫師準備，用阿雅瓦沙（ayahuasa）植物所釀造的飲料，據說有催眠的效果。

㈤玻利維亞

在西班牙殖民前，玻利維亞的印第安人以玉米和馬鈴薯為主食。印第安人於玉米葉鋪的床墊上出生，而且出生後梳洗所用的熱水也是以玉米桿及葉子加熱。印第安人也同時以玉米桿及葉子做屋頂或餵養牲畜、包鹽、包辣椒，甚至也用來包玉米粽。

殖民前的玻利維亞印第安人只將玉米烤熟吃，但西班牙人到達後，他們以玉米做甜或鹹的玉米粽（humita）。玉米酒（chicha）被認為是印第安眾神的飲料，沒發酵的玉米涼飲是將玉米煮熟放置一段時間再飲用。至於發酵的玉米酒最引人注目的是由部落的處女，將玉米咀嚼後吐在盆中當作釀玉米酒的酵母，這些女孩在咀嚼前不可吃鹽及辣椒。若是已婚婦女，在咀嚼玉米前不可和丈夫同房。咀嚼好的玉米混合水及玉米，數日後即成酒精濃度很高的玉米酒。

馬鈴薯也是玻利維亞印第安人的重要主食。他們讓馬鈴薯於夜間在戶外受凍，並於白天讓陽光曝晒，數日後即成可長久保存的馬鈴薯乾（chuño）。另外一種馬鈴薯乾（tunta），是將馬鈴薯交替放在冰冷的水中及陰乾。

此外，玻利維亞印第安人也食用番薯、豆子，以及藜麥（quinua）等作物。至於水果則有香蕉、酪梨、木瓜、番茄等。而辣椒則是最主要的調味料。此外，古柯葉的生產及消費具有重要的地位。

玻利維亞印第安人的肉類取自駱馬、羊駝、天竺鼠及兔子，禽類則有火雞等。至於魚類則是以的的喀喀湖及河流所產生的鰭魚（boga）等爲主。

玻利維亞的傳統佳餚包括：用雞蛋、牛肉、炸香蕉、稻米做成的majao；用稻米、馬鈴薯做成的silpancho；用烤牛肉、乳酪、稻米做成的chicharrón de pacu；用雞肉或豬肉醬汁做成的糕餅早點saltenas；用乳酪、洋蔥、橄欖做成的糕餅empanadas；以新鮮的玉米和乾酪包在玉米葉中蒸煮的玉米粽（humitas）；用油炸的乾駱馬肉加玉米、水煮蛋及乾酪一起燉煮的charque de llama等。湯通常是用稻米、雞肉及香蕉熬製而成，其中以雞肉或天竺鼠肉、馬鈴薯、青豆仁和綠洋蔥熬製的湯（changa de pollo o de conejo）最爲特殊。

五、牛肉老饕的後院——南美洲南部

南美洲南部包括智利、巴拉圭、烏拉圭、阿根廷等國家，它們是牛肉的國度。據統計，阿根廷每人每天吃掉兩磅的牛肉；烏拉圭家庭每周平均吃十一至十三次牛肉。大致上，對南美洲南部的人來說，吃牛肉就是將牛肉用烤肉叉串起來，放在火上燒烤。而拌著牛肉一起吃的是用番茄、洋蔥及胡椒做成的濃郁調味料。此地區又有許多的美食是拌著牛肉一起吃。此外，智利也是愛吃魚者的天堂。智利的海岸線綿延四千多公里，海產種類繁多，其中locos鮑魚扮演重要角色。

(一)智利

多樣性的地理區域，爲智利的飲食提供種類繁多的海鮮、肉類、水果及蔬菜等材料。歷史的發展也與智利的飲食文化息息相關。十九世紀末，智利在太平洋戰爭（硝石戰爭）中從祕魯及玻利維亞手中奪取北部的國土，因此北部的飲食文化深受鄰國祕魯及玻利維亞的影響。此外，一五四一年起西班牙人的殖民以及各國移民，陸續帶來各種食材與烹飪方式，並逐漸與印第安人的傳統食物相互混雜，最終形成今日智利人民的日常飲食。

十六世紀時，西班牙人將葡萄、柑橘類水果、橄欖、洋蔥、小麥、糖等作物，以及雞、牛、豬、兔肉、牛奶、乳酪和各式香腸以及葡萄酒帶進智利。十九世紀初，德國人帶來啤酒、優格和各式各樣的糕點，因此智利的甜點文化深受德國影響。至於義大利人則帶來冰淇淋並配合智利各類水果做出獨特的風味。而十九世紀中，法國人將不同種類的葡萄酒傳入智利。此外，中東人則帶來烹飪用的藥草及香料。十九世紀末，英國人將茶引進智利，目前智利人仍保有下午茶的習慣。

不過，智利飲食受土著文化與傳統影響很深。南部土著馬普切人（mapuche）的傳統飲食是以多種穀類混合著各種豆子烹煮作爲主食，其中以玉米最爲普遍。他們的肉類主要來自馬、羊、豬和雞；馬鈴薯、藥草、野菇和松仁也都是馬普切人的飲食清單。北部土著艾瑪拉人（Aymara）以馬鈴薯爲主食，而藜麥（quinua）、玉米粉、馬肉乾、駱馬肉（llama）或小羊駝肉（vicuñas）則是其蛋白質的主要來源。

圖5-11　重要蛋白質各式豆子

用餐時間在智利人家庭生活中占很重要的地位，家人常在家裡吃飯，只有在特別的節慶才會上館子。早餐非常簡便，大多是烤吐司配牛奶、茶或咖啡。午餐在一點至三點是最豐盛的一餐，而且公司行號大多不上班。通常，午餐是沙拉以及肉類混合著蔬菜烹煮的菜餚，搭配麵包。下午五點至七點是午茶時間，以剛出爐的小麵包、小吐司、奶油、果醬或各式小糕點為主，有時甚至還有乳酪、火腿、炒蛋、酪梨泥以及水果沙拉等。茶或咖啡是午茶最佳飲料。大部分的家庭晚上九點左右用餐，晚餐通常就只有一道菜，配上當地盛產的葡萄美酒。

在智利的飲食文化上，葡萄酒是不可或缺的。雖然葡萄酒是在十六世紀由西班牙人首先引進，但法國的釀酒法卻深深的影響智利的葡萄酒，使智利葡萄酒的國際地位扶搖直上。

由於擁有四千二百七十公里長的海岸線，各形各色精緻的海鮮佳餚成了智利料理的特色。智利料理通常不辣，即使是辣的菜餚，也大都將辣醬放在旁邊隨個人喜好沾取。此外，因爲地形、物產、風土民情及生活習慣的不同，智利料理大致上可區分爲北部、中部及南部料理。在太平洋海域中復活節島的料理主要是混合了波里尼西亞（polynesia）和智利南部的口味，自成一格。

(二)巴拉圭

巴拉圭人喝瑪黛茶並使用瑪黛茶來熱情待客，世代來已成風氣。對於巴拉圭人這種盛情，客人一定要欣然接受，並且在喝過瑪黛茶後，使勁地舔舔嘴唇，以表示自己的歡喜。客人喝的愈多，主人也愈高興。巴拉圭人常將家鄉最珍貴的瑪黛茶和茶具贈送給客人和朋友當作永久性的紀念品。如果一群朋友一起喝瑪黛茶，有個不成文規定，就是準備第一泡的人必須第一個喝，並且負責添加茶水在容器內，遞給在場的每一個人，直到輪完一圈，才能交給下一位。

與阿根廷人不同，巴拉圭人偏愛瑪黛茶冷飲（tereré），它更具有巴拉圭的傳統風味。巴拉圭人出門時幾乎都不忘攜帶冰塊、沖泡瓶和瑪黛茶，以便隨時沖泡飲用。

巴拉圭人認爲，使用什麼樣的茶壺招待客人，比喝瑪黛茶本身還重要。一般百姓使用的大多是竹筒或是葫蘆挖空的茶壺，沒有任何裝飾。然而，高檔的茶壺做工精緻，有金屬模壓的、有硬木雕刻的、有葫蘆鑲邊的、也有皮革包裹的、更有牛角磨製的。此外，巴拉圭人善飲啤酒，常有遞啤酒給友人的舉動。

由於巴拉圭不靠海，所以主食以牛肉、玉米、樹薯爲主，少食海鮮。巴拉圭主要的食物有由樹薯粉、玉米粉、乳酪、蛋和牛奶做成的玉米烘餅（chipa）；由玉米和牛肉做成的玉米肉餅

（chipa-soo）；由玉米粒、牛奶、鹽巴、油及蛋做成的玉米糕點（chipaguazú），及各種口味的大餡餅（empanada）。

㈢烏拉圭

烏拉圭的飲食主要以地中海和歐洲爲基礎，特別受到義大利、西班牙、法國、葡萄牙、德國及英國的影響，因此大致與鄰國阿根廷相似。源自上述國家的麵條、醬料以及甜點，已成爲烏拉圭的日常飲食。而十九世紀末、二十世紀初，義大利移民爲烏拉圭帶來炸牛排佐番茄醬（milanesa）。另外，到處可見的披薩店，也是義大利移民帶來的深刻影響。

此外，烏拉圭因爲盛產牛肉，以及擁有發達的酪農業，因此飲食都源自於畜牧業產品，例如：la parrillada、la carne de cuadril、el asado、las costillas等各式各樣的烤牛肉，以及烤牛大腸（los chinchulines）、牛舌（lengua）。此外，烏拉圭人也吃豬羊肉，有各式各樣的香腸、灌腸、血腸（morcilla）等。

烏拉圭人在大小聚會中，烤牛肉是必備食物，而且首都到處都有烤肉店。另外，以豬、牛或雞肉包起司、火腿、青椒、橄欖、及葡萄乾烹煮而成的pamplona是大多數烏拉圭民眾最愛的食物。再者，牛肉漢堡（chivito）是傳統的食物。聖誕節時，則習慣吃烤羊肉。總之，牛肉與豬肉是烏拉圭人最主要的食用肉品。

另外，烏拉圭的乳製品工業也非常發達，有各式起司、牛奶、奶油（manteca）、奶酪（crema doble），以及用糖、香草及牛奶製成的牛奶甜醬（dulce de leche），也相當聞名，它可以加在食物、餅乾、蛋糕或千層餅中。至於飲料則以瑪黛茶爲主，有時烏拉圭人會在瑪黛茶中加入橘皮、牛奶、蜂蜜及蘭姆酒，以增添風味。至於酒精飲料則以grapamiel最具特色，這是以葡萄及多種穀物混和蜂蜜、糖及水所釀製的酒。

在烏拉圭，每月二十九日稱爲día de ñoquis，親朋好友會團聚一起，享用以馬鈴薯粉做成的餡餅ñoquis，通常會在盤底放一枚錢幣，祈求財源滾滾，經濟更好。在下午喝瑪黛茶或是雨天時，烏拉圭人習慣吃煎餅（torta frita），它是以麵粉摻牛油或羊油揉勻做成，中間挖成肚臍形狀，並依個人喜好加糖或鹽巴。

(四)阿根廷

阿根廷是一個移民國家，不同民族帶來各自不同的飲食文化。這裡不但有聞名遐邇的阿根廷烤肉，也有來自世界各地的不同風味。不論是食材或烹調方式，西班牙有決定性的影響。阿根廷最典型的食物是各式油炸或燒烤的餡餅，以及各式各樣質佳味美的烤肉。此外，在阿根廷除北部地區仍保留印第安人的玉米餅、玉米粽及木薯外，大部分地區都受到西班牙、義大利及法國的影響。

阿根廷最典型的美食包括玉米湯（sopa de choclos）、烤肉（churrasco）、克里奧約式牛肉（bifes a la criolla）、克里奧約式烤肉（carbonada a la criolla）

阿根廷是世界上人均消費牛肉最多的國家，也是世界上紅酒又多又便宜的國家。牛肉與紅酒是阿根廷家庭必備的食物。阿根廷人以烤牛肉爲主，烤肉店隨處可見，而且許多家庭都備有烤肉爐或活動烤架。在阿根廷上至總統下至百姓，常以烤肉款待賓客，只是排場不同而已。

可能因爲牛肉和紅酒表現太搶眼，阿根廷人幾乎沒有別的可以展示的特色美食。不過在阿根廷，義大利麵條、通心粉和披薩，以及西班牙的海鮮飯、阿拉伯的肉餅，乃至日本的壽司應有盡有。大概是繼承了義大利人愛吃麵條的傳統，阿根廷人除牛肉外，最喜歡麵食，最常見的點心是餡餅（empanada）。

阿根廷各地都擁有自己的風味菜，東北部的門多薩省可以吃到中東食物。安地斯西北部山區的特色小吃，大都融合西班牙和南美印第安人的烹調特色。而巴塔哥尼亞高原的道地美食是羊肉。阿根廷盛產乳酪，尤其是土庫曼的乳酪遠近聞名。在火地島周圍海域盛產蜘蛛蟹，是當地重要的出口產品。

阿根廷式的早餐大部分是咖啡或茶，加上吐司、奶油及果醬。午餐及晚餐則非常豐富，尤其是晚餐，家人齊聚。主菜通常是烤肉，飯後甜點通常是美味的冰淇淋。除了紅酒，阿根廷也酷愛喝瑪黛茶，並以此熱情招待賓客。

六、充滿森巴風味的巴西菜

巴西是拉丁美洲最大的國家，有來自葡萄牙極爲不同的烹調風格。葡萄牙人帶來的是結合橄欖、洋蔥、大蒜、甲殼類及鹹鱈魚乾（bacalao salado）的終極味道。雨林地區的巴西印第安人，教導歐洲人享受樹薯（mandioca）、綠腰果等土產食材和蔬菜。另外，藉著非洲黑奴引進香蕉、芒果、秋葵、山芋、山藥、花生和香蕉油等食材。

巴西人熱愛豆子，幾乎把它們放進所有的食物中，再加入當地人喜愛的香蕉油和培根等，就是巴西人的健康食品。此外，巴西的菜單中還包括玉米、小麥、稻米及其他穀類，以及各種當地水果所做成的菜色。

巴西的飲食基本上融合印第安人、非洲黑奴、葡萄牙殖民者，以及拉丁美洲其他西班牙語國家的影響。在北部的亞馬遜地區以印第安飲食爲主，有豐富的淡水魚，以及核桃、山藥及各式各樣的熱帶水果。在東北部的巴伊亞（Bahia）地區，盛產甜椒、椰子及大量的海產，最著名的湯品vatapá，以海鮮、椰奶及堅果燉煮而成。此外，東北部是甘蔗的故鄉，蔗糖是釀製著名的caipirinha甘蔗酒的關鍵材料。

而亞馬遜大城馬瑙斯（Manaós）美食caldeirada是以亞馬遜河的魚加入菊苣、甜椒、麵粉及水燉煮。至於聖保羅的cuscuz也是典型的巴西食物，沿用印第安人的烹調方式，以玉米或木薯粉加入蔥蒜、番茄、蝦、雞肉或豬肉、水煮蛋及青豆仁烹煮。不論是葡式或歐式糕餅都會加入其他材料及當地水果，至於咖啡及巧克力樣式繁多，且都成爲巴西最重要的飲品。

巴西人的飲食特點是以稻米爲主食，喜歡在炒飯上撒上木薯粉，再加豆類一起食用。過去，巴西人不喜歡食用蔬菜，目前改變很多。此外，巴西人只在星期五和復活節時吃魚，平常少吃。然而，他們喜歡吃蝦，但價錢昂貴。在周末聚餐時，巴西人喜歡炭烤大塊的肉。

巴西南部土地肥沃，牧場很多，烤肉成爲當地的主菜。東北內陸地區，氣候乾燥，生活清苦，人們的主食是木薯粉和黑豆，其他地區的主食是麵、稻米和豆類等。而巴西沿岸盛產海鮮與椰奶烹煮並加入檸檬汁、大蒜等作料，使海鮮風味更上一層樓。蔬菜的消費量，以東南部和南部地區居多。巴西菜口味很重，巴伊亞的料理以麻辣出名。辣椒醬多半另外備置，隨客人喜好自行取用。

巴西國菜「燉黑豆」（feijoada），是將黑豆與各式各樣的煙燻乾肉文火燉煮而成。起初，這道菜是給奴隸吃的，因此都用廚房切下不要的材料。如今，豬尾巴、豬耳朵、豬腳等都成了文火熬煮的材料。在周末午餐吃「燉黑豆」已成里約熱內盧當地人的習慣。至於巴伊亞的飲食，從其使用的棕櫚油和椰奶，不難發現受非洲的影響。巴伊亞人喜歡吃辣椒，而且許多菜裡都採用花生、腰果、蝦米爲配料。

巴西人招待普通朋友，一般是到餐廳請客，只有知己或親戚朋友，才會請到家中作客。客人應邀出席家宴時，都要準備鮮花、糖果、書籍等禮物送給主人。在家宴上，前菜多爲沙拉，主菜則以烤肉爲主。巴西人喜歡飲酒，但一般不勸酒，也不灌酒。巴西的甜點多半是用水果、椰子、蛋黃或者牛奶製成。把盛產的酪梨打成泥，加上糖與檸檬汁就是美味的甜點。此外，用椰子製成的甜點和糖果到處可見。

巴西人的社交活動中少不了酒，天氣熱時，酷愛冰涼的啤酒。此外，巴西盛產茶葉，而且許多高級旅館和餐廳甚至供應英國茶，同時也可嚐嚐南美洲道地的瑪黛茶。巴西素有「咖啡王國」之稱，是世界上最大的咖啡生產和消費國之一。

第六章　音樂、舞蹈與藝術

第一節 音樂與舞蹈

要了解拉丁美洲音樂的特點，首先應該知道其歷史成因，特別是構成的文化成分。整體而言，拉丁美洲的民間音樂有著印第安、歐洲和非洲文化的血液，經過數百年的融合與演變，終於發展為現今在當地音樂生活中占主導地位的「麥斯蒂索」混合音樂。

此外，古巴詩人暨革命家荷西·馬蒂（José Martí）曾表示：「拉丁美洲是一片用音樂和大自然秀麗景色裝點的和諧而富有藝術的國土」。十六世紀以前拉丁美洲大陸生活著印第安部族，古代印第安人曾創造了輝煌的馬雅、阿茲提克及印加三大文化。後來經過三百多年的殖民統治，隨著大量歐洲與非洲黑人文化的進入，拉丁美洲的文化發生巨大變化。

拉丁美洲的音樂、舞蹈等藝術形式既有西班牙、葡萄牙、義大利、德國、法國等民族的文化因素，又有印第安人、非洲黑人以及亞洲民族的變化因素，充分展現相互吸收和相互融合的特點。

拉丁美洲印第安人的音樂大致可以分為兩類：一類是文明發展程度較高的安地斯高原國家的印第安人音樂；另一類是處於偏僻、孤立地區的印第安人音樂，如巴西亞馬遜熱帶叢林區的印第安人音樂。

印第安傳統音樂的體裁大致可以分爲民歌、歌舞和樂器。印加時期有三種類型的音樂：第一類是祭祀太陽神、舉行有關社會和戰爭的各種儀式音樂，統稱爲「萬卡」（Huanca）；第二類是抒情音樂「哈拉維」（Harawi）；第三類是舞蹈音樂，統稱爲「瓦依諾」（Huaino）。今天，印加帝國已不復存在，但這些音樂文化因素還是流傳下來。

印第安舞曲的結構是以分節曲式爲基礎，往往根據舞蹈的需要，對樂曲進行重複。總之，重複是印第安音樂中最重要的結構原則之一。除了一些舞曲以外，音樂的旋律大多從高音區開始，採用逐漸下行的旋律線條。下行的旋律表達了哀怨、孤傷的情感，這與印第安人長期生活在氣候環境極其惡劣、人煙稀少的安地斯高原有關。人們用這種哀而不傷的音樂撫慰自己孤苦的心靈，度過漫長而又乏味的人生。

部分高原地區的印第安音樂以說話作爲引子，然後音樂才開始進入，最後以說話結尾。在演奏演唱當中加入吟誦、叫喊、呻吟、嘆息、歡呼、口號聲、加油聲甚至是拍手、跺腳聲等，即興發揮，以渲染氣氛。通常要按照節奏節拍來叫喊或歡呼，比如一拍叫喊一聲。這些表現手法使其音樂獨具「印第安風格」。這些表現方式可能與印第安人的日常生活、宗教儀式的關係分不開。

印第安人的音樂和舞蹈藝術有悠久的歷史。古老的印第安人音樂、舞蹈中便用打擊樂器和管樂器；現代印第安人在沿用古老樂器的同時，增加其他民族使用的小號、吉他、豎琴、曼陀林等，所以印第安人的音樂實際上帶著強烈西班牙影響的曲調和節奏的一種混合物。另外，印第安人音樂也吸收了許多歐洲音樂的旋律。小樂隊演奏形式的「馬里亞契」（mariachi）是墨西哥特有的民族音樂形式，在印第安人中也非常流行。印第安人舞蹈都以宗教崇拜爲題材，墨西哥印第安人的「死亡舞」即是一種靈魂崇拜。另外也有些印第安人舞蹈表現他們的生產、戰鬥和節慶場面。

在拉丁美洲地區，歐洲民族的音樂、舞蹈，無論是西班牙的還是葡萄牙的，都吸收印第安人和黑人的成分，實際上早已「美洲化」。在加勒比地區，西班牙的安達露西亞音樂與非洲黑人音樂很快融爲一體，形成兩種音樂的混合旋律。在墨西哥，來自西班牙的音樂受印第安人音樂旋律的影響很深。另外，阿根廷聞名遐邇的探戈舞，就是歐洲文化與印第安人文化混合的產物。黑人音樂在拉丁美洲通俗音樂中影響也很大，特別是在巴西、加勒比海等黑人人數較多的國家和地區，以及哥倫比亞、委內瑞拉等國沿海地區。至於舞蹈方面，許多舞曲中的節奏、格調都具有典型的非洲文化特徵。總之，拉丁美洲音樂擁有全球的聽眾。不管是否爲探戈的節拍或夏奇拉（Shakira）或瑞奇馬汀的熱潮，拉丁音樂遍及全世界。

一、古印第安時期的音樂

一四九二年，哥倫布發現新大陸以前，印第安人是美洲大陸的主人，音樂在當時獲得較高的發展，大致可分爲兩類：一是處於孤立偏僻地區的印第安人音樂，如亞馬遜熱帶叢林區的印第安人。他們的音樂與舞蹈是緊密相連的，而且往往是在各種儀式、慶典上才表演。另外則是發展得較高的印第安人音樂，如祕魯、玻利維亞、厄瓜多等國的安地斯高原音樂。它們演奏的排蕭、豎笛音樂很有特點，在表現高原印第安人特殊的風情，莊嚴的太陽神歌頌，憂鬱抒情的亞拉維情歌，歡快活潑的瓦衣諾舞曲，都是他們的創作。

由於上述因素，印第安音樂文化成爲當時美洲音樂文化的主流。印第安音樂對拉丁美洲音樂的形成貢獻良多，至今，仍可在拉丁美洲音樂中探尋許多印第安的因素。印第安音樂特點如下：首先，印第安人的音樂很多是和生活密切相關，且與宗教、勞動、舞蹈相結合。所以，一般而言，他們的旋律單純並帶有獨特的表情。其次，音樂大都採用五聲音階，旋律下行較多。另外，在印第安人的傳統音樂中，沒有和聲。

雖然在哥倫布發現新大陸前，印地第安人的音樂已普遍地和宗教、非宗教、軍事及民間的各項活動有著密切的關係，但因缺乏文字記載，有關這時期的音樂資訊相當缺乏。因此，從阿茲提克、馬雅人的壁畫，以及南美出土的印第安時期的陶瓷作品，就成爲認識印第安時期的樂師及樂器，相當重要的依據。

人類、考古及音樂學家在檢視這些可資運用的有限資料後認爲，美洲印第安時期最古老的音樂，源自於奧爾美加（Olmeca）的維拉克魯斯（Veracruz）和塔巴斯科（Tabasco），這兩個地區在西元前十五至一世紀間是奧爾美加文化的中心。整體而言，在西班牙人來到新大陸前，當時印第安人使用的主要樂器爲敲擊及吹奏樂器，唯到目前尚不清楚他們是否已經知道使用弦樂器。

根據相關出土資料，阿茲提克人已知道使用相當精細的木鼓、有的是圓柱形的，且其中一端以鹿、美洲虎或猴子的皮所覆蓋。在舞蹈方面，阿茲提克的舞者，隨著複雜、神祕的旋律，跳出繁複的舞步，藉以模仿神話的情節。此外，古代的墨西哥人也使用蘆葦做的笛子、陶笛、貝殼做的喇叭、南瓜做的響鈴，作爲樂器。至於馬雅人的音樂和舞蹈密不可分，主要以打擊樂器，輔以吹奏樂器來呈現。

此外，古印第安時代，在祕魯海岸地帶的莫奇卡（Mochica）和納斯卡（Nazca）文化的陶瓷作品中，已經出現了吹笛的神像或人像。在出土的文物中，發現了不少的波浪鼓、鍾形物、鼓、哨子、笙，以及用陶土、骨頭、貝殼或木頭等做成的喇叭。

不過，在中、南美洲被歐洲人征服後的最初幾個世紀，教會把印第安人的鼓和笛視作異教的設備禁止使用，但土著音樂依然保存下來，最後成爲社會生活的一部分，甚至進入教堂。在拉丁美洲舉行的節日或街頭慶典中，基督教和原始宗教奇妙地結合在一起，而且歐洲音樂和印第安土著音樂並存。

二、殖民時期的音樂與舞蹈

由於大部分拉丁美洲地區曾經受到西班牙與葡萄牙等國的統治與殖民，因此其音樂受到源自於伊比利半島上的西班牙和葡萄牙等歐洲音樂的強烈影響。雖然，在五百年的漫長歲月中，伊比利亞半島的音樂已經逐漸適應了拉丁美洲瑰麗多姿的風土、人情，並變化很多。但不可否認，歐洲其他國家音樂對拉丁美洲音樂也有強烈的影響。

㈠西班牙美洲殖民地的音樂與舞蹈

西語美洲殖民地時期的音樂有三大源頭：西班牙、美洲和非洲。源自三地的音樂與舞蹈融爲一體，形成了頗具特色的殖民地音樂和舞蹈。從西班牙傳入的樂器有長笛、小號、長號、豎笛、豎琴、風琴、小提琴、吉他等多種管樂器和弦樂器，但最後得到普及的只有吉他和豎琴。而且，吉他成爲印第安人最喜愛的樂器。

隨著西班牙的遠征軍，第一批歐洲樂師來到新大陸。從西班牙傳入的音樂以宗教音樂爲主。宗教音樂是天主教會傳教布道的絕妙工具。爲了傳授宗教音樂，教會特地創辦音樂學校，培訓印第安人。此外，學校還教授樂器的製作和演奏，培養出一批作曲家和樂師。十六、十七世紀，創作了一種復調、多聲部的音樂，用土著語言作詞，曲調中融入了土著祭祀歌曲的旋律，這類音樂主要在教堂裡演奏。至於世俗音樂則取材民間，多半在表達愛情和幸福，以民謠最爲流行。另外，安地列斯群島的音樂還融入了非洲音樂的成分，以節奏明快和曲尾疊句、重複見長，旋律優美。非洲鼓敲擊起來激昂高亢，與印第安人音樂曲調幽婉淒清的風格迥異。

在殖民時期的墨西哥，當時的西班牙音樂甚少受到印第安音樂旋律的影響。墨西哥的科里多（corrido）音樂，深受西班牙浪漫音樂及安達魯西亞科里多的影響；華邦哥（huapango）樂曲也是以安達魯西亞的音樂爲基礎；至於哈拉貝（jarabe）則是源自於西班牙的塞吉迪亞（seguidilla）、凡丹哥（fandango）、塞巴提亞多（zapateado）及霍塔（jota）。此外，在新大陸不常使用響板，不過阿根廷的el pericón及祕魯的la zamacueca等民俗舞蹈，舞者會手持手巾就像在使用響板一樣。一般而言，傳入拉丁美洲的西班牙通俗歌曲都已改變了原來的名稱。墨西哥城、利馬、卡拉卡斯是西班牙殖民時期，美洲三大音樂中心。

十六到十八世紀，西班牙的喜劇在美洲大放異彩，且通常都搭配在美洲完成的曲目。西班牙著名的歌唱對話劇（zarzuela），從十八世紀起對於推廣西班牙世俗音樂發揮很大的作用。阿根廷的探戈就是以此爲基礎，後來又加入了古巴對舞（la contradanza）的影響。至於美洲的第一部歌劇於一七〇一年在利馬上演，墨西哥則遲至一七三〇年。

除了吉他，豎琴是南美洲，特別是印第安人最主要的樂器。耶穌會教士把這種樂器引進巴拉圭，從此成爲該國人民最喜愛的樂器。對於瓜地馬拉民眾而言，木琴（la marimba）則是他們的民族樂器。十八世紀時，委內瑞拉人民特別偏好宗教、古典及通俗音樂，因此於一七五〇年在首都卡拉卡斯成立美洲第一個交響樂團。印第安土著宗教祭祀都有舞蹈，天主教會繼承這項土著傳統。殖民時期，土著不但繼續跳傳統舞蹈、戴傳統的假面具、穿傳統以及歐洲傳入的服裝，他們也和土生白人、麥斯蒂索人和穆拉托人，一起跳從歐洲及非洲傳來的舞蹈。

㈡非洲音樂的影響

從十六世紀初至十九世紀後半期的奴隸制度中，拉丁美洲吸收大量的非洲黑人及其音樂文化。

非洲音樂最大的特點是節奏性強，而且複雜多變及熱烈奔放。拉丁美洲音樂中，採用偶數節拍、一人領唱多人應答的演唱形式，以及音樂中充滿樂觀的情緒和歡躍的氣氛都是受到來自非洲黑人的影響。

黑人音樂主要分布在加勒比海、巴西以及祕魯、哥倫比亞、委內瑞拉的沿海地區。蘇利南的原始森林以及加勒比海的海地都保存較純的非洲音樂。在巴西的巴伊亞地區和古巴、特里尼達多巴哥等國的黑人音樂，則受葡萄牙、西班牙文化的影響較多。

在拉丁美洲，非洲黑人音樂充滿活力的律動。同時，非洲的節奏融入了西班牙音樂的節奏，並以倫巴、曼波、森巴為代表，成為「拉丁節奏」而廣受世界歡迎的音樂。

因此，拉丁美洲文化實際是印第安、歐洲、非洲三種文化的融合，經歷漫長歷史的沉積，逐漸形成多元的混合文化。而拉丁美洲的音樂也如同它複雜的地形和歷史因素，呈現出混合且豐富多彩的型態。

㈢巴西的音樂與舞蹈

巴西的音樂、舞蹈中的土著成分幾乎為零，而以歐洲及非洲成分為主。音樂以宗教音樂為主，舞蹈則以民間舞蹈為主。民間舞蹈從非洲舞蹈演變而來，例如現今舉世聞名的森巴舞就是源自安哥拉的基松巴舞（quizomba）和剛果的巴圖克（batuque）舞。用非洲鼓伴奏，旋律歡快、激揚。巴西的宗教音樂有兩點特別引人注目。第一，它完全模仿歐洲；第二，出現一批黑白混血的樂師和作曲家，但他們作的曲子一點都沒有受非洲音樂的影響。

三、十九世紀的音樂與舞蹈

從十九世紀初起，拉丁美洲各地相繼爆發獨立戰爭，在短期內建立系列的共和國。初期，許多歐洲音樂家遷居拉丁美洲或到拉丁美洲演出，從事各種音樂活動。在十九世紀上半葉，拉丁美洲舞台主要演奏義大利歌劇、法國舞劇、小步舞、奧地利和德國的華爾滋等歐洲的樂曲和舞曲。到了十九世紀中葉，拉丁美洲各國開始形成民族音樂，並開始湧現一批本國的作曲家，其作曲技法和音樂美學觀點傾向歐洲浪漫主義樂派，作品大多模仿歐洲音樂大師的作品，但已開始注意從本國民族、民間中取材。

在民間音樂中，來自西班牙的音樂加進其他的成分而逐漸失去原有的風格和純正的味道，但一批具有新風韻、新內涵的音樂卻脫穎而出。此時，拉丁美洲民間音樂的體裁與風格已完全定型，幾乎每個國家都有一種或幾種代表性的音樂體裁。十九世紀末起，新大陸的音樂開始回流歐洲，並逐漸傳播到其他國家。探戈、倫巴風靡全球，而且拉丁美洲的民歌和創作歌曲廣爲傳唱。總之，拉丁美洲熱情奔放、粗獷豪邁的歌舞藝術，讓二十世紀的音樂舞台更豐富。

四、二十世紀的拉丁美洲音樂與舞蹈

㈠民族主義時期

從二十世紀初至五十年代是拉丁美洲音樂的民族主義時期。二十世紀初，拉丁美洲各國的民族樂派相繼建立，並出現許多具有國際影響的民族作曲家。這時期的拉丁美洲各國音樂家雖然受浪漫主義和印象派的影響，但都努力發掘和繼承本國民間音樂的豐富遺產和傳統，作品富有民族特色。

㈡現代主義時期

一九五〇年代至今是拉丁美洲音樂的現代主義時期。實際上，早在二十世紀二十至三十年代，就有一些拉丁美洲作曲家反對音樂的民族主義，認爲音樂是全世界的，但他們實際上是主張全盤歐化。到了五〇年代，序列音樂、電子音樂等現代音樂開始在拉丁美洲各國流行，並在六〇年代後逐漸主導地位。一些過去主張音樂民族化的作曲家，放棄了民族主義主張，轉向現代主義。然而，値得一提的是，在拉丁美洲現代主義派作曲家中，不乏有人努力將現代音樂作曲法和拉丁美洲民間音樂結合，表現拉丁美洲的歷史和寫實的題材。

㈢民間音樂

拉丁美洲的民間音樂是由印第安、歐洲和非洲黑人音樂等因素，經過長期的同化、融合和混合演變而成。印第安人音樂因素主要表現在五聲音階及許多傳統樂器和歌舞音樂體裁的沿用上。歐洲民間音樂的因素表現在七聲音階和歐洲大小調調式、和聲及歌曲結構等方面。非洲黑人音樂因素則表現在交錯疊置和多變的節奏等方面。

由於各種因素的多寡，拉丁美洲不同的地區形成各自獨特的風格。首先，加勒比海地區的音樂，主要是受西非黑人音樂特徵影響的非洲及印第安人的混合音樂。特點是節奏複雜，變化多端，節奏勝於旋律，聲樂和器樂之間，各種樂器之間，以至於鼓手的雙手之間節奏變化，都可形成錯綜複雜、疏密有致的音響效果。同時，樂手還常以身體擺動和踩腳等動作來表現節奏的進行和變化。第二，墨西哥的音樂主要是受西班牙影響的印第安及歐洲的混合音樂。其特點是熱情歡快、樂觀豪邁、節奏感強。像「馬里阿契」（mariachi）音樂、馬林巴（marimba）和維拉克魯斯（Veracruz）的鄉村音樂等。第三，中美洲音樂是印第安、歐洲、非洲黑人混合性質的音樂。第四，安地斯山區的音樂包括委內瑞拉、哥倫比亞、厄瓜多、祕魯、玻利維亞和智利等國，這裡至今仍流傳印加音樂，同時在一些地區也流行印第安、歐洲混合音樂或印第安、歐洲和非洲黑人的混合音樂。第五，阿根廷、烏拉圭和巴拉圭的音樂，受大量歐洲移民的影響，這三國的音樂主要受歐洲音樂影響而形成的土生白人的音樂。第六，巴西音樂，主要受非洲南部班圖多黑人和葡萄牙音樂的影響。

當前拉丁美洲各國正在努力發掘、繼承印第安人的傳統音樂。拉丁美洲民族民間音樂與民間舞蹈密不可分。拉丁美洲各國有代表性的歌舞曲包括：墨西哥的「哈拉貝」（jarabe），阿根廷的「加托」（gato）、「探戈」（tango），巴西的「森巴」（samba）和「巴沙諾瓦」（bossa nova），古巴的「倫巴」（rumba）、「坦松」（danzón）、「恰恰恰」（chachachá），智利的「庫埃卡」（cueca），哥倫比亞的「班布戈」（bambuco），祕魯的「瓦依諾」（huayno）、「馬里內洛」（marinero）等。

自一九六〇年代以來，拉丁美洲國家出現新民歌運動。新民歌的特徵是以拉丁美洲民間歌曲、舞蹈和民間樂器爲基礎，結合流傳在美歐的搖滾樂等通俗音樂創作出群眾喜愛的拉丁美洲新民歌。題材都與反對軍事獨裁、爭取民主自由、揭露社會黑暗等現代政治、經濟、社會生活密切相關。

㈣民間舞蹈

拉丁美洲民間舞蹈也深受印第安、歐洲和非洲文化的影響。它具有共同性，又有其個別性。按地區分，拉丁美洲民間舞蹈大致可分成以下幾類。第一，加勒比海各國的舞蹈，包括古巴、多明尼加等島國，其舞蹈突顯出非洲歌舞的特色。舞蹈粗獷、豪放、熾熱，娛樂性和即興性很強。舞蹈動作主要是肩部和胯部的抖動，節奏強烈。伴奏樂器以鼓等打擊樂器爲主，古巴的倫巴（rumba）、坦松（danzón）爲代表。其次，巴西的舞蹈，主要受葡萄牙和非洲黑人舞蹈的影響，也有少量印第安舞蹈的影響。其特點是二拍子、大調和輕快的速度。巴西民間最流行的群眾性舞蹈是森巴，可分爲群眾性與表演性森巴。女舞者主要是扭腰、胯部動作結合大幅度造型的舞姿，男舞者常以腳下各種靈巧的動作以示舞技，並手執各種打擊樂器，邊打邊跳。再者，墨西哥的「瓦潘戈」（huapango）、「哈拉貝」（jarabe），智利的「庫埃卡」（cueca），阿根廷的「加托」（gato），巴拿馬的「坦波尼托」（tambonito），都是深受西班牙民間舞蹈影響較大的拉丁美洲民間舞蹈。這些舞蹈的來源之一是西班牙北部阿拉貢地區的霍塔（jota）舞和南部安達魯西亞的踢踏舞（zapateado）等。這些舞蹈由多組變換的男女對舞組成，舞者上身動作不多，主要是突顯腳下輕盈、高雅的踢踏舞步。舞蹈明朗、歡快、熱烈，多帶有愛情的內容。吉他、小提琴、豎琴等是主要伴奏樂器。女舞者多穿色彩豔麗、寬大的長裙。在舞蹈進入高潮時，歌舞者會發出叫喊聲助興。第四，哥倫比亞由印、歐文化合成的「班布戈」（bambuco），以及由歐、非合成的「昆比亞」（cumbia），委內瑞拉由西班牙與印第安合成的「霍羅波」（jorobo），以及祕魯由西班牙與非洲合成的「馬里內洛」（marinero）等，都是多種文化混合的拉丁美洲民間舞蹈。最後，以印第安人舞蹈爲主的民間舞蹈主要分布在墨西哥南部、中部和中美洲的瓜地馬拉等國，以及祕魯、玻利維亞、厄瓜多、智利北部和阿根廷西北部安地斯山區。這些舞蹈大多帶有濃厚宗教色彩，起源於敬神或祭神的舞蹈。有的具有圖騰性，如墨西哥的蓋察爾舞（quetzal）。此外，不少舞蹈與農業、戰鬥、狩獵、節日有關，如墨西哥的鹿舞、狩獵舞；祕魯的剪刀舞等。這些舞蹈一直保持載歌載舞的傳統和較爲純正的印第安質樸藝術風格。

五、獨具特色、多姿多彩的民族樂器

拉丁美洲的傳統樂器中沒有弦樂器，其代表樂器爲排蕭、豎笛、鼓和號角。排蕭是印第安最古老的樂器之一。古代印第安人曾用木、石、陶土及金屬製作排蕭，現代多採用竹子、蘆葦、甘蔗等植物製作。豎笛也是安地斯高原的特色樂器，它的種類繁多，主要可分爲有凹形吹口和有吹嘴的豎笛。恰朗哥（charango）是一種高音彈拔手器，外形像小吉他，音域接近曼德林。採用十根琴弦、二根琴弦爲一組。而印第安音樂中咚咚的鼓聲就如同各種生物的心跳聲一樣，它代表著生生不息的生命，和印第安人對造物圖騰最高的崇敬。

此外，聰慧的拉丁美洲人還可以將一把再平常不過的剪刀當作樂器，這在樂曲《剪刀舞》中得以充分體現。樂曲中，人們爲了彰顯精神的崇高與不畏艱難的勇氣，傳統的剪刀舞舞者會在大賽上表演諸如吃玻璃、光腳走火堆及身體穿金屬線等高難度技藝。時而飛奔，時而貼地，還要拿著鐵製剪刀敲出美妙的節奏。雖然穿著笨重的印第安傳統舞衣，矯健的舞者還是身手自如。

總而言之，透過對歷史成因的分析，我們大致了解當今拉丁美洲音樂的形成與發展的過程。

自一四九二年哥倫布發現新大陸，再經過三百多年的殖民統治，以及獨立後的大混合，拉丁美洲的音樂文化發生巨大變化。拉丁美洲的文化正是歐洲、印第安和非洲文化經過長期的碰撞衝突、吸收後融合成統一又多元的文化。它源於這三種文化而又不同於原有的文化，呈現嶄新的面貌。宏觀而言，拉丁美洲音樂也是歐洲音樂、印第安音樂及非洲音樂的混合體。但由於混合的類型、層次、成分、程度各不相同，就形成了十分豐富、多種多樣的音樂風格。

六、著名舞蹈介紹

(一)探戈

阿根廷是探戈的故鄉，確切地說，探戈發源於阿根廷的首都布宜諾艾利斯的老城區、足球的搖籃博卡（Boca）貧民區。所以探戈的出身極其卑微，阿根廷大文豪波赫士（Jorge Luis Borges）曾說：「探戈始於妓院」。

大約在十九世紀中葉，博卡區是首都最重要的港口區，那時候阿根廷共和國剛開始穩定發展，因此其周圍匯聚了來自非洲的黑人，來自義大利熱那亞等地的移民，以及來自彭巴草原的高喬人和來自加勒比海地區的黑白混血的穆拉托人，他們大都是在碼頭工作的勞工或船上的水手。探戈舞曲就是從這些水手、工人、流浪者、失業者、民間歌手和舞女等處在社會低層的人民中產生的。每當傍晚時分，辛苦勞動一天的人們便聚集在小酒店飲酒作樂，或打牌或跳舞。不同國家的移民帶來不同的舞步和音樂，它們互相融合，形成了被稱作探戈的音樂節奏。它以獨特的切分音爲特色，既有高喬人的剽悍，又有南歐人的浪漫多情，而酒店舞女又使探戈多了一層放浪色彩。

據說，探戈起源於情人間的祕密舞蹈，所以原來男士跳舞時都佩帶短刀，現在雖然不佩帶短刀，但舞者都表情嚴肅，表現出東張西望，提防被人發現的神情。阿根廷探戈的曲調大都表現出哀傷、惆悵的情緒氣氛。探戈有歌詞，人們隨口唱出心中不平和思鄉之情。激昂的鍵盤手風琴是伴奏的主旋律，它特有的切合節奏總是給人內心的衝擊。歌詞和曲調有一定的敘述性，讓人依然感覺到當年底層平民的悲傷和沉重。

事實上，沒有固定的舞步是探戈的特色，它著重兩人共舞時的溝通。探戈舞蹈由男女舞伴起步，相擁而行，並在男男女女恣意自如的臂和腿的纏繞中完成。男人的粗曠奔放，女人的妖豔放蕩，形成探戈的極大張力。然而探戈畢竟從街舞走到上流社會，因此在不羈的舞步中不時有優雅的風流倜儻。一般而言，舞者面目沉靜投入，跳舞時好像在溝通他們的生活故事，情感自持內蘊，動作張馳有致。兩人以男人爲主導，抖身轉頭快速；女舞者在移動的腳步中，常常有短暫的後傾以顯出頓步。

由於探戈出身卑微，起初爲阿根廷上流社會所不齒。此外，探戈舞曲是被歐洲人發揚光大又傳回阿根廷後，崇尚歐洲文化的阿根廷上層社會才重視、接受它。一九二〇年代，隨著阿根廷社會的安定發展和底層大眾地位的提高，加上詩人、作家開始爲探戈寫歌詞，音樂家爲探戈譜曲，探戈逐漸演變成雅俗共賞的藝術形式。被奉爲「世界探戈教父」的皮亞佐雅（Astor Piazzolla）曾形容：「當人們穿也探戈，行也探戈時，布宜諾斯艾利斯是一種充滿探戈氣味的城市」。此外，探戈是一種舞蹈，也是一種文化，更是一種生活方式。況且，阿根廷是探戈的故鄉，因此，不了解探戈就無法了解阿根廷的靈魂。

㈡森巴舞

森巴舞是巴西的國舞，它代表著熱情及多種族群的藝術融合。在巴西，人們認爲可以不吃飯，可以不睡覺，但卻不能不跳森巴舞。由此可見，巴西人對森巴舞是何等的鍾情，並爲巴西博得森巴王國的美譽。

森巴舞起源於非洲西海岸，原來是非洲土著舞蹈。十六至十八世紀，葡萄牙人由非洲安哥拉、剛果等地引進大量黑奴至殖民地巴西，以取代巴西人與印第安土著不願做的工作。在運奴船上，奴隸販子爲了使黑人體格更健壯以便能賣更好的價錢，就強迫他們在甲板上以敲打酒桶和鐵鍋爲伴奏，跳非洲的原始舞蹈，這便是森巴舞的最早形式。

十九世紀，巴西黑奴的身體滾動舞蹈加上巴西土著舞蹈倫杜（Lundu）舞的身體搖晃動作，接著加入由歐洲引進的花車遊行的嘉年華會舞步混合而成，最後又加入了巴西的馬西塞（Maxixe）舞後才大略成形。總之，到了巴西後，這項黑人舞蹈博採眾家之長，經過漫長歲月的雕琢，終於發展成爲今天的森巴舞。

初期，因十六世紀引進黑奴所跳的森巴舞雛形，跳動時會有身體的接觸、摩擦，巴西人認爲森巴舞不入流、粗野的舞蹈，屬於低下階層，甚至遭當時殖民總督下令禁跳。再者，巴西政府對森巴舞有卓越貢獻的人並無獎勵，且對森巴具有歷史性的事物也未給予重視。因此，在二十世紀初之前，跳森巴舞就被視爲遊手好閒、無賴之輩，有時警方也會制止。

森巴（Samba）的意思是一種節奏、一種舞蹈。它源自安哥拉字「Semba」，這是該族的人獲准從一群舞者中挑選舞伴的儀式。現代森巴是一種集體性的交誼舞蹈，參加者少則幾十人，多達

圖6-1　巴西嘉年華的森巴舞者（王之化攝）

幾萬人。隊形有時排成雙行，有時則圍成一圈，圈子中央有人單獨演奏。森巴舞多以打擊樂伴奏，旋律歡快緊張，節奏感很強，深深打動人心。舞者的腳配合弦律一重一輕，自然屈膝彈動，上身搖曳生姿，顯現節奏強烈的意境。男舞者以兩腳快速移動、旋轉為主；女舞者則以上身抖動和腰、腹、臀部的扭動為主。

對巴西占大部分人口的中下階層而言，森巴舞蹈的挑逗性和律動性，代表著對現實社會不滿情緒的舒解，是男歡女愛的媒介，也是打發時間的休閒娛樂，更是慶典節日狂歡的工具。

森巴舞已經滲透到巴西人的血液之中，成為巴西人日常生活的一部分。近半個多世紀來，由於國際社會接納森巴舞，森巴舞的地位才在巴西向上提升。目前，巴西國內有不少森巴舞學校。一九八四年，巴西政府專門興建一座規模宏大、永久性的森巴舞比賽場所，更說明它的影響之大。不過，巴西仍未將它視爲高尚藝術。

總之，森巴舞眞正的樂趣，除了全身的筋骨扭動，肌肉抖顫之外，就是在那亂糟糟的人群中相互的碰來撞去。這是一個令人瘋狂、癡迷、渾然忘我的舞蹈。你是否已經感受到它的熱情了呢？

(三)波爾卡舞曲

十六世紀初西班牙占領前，巴拉圭瓜拉尼部族的音樂已發展到一定的水準。與世界上其他種族的原住民一樣，歌舞娛樂在巴拉圭印第安原住民的生活上占有舉足輕重的地位。巴拉圭音樂基本有瓜拉尼舞曲和波爾卡（polca）舞曲。瓜拉尼舞曲是巴國音樂家亞松森・佛羅雷斯（José Asunción Flores）於一九二五年所創。此舞曲旋律較慢，是用當地的豎琴（arpa）伴奏。至於波卡爾舞曲是快節奏律動的音樂，於一八〇〇年開始興起。最著名的舞蹈爲快步圓舞，而瓶舞則是由快步圓舞演變而來，舞者頭上需頂著瓶子，保持平衡。

第二節　建築與繪畫雕塑

在拉丁美洲的民族文化傳統中，繪畫、雕塑、建築、編織等藝術形式也很有特色。印第安人的繪畫、雕塑藝術歷史悠久，風格獨特。至於黑人的技術也對拉丁美洲的雕塑、建築產生重要的影響。另外，歐洲人的建築風格在拉丁美洲無疑地占有很重要的地位。在各國較大的城鎭，特別是沿海地區城鎮，一般都能夠看到歐式建築的風采。在亞洲移民較多的國家和地區，某些街區的建築風格和色調也反映東方的文化傳統。總之，拉丁美洲的主要城市既是古代文明和現代文化結合的產物，也是新舊大陸、東西方各民族文明與文化結合的產物。不同風格的住宅建築反映出不同文化背景的民族生活區域。

此外，拉丁美洲的繪畫及雕塑藝術歷史悠久，可追溯自遠古石器時代。自石器時代以來，拉丁美洲的繪畫及雕塑歷經，古代時期、殖民時期、十九世紀時期及二十世紀時期。

一、建築

(一)古印第安時期的建築

古印第安人篤信神明並崇尚武力，這種觀念反映在他們的建築藝術中，因此這一時期的建築主要是宗教和軍事建築。宗教建築的最高表現形式是神廟、金字塔和祭祀中心。在眾多此類建築中，較著名的有：墨西哥古代聖城特奧蒂瓦坎（Teotihuacán），遺址占地約二十平方公里，是一座高度發達的城市。城中有一條「黃泉大道」（Avenida de la muerte），縱貫中心，大道北端有月亮金字塔（Pirámide de la Luna），東側有太陽金字塔（Pirámide del Sol），南端是稱爲城堡的建築群，還有羽蛇神殿（Templo Quetzalcoatl）。它建於六百七十七年，毀於一一一六年。托爾特克（Tolteca）王國首都圖拉（Tula）城，也是一座兼有金字塔、神廟、宮殿和列柱等綜合建築。此外，阿茲提克人在一三二五年建造的帝國首都特諾奇提特蘭城（Tenochtitlán），即今天的墨西哥

圖6-2　祕魯安地斯山上簡樸的印第安住屋（楊秀琴攝）

城，勝過當時歐洲大部分的城市。這座古城到處建有輝煌的神殿、宮殿、廣場、花園和巨大的平頂金字塔，此外還有縱橫交錯的運河和四通八達的堤道。

馬雅文明也具有特色鮮明的建築。其建築藝術可分爲兩個階段。第一階段爲古典時期（五至九世紀），第二階段爲後古典時期（九世紀以後到滅亡）。第一階段，馬雅人在文明中心科潘（Copán）建造完美的平頂金字塔和觀象台，並在另一中心帕倫克（Palenque）建造了宮殿、銘文廟、太陽神廟等，建築物牆上飾以精美的灰泥淺浮雕和塑像。第二階段，馬雅人在猶加敦西北部的奇臣伊察（Chichén-Itzá）城，建立了許多優美的建築。在馬雅的建築布局中，城市中心是漂亮的神廟和廣場，周圍是貴族和祭司的府邸，最外層是平民的房屋。第二階段的馬雅建築受到托爾特克人的影響，神廟使用羽蛇神形狀的石柱作裝飾。此外，這時期的馬雅人雖不知道使用拱門，但卻用一種偽拱作裝飾。

古代南美洲建築藝術的典範集中在祕魯文明中，其主要表現是宗教、軍事和世俗建築。建築的巍峨壯觀主要表現在公共建築上，但因時間和地點不同，這些建築又呈現不同的風格。第一種是沿海地區的前印加時期建築，最著名的作品有奇穆（Chimú）王國都城昌昌。第二種是山區的前印加建築，代表作有蒂瓦納科（Tihuanaco）的太陽神廟，以及用整塊巨石雕成的太陽門。這些建築的特點是規模宏大、型態巍峨，與莊嚴雄偉的安地斯山自然景觀和諧一致。第三種是印加時期的建築。自稱「太陽之子」的印加人建造神廟及像馬丘比丘古城等的各種建築。規模宏大、氣勢恢宏雄偉，以及手法精巧、技藝高超是印加建築的二大特點。

(二)殖民地時期的建築

西班牙、葡萄牙等殖民者將歐洲的建築風格引進新大陸。殖民地時期最古老、最壯觀的建築首推宗教建築，這顯然與大規模勸說當地居民皈依天主教有密切關係。宗教建築從營建小禮拜堂開始，後來建立修道院，最後是教堂。因此，教會對殖民地時期的建築貢獻巨大。

從十六世紀殖民統治開始，影響新大陸的建築風格有哥德式、穆德賀式（mudéjar）、文藝復興式、巴洛克式、伊薩貝爾式、銀匠式（plateresco）和新古典式等，以及上述不同風格的混合形式。十六世紀哥德式影響最大，而十七世紀則是文藝復興風格影響最突出。一五四一年完成的聖多明哥大教堂是哥德式建築的代表。一五六三年動工到一八一三年才完成的墨西哥大教堂則是匯集了從銀匠式到新古典式多種風格於一體的宏偉建築。

一五七三年，西班牙國王菲力普二世（Felipe II）頒布「規畫法令」，推動西班牙美洲新城市

圖6-3　祕魯西班牙殖民時期建築——市政府（楊秀琴攝）

的建設，新城市的規畫受到文藝復興風格的啓發。這樣的建築結合空間結構與行政功能。墨西哥城、卡拉卡斯、波哥大、利馬和拉巴斯等都是十六世紀建造的新城市。

從一六五〇年到十八世紀下半葉，巴洛克風格居主導地位，並非完全從歐洲移植，而是與當地特點結合而創造出的新建築風格。同時，祕魯吸收了印第安人注重裝飾的審美觀念，形成「安地斯巴洛克」風格。十七至十八世紀，葡萄牙殖民地巴西的宗教建築獲得充分發展。儘管其建築風格基本上模仿葡萄牙的樣式且只在細節上有所創新，但其裝飾部分卻顯示出當地居民熱情開朗的性格。

㈢十九世紀的建築

十九世紀初，拉丁美洲國家陸續脫離西班牙和葡萄牙獨立，比較簡樸和比較理性的新古典主義風格，逐漸取代殖民時期的巴洛克風格，成爲十九世紀拉丁美洲建築的主要流派。新古典的重要作品都由歐洲建築師所設計。

獨立初期，拉丁美洲各國政局尚未完全穩定，且因經濟尚未恢復和資金缺乏，在建築方面出現相對沉寂的階段。後來隨著國內秩序的重建和經濟生活步入軌道，建築才又逐漸發展起來。十九世紀末，不僅建築的數量大增，而且質量提高，表現更趨多樣化。十九世紀末至二十世紀初，很多拉丁美洲國家興建宏偉的辦公大樓和議會大廈、豪華的劇院和龐大的私人住宅。而在建築風格上，則主要直接模仿或移植法國、義大利和英國等國家的不同樣式，建造了既新潮又仿古的建築。一八七〇年以後，現代主義逐漸取代新古典主義。

(四)二十世紀的建築

二十世紀是拉丁美洲現代建築時期。現代建築源於歐洲和美國的文化、社會、經濟和政治背景，經由在那裡的留學生傳入拉丁美洲，逐步傳播開來。拉丁美洲現代建築可分三個時期。一是由發達國家傳入時期（一九三〇至一九四〇）。二是借鏡外國與民族特點融合時期（一九四〇至一九六五）。三是繼承傳統與新工藝結合時期（一九六五至一九八〇）。一九八〇年代，隨著經濟危機的出現和加劇，拉丁美洲建築也經歷「失去的十年」。

從一九六五至一九八〇年，傳統及文化傳承有利於拉丁美洲在住宅、商場、銀行及公共建築上，展現新的技術與風格。而一九九〇年代後，鋼筋水泥的高昂費用迫使拉丁美洲人減少使用高昂的建材，改採快速及折衷的建築技術。

圖6-4　雅緻的安第瓜民間建築迴廊

二、繪畫與雕塑

㈠古印第安時期

早在西元前一千五百多年前，中美洲已經擁有自己的文化、文字系統、祭典儀式、雕像石刻等。被稱爲中美洲文化之母的奧美加文化（Olmeca）象徵中美洲高度的文明體系。

西元前五百年，第一座城邦特奧提華坎（Teotihuacan）在墨西哥出現，規模遠大於帝國時期的羅馬。從西元前後至十六世紀，馬雅人在中美洲建立過若干奴隸制城邦。西元初創造了精確的曆法和穹形建築藝術。隨之發展的陶器、雕塑、繪畫等造詣都達到相當的高度。到了阿茲提克時期更以書寫系統的完善、神廟建築的特異而聞名於世。西元前二百年至西元六百年在南美洲形成的納斯卡文化，以精細的陶藝與金屬工藝見長。有七百年歷史的莫切文化（Moche）已經發展相當寫實的陶畫藝術。印加文化的出現及大城馬丘比丘更以其神殿、市集、住家等興盛而聞名。

一四九二年哥倫布發現新大陸前，這裡有完全獨立而原始的文化、藝術。亦即在拉丁美洲尚未被拉丁化之前，中南美洲已經建立了屬於它們的文化藝術體系。

此外，墨西哥人擁有最優秀的、富印第安濃厚色彩的壁畫藝術傳統；阿茲提克人的煉銅、造紙工藝及包括金字塔、城堡、引水渠等建築藝術的確立；托爾特克人的雕塑、繪畫藝術；阿拉瓦克人的製陶、織布、金飾加工工藝；印加人的建築、編織、雕刻工藝相當精美；克丘亞人有他們自己獨特的民間文學、音樂、舞蹈風格等等。

㈡殖民時期的失落

當哥倫布四次航行美洲後，西班牙人的船堅炮利隨及攻占這塊新大陸。自此，淪爲殖民地的新大陸加上部落間的戰爭、天主教會的長驅直入，以及歐洲文明與文化的衝擊下，變得騷亂與失序。本土文化原有的神祕色彩變得更加魔幻、迷茫，並隨著歐陸文明的侵襲與延伸而逐漸凋零、失落。

十六世紀至十九世紀的殖民時代，拉丁美洲幾乎失去所有從古老文化中所繼承的原始藝術。在殖民統治下，原本的拉丁美洲藝術被視爲民俗工藝。雖然一些當地藝術家從未淡漠他們原始的本土藝術，然而，在天主教會勢力的擴張下，藝術家被迫用純樸自然的技法表達聖經裡的宗教故事。因爲作品的技法生澀，缺乏自己的藝術風格，因此無法與同時代正蓬勃興盛廣泛傳播的歐洲文藝復興藝術相比擬。拉丁美洲藝術家只能無奈地屈從於帝國的統制，追隨主流藝術的同時勉強維持屬於拉丁美洲人自己的藝術。

㈢獨立後的藝術發展

獨立後，拉丁美洲藝術家並未受到印象派、後印象派畫家的影響，其作品主題始終圍繞著政治、階級、社會、戰爭及革命的內容。此外，與拉丁美洲當代文學一樣，藝術帶著濃厚的批判現實主義色彩，呈現出一種怪異、淒冷、森嚴的氛圍。

初期，拉丁美洲的現代藝術出現了李維拉（Diego Rivera）、歐洛斯科（José Clemente Orozco）等現代藝術家，他們依然採用本土的材料，進行彩繪、表現。事實上，初期拉丁美洲的現代藝術依舊受困於政治的謎團，作品依然擺脫不了戰爭、階級、政治、騷亂等題材。然而，藝術家始終關注拉丁美洲人痛苦的現實，以含蓄、幽默、嚴肅且冷峻的方式，諷刺殖民統治的罪惡，並紀錄當時拉丁美洲的社會現實。如歐洛斯科的《摧毀十字架的基督》，表現出拉丁美洲人民痛恨外來暴力及基督教精神的入侵，並要求獨立、自由的民族意識型態；李維拉的《富人之夜》，則顯得含蓄幽默，透過對富人神態、舉止行爲的巧妙刻畫，醜化洛克斐勒、福特、摩根等大亨，自然表現出畫家在宗教理念下的兩極關懷，也代表當時大多數拉丁美洲人的普遍心態。

新生代藝術家的崛起使得拉丁美洲藝術逐漸走上世界藝壇，與西方的著名藝術家並列。事實上，拉丁美洲新生代藝術家的成功在於他們吸收了外來文化藝術並與拉丁美洲的本土文化藝術結合，而且對自己國度的歷史有了更爲深刻的理解。滄桑的國度、動盪的環境、人性的扭曲、社會的醜陋等，使得新生代藝術家們有更深層的思考，以至於表現出獨特與蛻變的創作。

此外，新生代藝術家在主題的選擇與創作，嘗試新的探索與實踐，獲得空前的成果。這些藝術家仍然肯定傳統的地方民族特色，重新認識本土文化藝術，並跳脫傳統的繪畫與裝飾表現手法。

此外，他們也把傳統的語言放在當代藝術中，並結合國際性的表現形式，重建新的「異國情調」作品，建構新的藝術表現形式及主題思想內容。

批判現實主義作品在文壇上一直方興未艾，而拉丁美洲藝術，除了本土藝術、美學之外，藝術家們一直跳脫不開關於政治、歷史、宗教、現實等社會方面的題材與內容。藝術家們總以現實的眼光並憑藉超前的意識去挖掘現實之後內在的本質，尤其屬於負面的卑鄙、醜陋、惡毒等社會陰暗面的東西。

目前，拉丁美洲藝術家的作品受到世界藝術市場的特別關注。拉丁美洲的藝術作品之市場價格與藝術作品本身的價值似乎已達十分盲目、浮誇的情況，像墨西哥畫家卡蘿（Frida Kahlo）於一九四七年所作的自畫像，在之前至多值一萬至一萬五千美元，然而在一九九一年春季，國際佳士得拍賣公司竟然以一百六十五萬美元收購，這種炒作顯然有些離譜。

然而，拉丁美洲前輩藝術家及新生代的作品，至今仍然活躍在國際藝壇，其原因，除藝術家本身的長期刻苦投入藝術創作外，更多的是外部因素的造就。首先，拉丁美洲人本身的地方主義的扶持，拉丁美洲的收藏家目光始終盯著拉丁美洲畫家的作品，他們不惜代價購置這類藝術品，以展示他們在當地的身價、榮譽。此外，世界兩大藝術拍賣公司蘇富比及佳士得也曾一度炒作拉丁美洲藝術家的作品。這種極不正常的現象有可能再維持一段時期。

三、墨西哥壁畫

一九一〇年墨西哥革命爆發，但革命隨即演變成一場內戰，一直持續到一九二〇年，而零星的動亂則繼續貫穿了整個二十年代。在這期間，一批墨西哥藝術家開始在公共場所創作巨幅壁畫，試圖以此教育和激勵民眾，不斷向他們灌輸民族主義和社會主義意識，這場運動因而也被稱爲墨西哥壁畫運動。

儘管此壁畫運動的興起直接源自墨西哥的政治形勢，但其中的壁畫家還是受到了文藝復興、後印象主義、立體主義、表現主義、象徵主義和超現實主義等眾多歐洲藝術運動的影響。此外，他們也從自身的藝術和文化傳統中汲取了養分。此外，墨西哥壁畫運動中最傑出的藝術家是奧羅斯科（José Clemente Orozco，一八八三至一九四九）、李維拉（Diego Rivera，一八八六至一九五七）和西凱羅斯（David Alfaro Siqueiros，一八九六至一九七四），他們被統稱爲墨西哥壁畫三傑。

墨西哥壁畫是一九二〇年代興起的時代產物，一直延續到一九七〇年代。穆里略（Murillo）是墨西哥壁畫的先趨。墨西哥壁畫運動以復興民族藝術爲宗旨，以壁畫爲主要藝術手段，以本土民俗、風景、歷史、現實生活爲主要描繪對象。墨西哥壁畫涉及社會矛盾、現實鬥爭，具有強烈的時代特徵。

初到墨西哥城，最讓人感到震撼的是遍布城市各個角落的壁畫作品，那些大多出現在博物館裡的名家壁畫，在街邊、地鐵站、住宅外牆、廣場公共建築物等地也隨處可見。墨西哥壁畫的特點是巨大、色彩鮮豔，且處處體現墨西哥人豐富的想像力和民族特色。因此，墨西哥城無愧於「壁畫之都」的美譽。

此外，墨西哥百分之八十的壁畫集中在首都。公共建築物上有描繪墨西哥民族鬥爭史和英雄人物的大型壁畫；位於憲法廣場的國民宮則是壁畫的宮殿，那裡珍藏著墨西哥名家的傑作。在眾多精

圖6-5 墨西哥舊總統府壁畫

美的壁畫中，最有名的當屬李維拉的巨作「墨西哥歷史與未來」。這幅壁畫現珍藏於國民宮中央樓梯的回廊上，高約五、六公尺，長達數十公尺，共有一千多個人物，氣勢磅礴，展現墨西哥淪爲西班牙殖民地前的印第安社會到本世紀的全部歷史。我個人在參觀時發現，參觀者除了外國遊客，很多是中小學生，他們一邊聽老師講解，一邊仔細觀看壁畫所展現的場景，加深對歷史的了解。

另一方面，墨西哥國立自治大學也是欣賞壁畫的好場所。其圖書館是一幢五顏六色的十層高大樓。遠看，大樓四面都是彩色的巨幅壁畫，近看才發現這些壁畫是用小型的彩色馬賽克鑲拼而成。大樓南面是建築的入口，這面的壁畫描繪的是西方對墨西哥的影響以及西班牙對墨西哥的征服及太陽中心說；北面的壁畫表現的是西班牙殖民前的印第安社會、古代墨西哥城的奠基、印第安人傳說中主宰生死的神；東面的壁畫反映的是墨西哥革命和現代社會的生活變遷；西

圖6-6 墨西哥自治大學著名壁畫

面則是大學的標誌。現在，這幢壁畫樓已成爲墨西哥城的標誌性建築之一，前來墨西哥城旅遊的人大都來此一睹爲快。

第七章　墨西哥與加勒比海國家

第一節 墨西哥

一、緒論

早在十六世紀初西班牙入侵前，勤勞有智慧的印第安人就在墨西哥建立著名的馬雅和阿茲提克等文明。在近三百年期間，墨西哥是西班牙在拉丁美洲最重要的殖民地。西班牙征服美洲大陸從墨西哥開始，而且西班牙文化對墨西哥的影響最深。

一八一〇年九月十六日，神父伊達爾哥（Miguel Hidalgo）領導起義，開始艱苦的獨立戰爭，並在一八二一年宣告獨立，隨即成爲墨西哥帝國。一八二四年建立聯邦共和政體，成爲墨西哥共和國。

雖然，墨西哥是一個典型的拉丁美洲國家，但有許多特徵與南美洲國家不同。首先，它和美國接壤，邊界很長；第二，墨西哥早在殖民時期

圖7-1　阿茲提克太陽金字塔

就是完整的組織與地區，與南美疏遠。而且，墨西哥由於航海交通的關係，與東亞的來往比與南美洲國家多，此情勢一直持續到航空事業發達；第三，墨西哥的人口主要是印歐混血的麥斯蒂索人（mestizo）。最後，墨西哥是中美洲最大的國家，瀕臨太平洋與墨西哥灣，內部有許多山脈，人口聚落分散，因此在自然環境和經濟發展方面各地差異甚大。

此外，墨西哥從南到北距離很長，而且地形崎嶇不平，影響國家的經濟發展，同時阻礙區域間的活動。而且，墨西哥沒有黑人，純粹的歐洲人也僅占少數。就整個人口而言，有百分之十是白種人，百分之六十是麥斯蒂索人，百分之三十是印第安人。

十六世紀西班牙人到達前，墨西哥大多數的地區較為進步和文明。南部中央地區是由阿茲提克人（azteca）統治。西班牙人到達後，迅速占領此人口稠密的高原盆地區，同時在北部從事採礦業，不到數十年，勢力擴展到全國各地。在殖民地時代，墨西哥總督區喪失了今日美國西部的地方。一八二一年獨立後，墨西哥最主要的人口還是印第安人，而且從歐洲移民極少。但是在十九世紀中葉美墨戰爭後，美國取得墨西哥二百多萬平方公里的土地。從此，格蘭德河（Rio Grande）成為美墨的天然疆界。

因為天然與人為條件影響，墨西哥區域差異很大。首先，雖然人們的財產與生命備受威脅，墨西哥靠近美國的邊界有許多綠洲，廣大的城市，人口稠密，是很繁榮的地區。第二，墨西哥北部有足夠的農地、礦區、工廠，公路及鐵路客貨運輸頻繁。第三，儘管有一部分的人很窮，但墨西哥市的個人平均所得比其他地區高，主要是由於工業種類多，以及從事各種行業的人多。第四，墨西哥城四周的盆地，特別是東部較高的盆地，具有發展工業的前景，而且最適於公路與鐵路的聯絡。第五，南方各州仍是最貧困、最不吸引人，以及發展最困難的地區。

圖7-2　四通八達的墨西哥市地鐵

二、墨西哥起源的神話傳說

墨西哥素有「仙人掌王國」之稱，不少神話和傳說也都與仙人掌有關。在墨西哥國旗、國徽及錢幣上都繪有仙人掌，及一隻展翅的雄鷹嘴裡叼著一條蛇，一隻爪子抓住蛇身，停在一個仙人掌組成的花環上。

傳說在很久以前，居住在墨西哥峽谷的印第安阿茲提克部落的太陽神，命令阿茲提克人遷徙，並指示他們如果見到一隻老鷹叼著一條蛇停在仙人掌上，就可定居下來。最後，果眞發現太陽神預示的景象，於是定居下來並逐步建立高度文明的城市，就是今天的墨西哥城。

三、地理與氣候

墨西哥位於拉丁美洲的西北部，是屬

圖7-3 綠意盎然的墨西哥市革命大道（李晏禧攝）

於北美洲的一個國家，北以格蘭德河與美國爲界，東南與瓜地馬拉及貝里斯接壤，東臨墨西哥灣及加勒比海，西南臨太平洋。海岸線長一萬多公里，全國共分三十一個州和聯邦區，領土面積爲一百九十七多萬平方公里，僅次於巴西和阿根廷，是拉丁美洲第三大國。

墨西哥百分之六十五的面積爲高原和山地，堪稱高原山地之國。而且，墨西哥也是多火山、多地震的國家。變化多樣的自然因素造就具有不同氣候、資源以及地理區域。不過，地理的差異也是全國各地區經濟、社會發展不平衡的根源。

墨西哥地貌的主要特徵是墨西哥高原居中，由北向南逐漸升高。北部高原平均海拔一千一百公尺，中、南部高原平均海拔則達二千公尺。高原兩側爲東西馬德雷山（Sierra Madre），南部爲新火山山脈和南馬德雷山脈，東南是地勢平坦的猶加敦半島。墨西哥高原曾是阿茲提克文明的重心，也是今日墨西哥人口最密集的地區。

墨西哥的河流以美、墨邊界的格蘭德河最

長，達二千八百公里。注入墨西哥灣的河流，流量較大，有些甚至可航行；至於注入太平洋的河流，長度較短。湖泊多分布在中部高原的山間盆地。

墨西哥島嶼面積有五千多平方公里，瀕臨大西洋岸，除猶加敦半島外，海岸線較低且多沙岸，至於太平洋岸地形則較高且陡峭。墨西哥灣岸，因地形平緩及眾多優美沙灘，成爲墨西哥相當重要的觀光景點。

墨西哥位於北緯十五度至三十二間，北回歸線橫越墨西哥中部，以及瀕臨太平洋及大西洋兩大洋，對墨西哥氣候有相當重要的影響。墨西哥大部分地區處於熱帶和亞熱帶，但因地形崎嶇不平，氣候複雜多樣，常依海拔高度不同而變化。東南部平原及沿海屬熱帶氣候，年溫差不大，平均攝氏二十五度至攝氏二十七度，且降雨量較大。西南部沿海降雨量較小，最高溫可達攝氏四十度以上。在北部和西北部的大部分地區雨量季節性變化極大，乾燥少雨，爲沙漠型氣候。東西馬德雷山北部地區溫和少雨。南部高原及南馬德雷山區氣候溫和，夏季平均溫度在攝氏十八度以上，冬季也不很冷。

結構複雜，地形崎嶇是墨西哥的地理特徵，這是美國西部地形的綿延。墨西哥北部有三個主要的火山帶，其中一個是西馬德雷山，此火山帶地形既高又綿長，另外有兩個馬德雷火山帶，中間有二高原使之分開，一個是較大較低的北部高原，另一個是較高的南部高原。

墨西哥地形是由乾燥的低地和低的高原、半乾燥或崎嶇不平的山脈，和高的高原及森林地區的高地與低地組成的，此種環境不是發展農業的良好條件。近幾世紀來，不管經濟是否重大變遷，大部分的墨西哥人都住在一千五百公尺以上的地區，因爲低地不是太乾燥就是森林綿亙，所以沒有辦法維持大量農民的生活。

四、人民與宗教信仰

歷經古印第安文化及十六世紀起西班牙三百多年的殖民統治，墨西哥已成爲民族的大熔爐。墨西哥人口約一億一千二百多萬，是全球講西班牙文人口最多的國家。其居民主要由麥斯蒂索人（mestizo）、印第安人和克里奧約人（criollo）等三部分組成，並以麥斯蒂索人最多，印第安人次之，白種人最少。此外，還包括少數黑人和亞洲人。

雖然墨西哥宗教信仰自由，但有近百分之九十的民眾信仰天主教。不過占墨西哥人口相當比例的印第安人大都在信仰天主教的同時，也保有對印第安傳統神祇的信仰。墨西哥人甚至以融合天主教與印第安文化的聖母瓜達露佩（La Virgen Guadalupe）取代聖母瑪利亞而成爲他們的守護神。每年十二月十二日墨西哥全國舉辦各種活動慶祝瓜達露佩的顯靈日。

圖7-4　墨西哥殖民時期教堂

圖7-5　墨西哥大教堂（李晏禧攝）

五、自然資源與經貿概況

墨西哥地下礦產資源相當豐富，而且礦業也是墨西哥國家收入的主要來源。其礦產儲量不少，居世界前茅，它們主要有：石油、天然氣、金、銀、銅等。石油和天然氣儲量已超過委瑞內拉，居拉丁美洲首位。石油和天然氣儲量主要分布在東南部地區及其沿岸的大陸棚架。石油工業在一九三八年收歸國有，石油是墨西哥很重要的出口產品。金礦則大多集中在中部地區和西馬德雷山脈。一向占世界首位的銀礦主要分布在奇瓦瓦（Chihuahua）和瓜納華托（Guanajuato）等州。硫磺儲量一千一百萬噸，居世界首位，主要分布在東南部地區。

在農、林、漁、牧方面，農業生產約占全國生產毛額的百分之九，在所有農作物中，玉米是最大宗的產物，也是一般民眾最基本的糧食。從古印第安時代起墨西哥即盛產玉米，因此墨西哥長期來有「玉米的故鄉」雅號。由於具有多樣的氣候類型，墨西哥盛產溫帶及熱帶作物，像是小麥、大麥、稻

圖7-6 墨西哥瓜拿華托古礦城

米、大豆、蔗糖、香蕉、煙草、棉花等作物。墨西哥林業相當發達，全國森林覆蓋面積爲四千五百萬公頃，約占全國領土總面積的四分之一。

在墨西哥中部、人口稠密的高原盆地很少灌溉，這是因爲本區雨量充足（七百五十至一千公釐），溫度較低和多雲的關係，水分蒸發有限，所以水資源夠用。此地的土壤依據高度適於種植副熱帶的植物，因爲經常下霜，所以無法栽種熱帶植物。

墨西哥的農地分布於許多小的地區，如北部沙漠中的綠洲、盆地，在中部的河谷地，南部的丘陵地，或猶加敦半島比較肥沃的小塊土地上。這些地方都可以種植農作物，唯必須投下大量的資本，如鋪設道路，水的供應，清除草木等。

玉米種植幾乎占墨西哥耕地的一半，遍布全國。花生、馬鈴薯、香蕉、番茄、檸檬、菸草、橘子、可可、小麥和大麥的種植，主要分布於北部。豆子、馬鈴薯、香蕉、菸草、甘蔗、水果等分布很廣，但大部分僅供當地消費。棉花、咖啡和黑金納樹是主要農業輸出品，棉花的種植全部在北部可灌溉的地區。

墨西哥的牧業相當重要，牛的飼養近三千萬頭最重要，豬的養殖也有一千五百萬頭左右。由於瀕臨太平洋和大西洋，墨西哥灣的漁業也相當發達，每年約有五十二萬多公噸的漁獲量。

至於工業產值則占全國生產毛額的百分之三十二。製造業有長足的發展，並且在全國各地區形成重要的工業中心。食品工業以麵粉、麵包、罐頭、啤酒及製糖業為主；以棉花為主的紡織工業也蓬勃發展。冶金等重工業集中在美墨邊境的蒙特雷伊（Monterrey）。此外，墨西哥也有許多製造汽車、火車車廂及各種機具工廠。因爲盛產石油，所以墨西哥的石化工業也極爲興盛。

墨西哥國內貿易相當重要，它的市場主要集中在墨西哥城、瓜達拉哈拉（Guadalajara）、蒙特雷伊等大都會區。墨西哥在一九九四年正式成爲北美自由貿易區的成員後，對外貿易日益重要，主要貿易伙伴爲美國、歐盟和拉丁美洲各國。墨國主要進口物品爲機械、工具及工業用品等。在一九七四年曾占墨國外貿總值百分之六十二．二的農漁礦等第一級產物，最近幾年已逐漸被工業產品所取代。

維拉克魯茲（Verzcruz）位於墨西哥灣，是墨西哥主要對歐洲貿易的港口，但是墨西哥的輸出品有許多是經由陸路運往美國。此外，墨西哥也和其他拉丁美洲國家一樣，由於空中交通發達，使整個國家成爲一體，沒有孤立的地區。

六、政治體制

根據一九一七年二月五日公布的憲法（即現行憲法），墨西哥是一個聯邦共和國，其正式名稱爲墨西哥合眾國（Estados Unidos Mexicanos）。國家由行政、立法及司法三權所組成。行政權由總統行使。總統由全民直選，任期六年，不得連任且終生不得再選。總統權力很大，有廣泛的任免權和否決權，各部會首長均由總統任免，並只對總統負責。二〇〇〇年的總統大選由國家行動黨（Partido Acción Nacional，簡稱PAN）的福克斯（Vicente Fox）當選，中止革命制度黨（Partido Revolucionario Institucional，簡稱PRI）自一九二九年創黨以來的連續執政。

代表立法權的國會由參議院和眾議院組成。參議員由各州及聯邦區各選出二名，總額六十名，每六年選舉一次，每三年更換半數。眾議員每三年選舉一次，總額五百名，其中三百名依選

圖7-7 墨西哥總統與台灣觀選團合影

區採多數決定當選，另外二百名則依比例分配給總得票率超過百分之一．五但未在各選舉區獲得席次的政黨。參、眾議員都不得連選連任。司法權則由最高法院行使，二十一名大法官由總統提名並經參議院通過任命。

墨西哥全國分成三十一個州及一個特區，也就是墨西哥市的所在地。一九九七年墨西哥市舉行第一次市長直選，由民主革命黨（Partido de la Revolución Democrática，簡稱PRD）候選人當選。在此之前墨西哥市長是由總統指派。

七、風俗習慣

墨西哥曾是馬雅和阿茲提克古文明發展的重心，而今天仍居住在這裡的眾多印第安人部族仍保留著許多奇異的民情風俗。

在墨西哥的伊達爾哥州地區，農村姑娘定情後，還要在婚前舞會上接受水和舞的考驗；新郎將盛滿清水的三只杯子交給新娘，要她頭頂一只，一手各捧一只，不停地旋轉歡跳，直到表演完，才將水原封不動地交到情郎手中。

墨西哥的吉普賽人也保留著世代相傳的婚禮習俗，在婚禮時，吉普賽長者先分別給新婚夫婦吃一口拌了鹽和酒的麵包，此

圖7-8　墨西哥國會大廈國徽浮雕（李晏禧攝）

舉意味著這個世界上除非沒有鹽、酒和麵包，夫婦永不分離。

墨西哥南部約有二萬人的印第安薩朴特克（Zapotec）族人，他們的女子都長得修長貌美，黑頭髮，深褐色眼睛，棕黃色皮膚，比墨西哥其他印第安女人都美麗高大。但是這部族的男人則矮小瘦弱，平均要比女人矮二、三英吋，而且他們顯得嬌羞柔順，毫無男子陽剛之氣。夫婦走在街上，那種大女人妻子帶著小男人丈夫的情景，看來甚是有趣。

此外，每年十一月二日的亡人節，骷髏成了吉祥物，骷髏雕刻藝術是墨西哥古印第安阿茲提克人最常出現的圖案。人們在信封上貼著畫有骷髏的圖案，孩子們玩著骷髏形成的各種玩具，年輕人把骷髏糖饋贈給自己心上人以示愛慕。總之，在墨西哥骷髏不僅與災難和死亡毫不相干，而且是代表友誼、幸福和愛情的吉祥物。

墨西哥人忌諱十三和星期五。女子在公共場合穿長褲被認爲是有失體面的行爲。此外，墨西哥人也忌諱他人贈送黃花和紅花，因爲黃花代表著死亡，紅花象徵晦氣。他們也忌諱蝙蝠及其圖案和造型。墨西哥人還忌諱用手勢來比畫小孩的身高，他們認爲只有比畫動物的高度時才使用此手勢。墨西哥的查穆拉印第安人（Chamula）拒絕照相，認爲這是一種可怕的巫術，會攝走魂魄。

墨西哥人與一般客人見面時行握手禮，在親人和親朋之間擁抱或親吻。赴約時間一般遲到十五分鐘到半小時。通常有贈送朋友弓箭和剪紙的習慣。

大多數墨西哥人待人接物謹慎小心。在名譽問題上，他們十分在意和警覺。他們被迫辛苦工作，但憧憬舒適的日子。墨西哥人熱情、風趣、多愁善感。人際間以及人與群體的關係大都根據傳統、實用、權利，而不是根據原則、思想和法律。

墨西哥是個大男人主義的國家。在墨西哥家庭中，當父親的便是天經地義的一家之主，他和妻子很少有思想交流，對妻子也不夠尊重。做父親的也很少關心子女的生活、學習，但是卻總希望妻子替他生個兒子並從他的姓。墨西哥男子結婚後，往往另有情婦。墨西哥人對婚外情常持容忍態度。總而言之，墨西哥男子很少做家事，他們認爲家事是妻子應該做的，男人做家事是不光彩的。

墨西哥人喜歡節慶活動。節日就是感情的總發洩、總爆發。墨西哥人愛惜生命，隨遇而安，對於生命的自然結束，也不大驚小怪。死神對墨西哥人而言，似乎既引不起恐慌，也引不起特別的敬畏。

和大部分拉丁美洲人一樣，墨西哥人也有嚴重不守時的習慣，因此赴約一般以遲到十五至三十分鐘爲宜。當然，並不是所有的活動都不準時，最遵守時間的是鬥牛和足球比賽。

家庭是墨西哥社會最基本的組織單位，因此家庭對墨西哥政治和社會的穩定、經濟的發展有很重要的作用。墨西哥人繼承了古代馬雅、阿茲提克和西班牙的傳統家庭價值觀念，家庭觀念比較強，重視家庭的作用。近二、三十年來，隨著城市化、現代化的加快，家庭數量激增，家庭規模變小。而且，由於離婚、分居率增高，家庭的不穩定性不斷增加。未婚同居、單親和單身家庭也明顯增多。

墨西哥大文豪，諾貝爾文學獎得主帕斯（Octavio Paz）在其散文集「孤獨的迷宮」中，曾寫道：「所有墨西哥人……我覺得他們都是些性格封閉而執拗的人。墨西哥人的面孔是一幅面具，面孔上露出的笑容也是面具。……他非常注意保護自己的隱私，但卻渴望了解別人的祕密……他的話語中句句帶有暗示、比喻、影射，每句話都帶有意味深長的刪節號……總而言之，在現實與個人之間，他豎起一道屏障，他既冷漠又遙遠」。帕斯還認爲，墨西哥「男子漢氣概的典範就是永遠不鬆口。墨西哥人可以屈服、可以忍辱、可以彎腰低頭，但是絕不鬆口……守口如瓶表明我們本能的認爲周遭環境是危險的……」。總之，帕斯的這席話該是對墨西哥人性格最好的詮釋。

八、台墨經貿關係

外商到墨西哥投資主要考量墨國鄰近世界最大市場美國、墨國本身的廣大市場、工資相對低廉及公共工程投資機會等。一九九六年前，美國、加拿大、西班牙、荷蘭、英國、德國等國積極在墨國境內投資設廠，而亞洲的日本、韓國及台灣也在一九九四年北美自由貿易區（NAFTA）成立後，大量在墨國投資。台灣的大同、和碩、達達、年興、佳世達、緯創、鴻海、台達電及環隆科技等知名企業集團都在墨國境內投資，主要投資項目爲電子及電器產業。

依據墨西哥經濟部資料顯示，台商在墨國投資計二百五十一家，一九九九至二〇一一年投資金額累計爲四億一千五百九十萬美元，居所有環太平洋亞洲國家投資墨國第四位，僅次於日本、新加坡、韓國。由於台商甚多已國際化，據悉來墨投資之資金並非全部直接來自台灣，因此，實際台商投資金額應該大於墨經濟部統計之金額。

投資類別主要爲電機、電子、電器、電視、紡織等工業製造、食品貿易、餐廳、技術服務等其他服務業。工業製造方面，我國IT及紡織大廠，如大同、佳世達、鴻海、達達、英業達、緯創、和碩、寶成、毅嘉、台達電、年興紡織、南緯紡織、加州紡織、環隆電氣、精英電腦等均在墨國投資營運。前述廠商大都位於美墨邊境，電腦或電子大廠以代工生產爲主，少數有自創品牌，一般經營狀況不錯。貿易方面，台灣廠商所經營的項目主要包括電腦、文具、鞋材、皮包材料、禮品、雜貨、手錶、手工藝品、汽車零配件及玩具等，廠商以在首都墨西哥市占最多數。墨國進出口稅法規定複雜，勞工生產效率不高，廠商必須特別注意規定並遵守。

墨國占盡北美自由貿易區地理優勢，已成爲潛力十足之市場，值得我國開發重視。台、墨雙方經濟條件具互補性，故在經貿工業及投資合作方面甚具發展空間，不過仍有下列諸多事項必須特別考慮與注意。

首先，在語言方面，投資廠商必須在國內覓妥通曉西班牙語的人才、派員就地學習西語或僱用通曉西語之華裔人士。至於在加強法令與風土人情了解方面，可參閱經濟部投資業務處及國際貿易局就駐館蒐集當地相關法令（如勞工法）及風土人情的資料。在取得居留簽證方面，雖然墨國移民局管理較嚴格，但只要符合規定仍可取得工作簽證。

此外，墨國幅員遼闊，地理位置佳，勞工工資相對低廉、拓展北美及中南美洲市場潛力廣大，加以農工商業比我國落後，因此台灣廠商可利用自己的優勢先到墨國做投資可行性調查，分析投資項目，可能競爭對手國之產品，墨國可利用之資源優勢及各項成本等，找出最大利基進行投資。一般而言，到墨西哥從事貿易批發或零售皆可獲利，工廠方面則較有不同。目前墨國政府較積極歡迎推動之產業包括汽車及其零組件業、電子電機業、航太業、半導體及其他高科技業。

再者，近年墨國建築爲成長最高之行業，因此，相關建材亦可考慮。由於亞洲地區工業產品較墨國產品價格低廉，因此，近年來在墨西哥設廠之廠商亦以生產大件商品及快速供應本地區市場之需求，避開與廉價之亞洲產品競爭。

九、墨西哥的問題與前瞻

自二〇〇七年卡爾德隆執政以來，受到政府強力掃毒、美國經濟陷入衰退和H1N1流感爆發影響，墨西哥國內安全形勢不斷惡化，穩定的政治局勢也開始動搖。此外，墨西哥長期以來兇殺、綁架、搶劫等各種犯罪活動頻繁，毒品走私和非法移民活動猖獗。因此，政府整治社會治安問題的壓力不斷上升。在持續且低迷的經濟衝擊下，墨西哥安全形勢將成爲影響外人投資和政府恢復經濟成長的最大障礙。

此外，近幾年墨西哥經濟雖略有成長，但人民生活並無明顯改善，貧困率仍高，貧富差距懸殊，行政腐敗猖獗。而且，經濟發展無法滿足大量勞動力就業需求，失業人口增加，地區發展嚴重失衡，因此引發貧民抗議活動不斷。未來由於社會與經濟發展失調，墨西哥仍可能引起局部地區動盪。

再者，墨西哥作爲一個出口爲導向的經濟體，其經濟成長模式的脆弱性突出，主要表現在對國際資本及美國市場的高度依賴。雖然墨西哥政府採取很多措施來增加吸引外資的管道，但在吸引外資和對外投資方面仍高度依賴美國。因此，美國經濟波動對墨西哥經濟影響直接且深遠，而且迅速給墨西哥帶來國民收入減少，內需疲軟等一系列問題。

第三，國際競爭力降低。簽訂北美自由貿易協定，使墨西哥相對比其他國家具有更大的優勢。然而，隨著國際經濟形勢變化，以及墨西哥國內在電力及石油系統、電信行業、勞工體制、外國投資以及稅收結構等關鍵領域改革受阻，正逐漸失去這些優勢。

第四，財政收入結構的穩定性存在重大隱憂。墨西哥政府財政收入的百分之三十七．七來自墨西哥國家石油公司，但此公司發展問題重重。此外，其石油產量自二〇〇四年起逐年減少。甚至美國能源資訊中心預測，二〇二〇年時墨西哥的石油日均產量將不能滿足國內需求，且將成爲石油進口國。

第五，債務負擔和償債能力不樂觀。由於墨西哥經濟明顯衰退，財政赤字不斷擴大，自二〇〇九年以來，世界地各主要評級機構都調降對墨西哥的國家主權信用評級。

最後，墨西哥是北美自由貿易協定的成員，經濟開放，金融市場相對發達，並具有鄰近世界最大市場的地理優勢，這些都有助於其吸引外國投資。然而其經濟環境仍存在諸多劣勢。首先，墨西哥對外資投資領域存在較多限制。其次，政府部門官僚主義嚴重，貪汙腐敗現象普遍。第三，司法行政效率低，法令繁複多變、勞工法規複雜且偏向保護勞工，稅法及海關提貨繁瑣，以及居留簽證不易取得。第四，墨西哥外債負擔沉重，存在一定的償債風險。此外，販毒、走私和社會治安等問題嚴重，在一定程度對墨西哥的投資環境產生不利影響。

儘管墨西哥的未來有那麼多的困境，但還是存在不少有利的形勢。首先，墨西哥避開了二〇〇八年全球經濟危機的影響，仍有傲人的總體經濟表現。而且它每年所培養的工程技術人員超越歐盟龍頭德國。此外，墨西哥工業製成品的出口約等於其他拉丁美洲國家的總額，因此不像智利、哥倫比亞、祕魯及巴西的經濟容易受到原物料價格波動的影響。再者，最近兩年墨西哥的經濟成長超越南美大國巴西。

總而言之，如果貝尼亞新政府能專心致力於改善與美國的經濟關係，而且降低對毒品走私及移民改革議題的關注，以墨西哥一億一千多萬的豐沛人口及近二百萬平方公里的廣大腹地，不久它將超越加拿大及中國成爲美國最大的貿易夥伴。此外，近期中國經濟成長減緩、勞工成本提高，這些也都是對墨西哥有利的契機。

第二節 加勒比海國家

加勒比海中的島國在面積、地形及其經濟的發展各方面雖有差異，但卻有共同的特徵，即面積有限，人口稠密，彼此海運便利，運費便宜。這些島嶼緊靠歐洲與北美洲，爲歐美間的重要橋樑。因此，歐洲列強和美國在此地區的競爭比在其他拉丁美洲地區更爲激烈。此外，加勒比海島嶼遭受列強殖民的時間比其他拉丁美洲地區更長，也更容易捲入國際爭端的漩渦。

地理上，加勒比海國家有許多共同的特徵，均溫且雨量很高，居民雖然在高山種植農作物，但大都住在低地，而且這裡經常有颶風。至於地形，大部分的古巴及小的島嶼，都非常平坦；而大的島嶼除千里達除外，大部分崎嶇不平。與拉丁美洲其他國家比較，加勒比海島嶼，面積狹小且人口稠密。古巴面積占加勒比海島嶼的一半，人口僅占三分之一，但其人口的密度要比拉丁美洲的委內瑞拉，智利及祕魯，高出數倍。

就農業而言，所有島嶼全是種植農作物，能繼續開墾的極爲有限。此外，島上有大量黑人血統居民，但黑人所占比例，各島嶼間有很大不同，例如古巴的黑人占百分之十，而海地的黑人幾乎占百分之百，當然這個地區也有大量的混血人種。

在經濟方面，幾乎所有島嶼主要依靠蔗糖的生產，因此他們都面臨與蔗糖有關的種種問題，例如所需要的勞工隨著季節的變化而不同。香蕉的種植分布也很廣，但其商業價值比厄瓜多與中美洲低，因爲此區經常發生強烈颶風，經常使投資血本無歸。

在工業方面，島嶼比不上拉丁美洲其他地區，大部分的工業是農業加工和礦產的煉製，特別是石油。除了千里達島生產石油和天然氣外，其他的島嶼完全缺乏動力資源。這些國家不產煤，只有少量的水力發電，但貢獻甚微。此外，大部分的島嶼都致力於發展觀光事業，這是他們的另一個共同特徵。

古巴是加勒比海地區較大的島嶼，居民爲西班牙移民，早期甘蔗的種植不受重視，島上大部分的居民皆致力於牛的飼養。至二十世紀，情況完全改觀，甘蔗的種植遍布全島，成爲供應美國蔗糖的主要國家。從一九五〇年代末期起，古巴致力於多元化的經濟發展，其他島嶼也隨著仿效。

多明尼加共和國於十九世紀中脫離西班牙獨立。一九二〇年代以前，多明尼加的經濟極爲落後，但是自一九二〇年代起，商業性的農業已大爲進步。但由於人口劇增，多明尼加家商業性的農業轉爲自給自足的經濟，所以其經濟發生萎縮現象。

一、古巴

(一)地理位置與氣候

古巴位於加勒比海的北部，跨西經74°10'至85°，北緯19°41'至23°17'，是美洲大安地列斯群島中最大島國，得山川地勢之勝，素稱「加勒比海明珠」，也是世界大糖廠和糖的出口國。

古巴全國分爲十四個省，面積爲十一萬八百六十平方公里。全島東西長一千二百公里，最寬處一百四十五公里，最狹窄處只有三十二公里。海岸線長三千五百公里。地形狹長，很像一條遨遊的鱷魚，它扼守墨西哥灣出口，被譽爲「新大陸的鑰匙」，周圍小島有一千六百多個。古巴因位於大西洋到美洲大陸及由北美洲到南美洲的交叉點上，戰略地位非常重要。首都哈瓦那（La Habana）是一個著名海港。古巴氣候溫和，氣溫一般在攝氏二十攝氏度至三十攝氏度之間。島上蔗田密布，棕櫚林立。

古巴全境有四分之一爲山地。分爲東、中、西三條東西走向的山系。其中東部山系最大。該山系所在東部地區是古巴地勢起伏最大的地區，大部分爲石灰岩構造。該山系南部是連綿二百五十公里的馬埃斯特拉山（Sierra Maestra），海拔爲一千三百至一千五百公尺。

馬埃斯特拉山北麓爲河谷平原，古巴最大河流考托河從東向西流經該河谷，雨季常有氾濫。中部山系海拔降至一千公尺左右，高山地區多瀑布，低山丘陵多爲石灰岩。聖克拉拉附近也有花崗岩、蛇紋岩丘陵。西部山系海拔再降至五百五十公尺左右。

古巴全境大部分地區爲熱帶雨林氣候，在南部背風坡有小部分爲熱帶草原氣候。夏季平均氣溫攝氏二十七度，冬季平均氣溫爲攝氏二十二度，年平均氣溫攝氏二十五・六度。有乾季（十一月至四月）、雨季（五月至十月）兩個季節。平原地帶年降雨量在八百至一千四百公釐。五月至十月常有颶風侵擾而造成災害。

㈡經濟活動

從十六世紀開始，古巴就成爲西班牙在美洲殖民的最主要基地。在拉丁美洲國家中，古巴最先被征服，但幾乎是最晚才獲得獨立[1]。一九〇二年五月二十日，古巴共合國正式宣告成立，但獨立後依然依附美國。

古巴得天獨厚的自然資源與環境，引起殖民主義與帝國主義的激烈爭奪。哥倫布在第一、二、四次美洲航行曾到過古巴。在其後西班牙人的征服活動中，古巴成爲殖民者和軍隊往來美洲和歐洲的停靠基地和征服美洲大陸的大本營。大量殖民者和軍隊的來往，需要大量給養。因從歐洲運補不划算，再者歐洲殖民者有吃肉喝牛奶的習慣，在當時條件下幾十天的航程，肉和奶無法保質保鮮。於是，古巴首先發展畜牧業。西班牙引進的牛羊等家畜在古巴繁殖很快。當地鮮肉和醃肉滿足軍隊和往來航船的需求。

當時在古巴，菸草業與畜牧業受到西班牙人的重視。自從歐洲探險家們在美洲發現印第安人吸食菸草並傳回歐洲以後，吸菸在歐洲迅速蔓延，之後又回流北美，風行世界。爲了滿足市場需要，西班牙殖民者於十七世紀初開始在古巴種植菸草，古巴菸草品質優良，其中有「皇冠」商標，是世界上最好的雪茄之一，極受歡迎。以後，吸菸人數、菸草需求量呈幾何級數增加。

蔗糖業是古巴農產的後起之秀。之後，蔗糖在古巴發展超過所有的產業，是因發展初期，得盡天時地利。首先，十六世紀初前，糖在歐洲幾乎與黃金等價。用精緻的盒子盛裝的糖往往是王公貴族間的珍貴贈禮。歐洲急需糖，這是最好的天時。其次，古巴氣候溼熱，而且半數的國土非常平坦且覆蓋著肥沃的紅土，適合種植熱帶農作物，特別是種植甘蔗。因此從殖民時代，特別是從一九〇〇年起古巴是世界上最主要的糖出口國，而且蔗糖出口一直是最主要的外匯來源。因此古巴一向被稱爲「世界的糖碗」和「最甜的國家」。

一六一六年，爲了解決甘蔗種植園勞動力的缺乏，西班牙殖民者開始引進非洲黑奴到古巴。黑奴一般比印第安人更耐溼熱，更能吃苦耐勞，因而更適於甘蔗種植園。此外，黑奴遠離母國且來源地不同，又處於極端卑賤的地位，所以比當地印第安人更容易管束。大量使用黑奴後，古巴甘蔗種植園和製糖廠迅速發展。

十八世紀末，當時占世界糖產量百分之七十五的海地蔗糖業受戰爭破壞，退出國際市場。而美國糖的需求增加，這刺激西班牙人在古巴擴大甘蔗種植園，增購黑奴，改進製糖技術及設備，吸引從海地逃出的法國甘蔗種植園主的投資和技術。一八一五年，古巴糖產達到四．二萬噸。一八六〇年以後達五十萬噸，糖廠已達二千多家。當時，美國爲古巴的重要貿易夥伴，古巴百分之七十五的原糖出口至美國。美國爲保證本國市場的糖需求，就刺激古巴優先發展糖業，使得當時古巴對美國資本依賴日深。二十世紀初，古巴糖產百萬噸。至此，蔗糖業後來居上，成爲古巴國民經濟的基礎。但也顯示，古巴依賴蔗糖爲單一經濟作物的傾向日趨嚴重。

除蔗糖與菸草外，古巴還盛產咖啡、香蕉、可可、稻米、豆類等。古巴最主要的山脈是馬埃斯特拉山，山脈中富含各類礦產，其中以鐵礦和鎳礦爲主。殖民時期，工業很少發展。除了一些製糖廠，還建造規模不大的造船廠和船舶修理廠，勉強維持哈瓦那這個重要港口的需要。此外，也建立食品加工廠和製革廠等。

殖民時期，由於西班牙的貿易壟斷政策，古巴的商業長期受到限制，但仍小有發展。糖、菸草、畜牧業等產業的發展，使得西班牙對英、法、荷、美等活躍的走私活動常常束手無策。走私貿易在很多情況下無異於正常的商業活動。

十九世紀末以前的古巴，由於西班牙殖民宗主國對其經濟和政治控制比其他地區嚴密。因此，古巴對西班牙的依附也比其他地區嚴重，造成古巴是十九世紀美洲最後獨立的國家。西班牙殖民者曾驕傲地說，古巴是「永遠忠誠的島」。

㈢美國的控制與古巴革命

一八九八年四月，美國向西班牙宣戰。一八九九年一月，美軍在古巴大莊園主和大資本家的支持下占領古巴。軍事占領雖僅三年，但卻加深古巴在經濟上對美國資本的依賴和政治依附。

自此，美國對古巴的經濟和政治的控制日益加深。美國廉價收購古巴大批土地，運用《普拉特修正案》規定的租讓權攫取古巴豐富的地下礦藏，迫使古巴工商業家破產或淪爲美國大企業的附庸。美國對古巴經濟控制的重點在製糖業。第一次世界大戰期間，世界食糖需求劇增，導致古巴糖業生產集中化，這種集中引起更多美國資本的滲透。

第二次世界大戰以後，古巴經濟衰退、萎縮。一九五二年巴蒂斯塔政府上台後，經濟更加惡化，必須不斷依靠美國的援助。一九五九年卡

圖7-9　古巴革命前已存在的金龜車（游雅茹攝）

斯楚（Fidel Castro）所領導的古巴大革命，推翻巴蒂斯塔（Batista）獨裁政權，這是拉丁美洲近代史上最激烈的一場革命。這場革命不但讓古巴成為拉丁美洲唯一，也是世界上僅存的少數共產國家之一，更讓古巴長久以來在美國的封鎖與抵制下，民生及經濟更形凋敝與落後。

古巴革命勝利後，立即採取重大經濟措施，以鞏固和保衛革命成果。一九五九年五月，革命政府迅速頒布土地改革法，主要在徵收大種植園和牧場，解決十二萬無地農民的土地問題。同時，在農村摧毀封建生產關係和外國勢力。一九六三年頒布第二個土改法，以消滅富農經濟，完成農業社會主義改造。

此外，政府也重視城市的社會主義改造，對私營工商業實行國有化。一九五九年六月到一九六〇年十月，政府首先將美國在古巴的四百多家工商企業和銀行全部收歸國有。一九七〇年代中期開始，古巴又實行新的經濟計畫和管理體制。

長期以來，雖然古巴政府努力解決歷史遺留下來的單一制畸形經濟結構和對外依附等重大問題，但因問題積重難返，收效甚微。

一九八〇年代末以後，因蘇聯解體及東歐共產體制瓦解，古巴陷入愈來愈嚴重的經濟困境，不得不邁出艱難的經濟改革步伐，進行發展經濟的新探索。在一九九〇年代最初的三年，古巴已經打開大門吸引外國投資。目前，古巴吸引投資發展的重點行業是石油業、旅遊業和生物科技領域。

二〇〇九年卡斯楚將政權交給其弟勞爾後，古巴不斷裁減國營企業多餘的勞動力。而且在放鬆對私營小企業的控制後，古巴又將目光投向合資企業。有愈來愈多的國營企業正轉型為合資企業，政府也推出刺激性政策促使小型私有企業加快轉型。

在古巴，合資企業雖然不常見，但是它們已成為平衡改革的一部分。這暴露古巴政府的矛盾心資本主義的進程。

態，一方面需要從國營企業轉移數十萬名員工，避免再付工資，但是另一方面卻希望古巴放慢走向

㈣概況與特質

自一九六〇年代初至九〇年代初，古巴的主要貿易對象一直是前蘇聯及東歐國家，與這些國家的貿易占古巴貿易總額的百分之八十以上，一九八九年更達百分之九十一・六。其他貿易對象有西班牙、日本、法國、加拿大、阿根廷等。蔗糖是古巴最重要的出口品，占全部外匯收入的百分之八十。

古巴的醫療衛生狀況在世界名列前茅，它曾派出一些醫療衛生團隊前往支援非洲國家。古巴在國內提供全民免費醫療，其平均壽命也是拉丁美洲國家中最高之一。

古巴目前有約一千一百多萬的人口，城市人口占百分之七十，哈瓦那約有二百萬人口。古巴人口中有百分之五十一爲黑白混血（mulatos），百分之三十七爲白種人，黑人占百分之十一，華人則占百分之一。

古巴人生性樂天知命，愛開玩笑。他們認爲生活就是一連串的玩樂與節慶，這樣的態度很可能源自西班牙安達魯西亞及非洲黑人的特質，並由古巴人加以融會貫通，發揚光大。

一九二一年西班牙的經濟危機，造成大批的西班牙勞工和中產階級移民古巴。他們很快且完全融入古巴的日常生活，甚至比土生的古巴人更熱愛這塊土地。一九二〇及三〇年代，古巴興起研究古巴黑人風（afrocubano），特別是在詩、音樂和舞蹈等方面的表現。

古巴人的外向性格，也展現在他們偏愛用「你」稱呼對方。不論對方的社會階級、職業乃至

外交頭銜，古巴人一認識對方就喜歡稱兄道弟，用「你」直呼對方，但這並非代表不敬，相反地這是拆除了横在雙方面前的藩籬，顯示出古巴人總是殷勤且和藹可親，將對方當作老朋友般的對待。

二、多明尼加

(一)地理與氣候

「多明尼加」在拉丁語中是星期日的意思。一四九三年十一月三日，哥倫布在第二次航行中發現這個地方，正是星期日，這就是多明尼加國名的由來。

多明尼加位於西半球的西經六十八度至七十二度、北緯十八度至二十度之間的西班牙島（Isla Española），南瀕加勒比海，北臨大西洋，西與海地共合國接壤，東端隔莫納海峽與波多黎各島相望。多明尼加占西班

圖7-10 多明尼加原始美麗海灘（簡緯存攝）

牙島面積的三分之二，全國分為二十六個省及首都特區。領土總面積四萬八千四百四十二平方公里。

多明尼加全境東起恩加尼奧角，西至海地的邊界，東西相距四百一十八公里。南北之間最大寬度在西部，從西北的蒙特克里斯提至西南的貝爾塔角為二百七十三公里。全境的海岸線有一千五百餘公里，海岸線漫長，形成眾多景緻優美的海灘地帶。此外，由於位居海島，對外交通靠港口與海灣。

地形上，多明尼加共和國是海地的延伸。多明尼加全境地高山多，主要有中部、北部和東部山脈，全部為東西走向，地形複雜，有多山島國之稱。雨量也和海地一樣，短距離內就很大的區別，最低的有六百公釐。但多明尼加的環境比海地有利，較有利於農作物的種植，面積也較大，人口則較少。多明尼加的山脈為山谷及平原地區的農業提供便利的灌溉條件。山脈間有肥沃的谷地，其中以中北部錫瓦奧谷地最為寬闊，是主要農業區。東南部有較大的平原，西部有大片乾旱沙漠。

多明尼加地處熱帶，由於受季風的影響，氣候具有溫差小、雨量大、溼度高、颶風多的特點。但全境也不平衡，北部、東部屬熱帶雨林氣候，西南部屬熱帶草原氣候。全年溫差並不大，平均溫度為攝氏二十五度。最熱的是八月，平均溫度攝氏二十三度至攝氏三十一度，最冷的是二月，平均溫度為攝氏十九度至攝氏二十八度。年降雨量東北部為二千公釐，西部一千公釐左右。三月分平均降雨量只有十九公釐，六月分平均降雨量卻有一百八十五公釐，常遭颶風襲擊。

(二)政治發展

多明尼加獨立後，政局長期不穩定，後來又有兩大暴君實行長期的獨裁統治，厄魯

（Heureaux）（一八八二至一八九九）統治了十七年；特魯希略（一九三〇至一九六一）則統治了三十一年。他們濫用親信，排斥異己，霸占土地，掠奪財富，嚴重阻礙多明尼加的經濟發展。此外，二十世紀初以來，多明尼加政府的對外政策都以美國馬首是瞻。特魯希略獨裁統治時期，更是積極追隨美國，敵視與破壞加勒比海地區的一切革命和改革活動。

特魯希略上台後，雖然以殘忍的手段不斷鎮壓人民，但是其政府卻一直受到羅馬教廷和多數多明尼加上流社會的支持，美國政府深知特魯希略獨裁政權極端殘忍的行爲，但是由於冷戰時期和古巴共產政權的崛起，美國需要得到特魯希略的支持，因此對其執政未多做干涉。但是在特魯希略於一九六〇年欲派人謀殺當時委內瑞拉總統羅慕洛・貝坦科爾特後，美國政府和特魯希略政權開始決裂，特魯希略本人亦於一九六一年五月三十日在美國中央情報局的策畫下於首都聖多明哥被謀殺身亡。

一九七八年，反對黨候選人古斯曼・費南德斯（多明尼加革命黨PRD）擊敗巴拉格爾而連任成功，成爲繼任總統。同一政黨的布蘭可在一九八二年競選總統成功。在多明尼加革命黨的執政時期八年間，多國的政治逐漸穩定，政府對人民的限制也逐漸放寬。

一九八六年，巴拉格爾再次競選總統成功，並表示要繼續保持與美國的盟友關係，加強對美經濟合作，美國是多明尼加的主要援助國，占援助總額的百分之五十六。一九九〇及一九九四年，巴拉格爾連任總統。但由於巴拉格爾在一九九四年的總統選舉過程中廣受批評，最後在國際及國內軍政方面的壓力下，同意於一九九六年重新舉行總統選舉。

一九九六年總統大選，曾在紐約長大、四十二歲的律師萊昂內爾・費南德斯（多明尼加自由黨PLD）大勝對手古斯曼・費南德斯（多明尼加革命黨PRD）。費南德斯政府執政後第一個月，便強迫十二位軍事將領退休，隨後要求國防部長改革軍政，不久後又撤換國防部長，造成民心惶惶，但向來有軍事叛變慣例的多明尼加卻反而毫無動靜。費南德斯總統在第一屆任內，大幅改善多明尼加的通貨膨脹、教育發展、失業率問題和環境衛生等方面。

二〇〇〇年總統大選，種植菸草起家的梅希亞（多明尼加革命黨PRD）競選成功。梅希亞上任後，開始削減政府預算並將民間汽油價格提高百分之三十，期望將增加的收入用於國家的福利政策。但是二〇〇一年美國九一一事件讓多國出口貿易和觀光事業大幅萎縮，加上二〇〇二年多國第二大銀行發生三十八億美元呆帳倒閉，梅希亞政府並沒採取任何措施，造成民生經濟衰退，多國披索曾貶到一美元兌換五十二貝索，民怨沸騰。因此，二〇〇四年總統選舉由最晚成立的多明尼加自由黨（PLD）的費南德斯當選，自由黨從此變成多國政壇上的最大黨派。二〇〇八年費南德斯再度連任總統。

(三)物產與經濟

多明尼加全境多山，山嶺多被森林覆蓋，擁有豐富的林業資源，樹木種類繁多，常見的是桃花心木、大王棕櫚。土生植物以龍舌蘭、長葉松、漆樹、野胡椒、菸草、木棉等著稱，外地引進的甘蔗、香蕉、紅薯、花生、咖啡、可可也適宜於培植與發展。

多明尼加淪為殖民地後，為適應統治者的需要，採金和甘蔗種植業首先興起，十六世紀下半葉，又發展以養牛為主的畜牧業。此外，美國也控制多明尼加大部分對外貿易。多明尼加百分之六十的出口都以低價銷往美國，然後又從美國高價進口近百分之八十的產品。

多明尼加屬半殖民地、半封建性質的落後農業莊園。農村人口約占百分之三十五，農村既是外國壟斷集團的原料供應地，也是推銷工業產品的市場。多明尼加以農業、農產品加工業爲主，主要農產品有蔗糖、可可、菸草和咖啡。該國石油資源匱乏，主要從委內瑞拉和墨西哥進口。旅遊業近年來發展迅速，是該國獲取外匯最多的部門，也是主要的就業市場。多明尼加對外貿易一直存在逆差，但因旅遊業以及海外多明尼加人的匯款而得以部分抵銷。

雖然多明尼加還保持西班牙的傳統，但與古巴相反，歐洲人極少。此島曾經一度被美國人占領（一九一六至一九二四）沒有多大發展，到一九三〇年交通運輸才大爲改善。實施土地改革、新地區不斷開發，使得大規模甘蔗農場林立。多明尼加共和國一方面希望多餘的甘蔗、可可和咖啡能夠出口，一方面希望稻米、香蕉等糧食作物甚至肉類能持自給自足，因此陷於如何使糧食作物和甘蔗的種植保持平衡的兩難境地。

自從古巴革命成功後，多國輸往美國的蔗糖量一直增加，其餘的輸出品有咖啡、可可等。這個國家版圖雖小，各地往來自如，但他的交通網是以首都聖多明哥（Santo Domingo）爲中心。多明尼加共和國也和其他島嶼一樣，缺乏工業動力。

此外，爲吸引外人投資，多國政府在全國各地設有加工出口區，二〇〇二年多國加工出口區的出口金額爲四十六億美元，爲多國主要外匯來源之一。一九八〇年代受到國際糖價大跌影響，加上美國經濟保護主義興起，造成蔗糖出口大減。此時多國開始大量開採國內礦產出口，一九八〇和一九九〇年代之間，黃金、銀、鎳和鋁等礦產出口量曾經占了多明尼加全國百分之三十八的生產毛額。一九九〇年代初期，多國的海岸線開始興建度假旅館，觀光服務業的就業人口開始取代了其他傳統產業。

一九八〇年代末至一九九〇年代，多明尼加經濟狀況動盪不安，這段期間國民生產毛額呈現過負百分之五的衰退和百分之百的通貨膨脹。二〇〇二年多明尼加第二大商業銀行Baninter銀行損失三十五億美元造成破產，使得二〇〇三年當年的國民生產毛額減少了百分之一，當年通貨膨脹曾達到百分之二十七。多明尼加自從二〇〇四年新政府上台之後，致力吸引外人投資，並加強改善投資環境，由於政局穩定，近年來外人投資已經大幅上升。投資環境的改善也吸引歐美等國廠商對多明尼加投資之興趣。

多明尼加的地理位置得天獨厚，加上目前政府和民間積極開發觀光發展業，二〇〇七年一至五月間，經濟成長率曾高達到百分之九．一，海岸線上到處都可以看到外國投資的度假休閒旅館。主要吸引了來自美國、加拿大和西歐的觀光客。目前多國服務業的工作機會有逐漸領先傳統農業，不過，多明尼加主要出口貿易項目以礦業爲主，農業次之。美國爲多明尼加的主要出口國，占總出口貿易百分之七十五。二〇〇四年多國的成衣出口額達到二十億七千六百萬美元，占了全國出口總額百分之三十六，其中百分之九十八銷往美國市場。由於多明尼加進出口貿易主要對象爲美國，美國經濟的好壞也直接影響到多國的經濟狀況，二〇〇七年多明尼加簽訂了中美洲自由貿易協定（CAFTA-DR）後，提供多明尼加更多對美出口的契機。

此外，多明尼加生活消費便宜，加上氣候溫和，許多美洲和歐洲的退休人士願意居住在多國人數逐漸增多，造成近幾年來房地產和建築業非常的發達。另外，多明尼加在國外的僑民寄回的外匯每年也將近三十二億美元，占多明尼加總國民生產毛額的十分之一強。目前多明尼加的外匯存底主要來源爲農業和紡織業出口，觀光服務業和來自海外僑民的匯款。

由於近年來經濟發展快速，多國長期基礎建設不佳，尤其是電力問題嚴重，造成電費偏高住戶偷電情況普遍，各家自備發電機情況普遍。首都的電力狀況還好，其他地方停電問題仍然存在。多國的石油和天然氣幾乎完全依賴進口。雖然海外僑民匯入大筆外匯，而且觀光發展外匯存底增加，但是多明尼加仍須仰賴世界銀行和其他國家經濟援助與借貸。

多國政府官員貪汙嚴重，使得公共預算多遭浪費，造成長年來地方基礎建設成長停滯，學校及醫院人員薪資偏低，每年各地的大小抗爭罷工事件不斷上演，是多明尼加社會隱憂之一。多明尼加貧富不均的現象也造成了經濟發展的限制。

(四)人口與特質

多明尼加人口為九百三十多萬人，其中黑白混血人口最多占百分之七十三，白人及黑人各占百分之十六及百分之十一。城市人口占百分之六十五。居民以信仰天主教為主，占全國人口的百分之九十三・七。首都為聖多明哥，位於該國南部，瀕臨加勒比海，人口約二百五十萬人。由於人口大幅成長，迫使許多該國人民移民美國，並將在美國所賺的錢匯給在多國的親人，因此，僑匯已成為多明尼加很重要的外匯來源。

多明尼加於一八四四年十一月六日正式獨立。官方語言為西班牙語，但也有一部分人說法語和英語。首都聖多明哥，曾是西班牙美洲殖民帝國最早的統治中心，也是西半球最古老的一個城市。

多明尼加的政治體制是一個統一的共和國。國會由參、眾兩院組成。參、眾兩院議員都由普選產生，任期四年。總統每四年改選一次。一九六一年五月特魯希略（Trujillo）被刺身亡，長達三十年的特魯希略家族的獨裁統治才告終止。

多明尼加人性情開朗，酷愛音樂和舞蹈。大大小小的喜慶活動都少不了舞會。街頭巷尾隨時可舉行即興舞會。周末則在酒店裡邊飲酒、邊跳舞，有時通宵達旦。星期天城鄉人們都不工作，不論男男女女都打扮得漂漂亮亮，在外遊逛，黑人男子甚至還戴上大如錢幣的白色耳環外出遊樂。

多明尼加以梅朗格舞曲（merengue）及巴恰塔舞曲（bachata）兩種音樂聞名。這兩種音樂風格風靡整個加勒比海地區和拉丁美洲。多明尼加人從小受到音樂的影響，不管是從計程車上，公司行號裡甚至到鄉村裡的雜貨店小攤，處處都可以聽到輕快又大聲的音樂，尤其是到了周末，大街小巷裡隨時隨地都可以聽到音樂。

梅朗格舞曲是非洲和西班牙歌曲混合而來，據說是早期黑奴多遭到地主壓榨勞力，爲了防止奴隸逃走，往往將兩個人的腳用腳鐐銬在一起，以利採收甘蔗，因此搭配鼓聲，奴隸們隨著鼓聲，讓兩個人拖著腳步一起採收甘蔗。一九二〇年代多明尼加人Lora正式把此舞曲定位，多國獨裁者特魯希略於一九三〇年代把梅朗格舞曲推廣到全國各

圖7-11　多明尼加小孩與青年大使團合影

地，由於其舞曲輕快，很快就傳遍各地。演奏梅朗格舞曲的樂器主要有沙鼓、小喇叭、手風琴和多國特有的鐵刷（güira）。一九八〇年代和一九九〇年代，多明尼加移民把梅朗格舞曲傳到國外，而逐漸的流行到美國東岸各大城市。

至於巴恰塔舞曲是於一九六〇年代興起於多國北方的鄉村地區，其歌曲比較偏好敘述愛情方面，尤其是描述分手和悲傷的情感，曲調比梅朗格舞曲慢許多。巴恰塔舞曲主要是以傳統吉他伴奏。一九六〇年以前，由於獨裁者特魯希略偏好梅朗格舞曲而讓巴恰塔舞曲受到壓抑。一九八〇年代後，巴恰塔舞曲從電台登上電視台，加上後來電子吉他取代傳統吉他，使得巴恰塔和梅朗格音樂成為主流。九〇年代後，巴恰塔和梅朗格舞曲開始混合，逐漸在世界音樂舞台流行。

第八章　中美洲諸國

第一節　緒論

中美洲土地狹長，從北到南共有二千公里。從一九〇〇年起美國與中美洲之關係逐漸密切，並在一九二二至一九三三年間於尼加拉瓜及瓜地馬拉有海軍常駐，所以美國在許多場合總是干涉中美洲各國事務。一般而言，中美洲各國特別是瓜地馬拉，對工業較爲進步的墨西哥存有戒心。此外，宏都拉斯和尼加拉瓜邊界糾紛仍懸而未決。在某些方面，中美洲似乎是拉丁美洲的縮影。

中美洲位於北緯八度至十八度的熱帶地區，東臨加勒比海，西濱太平洋。內陸高原是人口密集區，其他大部分地區爲稠密森林，乾燥地區有限。本區由瓜地馬拉、貝里斯、薩爾瓦多、宏都拉斯、尼加拉瓜、哥斯大黎加以及巴拿馬等七國組成。

農業是中美洲主要的經濟活動，實際上本區沒有重要礦產，也沒有大規模的工業。另外，中美洲人種複雜，瓜地馬拉主要由印第安人和印歐混血組成，其他國家大多爲印歐混血，而哥斯大黎加主要爲白人。此外，從西非引進的黑人主要分布於加勒比海沿岸和巴拿馬地區。除哥斯大黎加外，一八二一年獨立後，很少有外來移民進入中美洲。

一般而言，中美洲的歷史並無特殊之處。北部爲馬雅文化發源地，由於和十六世紀從墨西哥和巴拿馬移入的西班牙人混血，當地印第安人漸漸減少。中美洲由於缺乏礦產，不足以吸引歐洲人，且在殖民地時代和十九世紀時，仍以農業爲主。從南瓜地馬拉經薩爾瓦多延伸到宏都拉斯的南部，是一個人口密度高的綿延地區，因此這三個國家的界線很難畫分。

中美洲自獨立後，勢力突然衰落，全區人口總和甚至比哥倫比亞少，而且其生產總值也不及委內瑞拉和智利。十九世紀，中美洲各國時有政治聯合。一八二三年墨西哥帝國瓦解後，中美洲地區組成聯合省，但於一八三八年瓦解，各國紛紛獨立。一九五一年，中美洲各國成立「中美洲國家組織」（La Organización de Estados Centroamericanos），但因存在諸多缺失，一九六二年由在巴拿馬簽訂的新憲章取代。一九五八至一九五九年簽定多邊自由貿易協定，並於一九六一年成立「中美洲共同市場」（Mercado Común Centroamericano），訂定共同對外關稅。巴拿馬雖參加，但並非完全會員國，哥斯大黎加爲了享有自由經濟活動，至一九六三年才成爲會員國。

本區最引人注意的問題是急需開通一條新運河，以代替現在的巴拿馬運河。總而言之，雖然中美洲是一個面積小，而且是一個低度開發的地區，但其戰略地位極爲重要。

中美洲諸國中，哥斯大黎加在經濟、社會和政治方面比其他國家進步；而巴拿馬由於運河關係，國民所得較高；至於薩爾瓦多及哥斯大黎加在工業方面稍具成就。一般而言，中美洲國家仍以農業爲主，咖啡、棉花和香蕉是主要農作物。

第二節　地理背景及農業

中美洲有兩個主要山脈地區，山脈之間是一片陷落低地，山脈地區並不綿延，輪廓也不清晰，但足以阻礙東西海岸大部分地區的來往。山脈地區也有許多高達五百至二千公尺的河谷與盆地，除尼加拉瓜和巴拿馬低地外，中美洲大部分的人口居住在高原的河谷與盆地。北部山區地勢較高，在瓜地馬拉境內有若干火山，高度在三千公尺以上。靠近太平洋的山地有比較狹窄而不綿延的低地，也有崎嶇的半島伸入海洋。由於分水嶺都逼近太平洋岸，所以太平洋方面的河流都非常短促。在加勒比海岸，東部地區和北部山地都非常破碎，但尼加拉瓜和宏都拉斯有廣大的平原。

由於高山盤繞且兩面臨海，中美洲氣候像墨西哥一樣複雜。某些地區氣溫隨高度而降低，除瓜地馬拉之外，最高的地方只是副熱帶氣候而非溫帶，平均年雨量幾都乎超過一千公釐，加勒比海沿岸和南部的太平洋岸則超過二千公釐。五月至十一月爲雨季，在加勒比海沿岸完全是熱帶雨林地區。在靠近較乾燥的太平洋方面，爲熱帶半落葉林區。實際上本區草原不多。中美洲的森林地帶比墨西哥多並大多是具有商業價值的硬木與軟木。臨加勒比海大部分地區不需灌溉，但靠近太平洋方面，目前已建造若干水利工程。

本區火山熔岩和沖積土壤非常廣大，這些構成農業的基礎。中美洲有二分之一至三分之二的人口仍然從事農業。在中美洲特別是瓜地馬拉土地集中於少數人的手中。薩爾瓦多因面積小，地主所擁有的土地並不多。而在哥斯大黎加，家庭農場非常普遍。中美洲大部分香蕉生產都由美國兩大公司（United Fruit 和Standar Fruit）所控制。實際上，除了薩爾瓦多，中美洲的土地只有一小部分是耕地。儘管中美洲地區的土地崎嶇不平且較爲貧瘠，但擴大種植和放牧的範圍，似乎是當務之急。

此外，中美洲的農業分爲三種型態，1.基本糧食作物如玉米、稻米、豆類、根菜類、塊莖，甚至於蔗糖，專供本地區消費；2.特殊作物，特別是咖啡、棉花、香蕉的種植，主供外銷；3.飼養牛隻。這三種型態，不但不互相排斥，而且同時集中於若干地方。

特殊的作物都是種植於最佳地區，而且必須靠近海港或交通便利處。咖啡質佳價高，主要分布於瓜地馬拉、薩爾瓦多和哥斯大黎加，約生長於六百至一千八百公尺。一八〇〇年和一八五〇年，德國人將咖啡先後傳入中美洲的哥斯大黎加、薩爾瓦多與瓜地馬拉，這三國咖啡的生產量占中美洲農產品總值的百分之四十至百分之五十。

而香蕉則是較晚才大力推廣，主供外銷。起初，香蕉幾乎都種在沿加勒比海地區，以利出口至美國，但爲了避免感染疾病，後來逐漸轉移到太平洋沿岸地區。目前，厄瓜多是中美洲在香蕉市場上的主要競爭者。在加勒比海岸原先種植香蕉的耕地，現在都改種可可和基本糧食作物。

中美洲原本以種植及出口咖啡和香蕉兩項經濟作物爲主，但二次世界大戰後，由於推廣其他作物，所以對於這兩種作物的依賴稍有降低。其他作物是指專供出口的棉花以及供本地消費的蔗糖、稻米和菸草。棉花主要種植於較乾燥的太平洋沿岸低地，特別是在薩爾瓦多和尼加拉瓜。

不過，中美洲許多地區，特別是瓜地馬拉、宏都拉斯和尼加拉瓜，經濟仍然非常落後，最多只能自給自足。而巴拿馬則嚴重缺乏糧食，必須仰賴大量進口以供運河區所需。其次，由於不太注重飼養與飼料，中美洲的牛隻品質較低。雖然，宏都拉斯和尼加拉瓜也輸出牛肉，但整個中美洲畜牧業仍欠發達。

第三節　工業、城鎮及交通

中美洲從事工業方面的大部分勞工，都與農產品加工有關。儘管咖啡種植面積小且散布於中美洲各地，但聖薩爾瓦多有一個極具規模的咖啡工廠，從事製造以供運銷美國。香蕉採摘與裝箱運銷等作業以迅速爲原則。但棉花、菸草和其他作物需經過加工處理後才可外銷。

中美洲工業大多是小規模加工業和製造業，缺乏現代化設施。而缺乏大規模工業的原因，是因爲缺少廣大市場及大量礦藏。但本地區長期經濟落後，以及始終脫離不了以農業爲主的經濟模式，也是重要因素。由於缺乏動力、資本和工業技術，使中美洲與較貧瘠的加勒比海島嶼區的經濟一樣落後。

雖然黃金產於尼加拉瓜且爲主要輸出品之一，煤鐵產於宏都拉斯，石油產於瓜地馬拉，但與其他地區比較，中美洲並不具重要地位。事實上，中美洲有巨大的水力發電潛力，但並未積極開發。此外，除了巴拿馬有較具規模的煉油廠外，其他國家規模均極小。另外，中美洲各國的製造業產品雷同。

薩爾瓦多地狹人稠，是中美洲人口最密集的地區，對中美洲整個市場極具吸引力。再者，中美洲並未高度都市化。此外，其城鎮規模小且大部分位於高地。

爲了解決貨物運輸以及人員的大量往來，建立及改善鐵公路網仍是中美洲各國政府的當務之急。第二次大戰起，爲加強各國聯繫以及運送戰略物資，美國投入大量資金於中美洲建設從墨西哥邊境至巴拿馬的泛美國際公路。目前，各國間的往來，仍嚴重依賴這條公路。各國首都間的迅速聯絡以及和更偏遠地區的聯繫，航空運輸仍扮演重要的角色。

瓜地馬拉最大的特色是人口集中於高地，而且貧窮的印第安人和黑白混血人種以種植糧食作物爲生。首都瓜地馬拉市，發展迅速並擁有全國百分之十的人口，但沒有工業。北部廣大森林區至今甚少開發，瓜國政府計畫移民十萬家庭從事開墾。

薩爾瓦多，因爲地狹人稠，沒有新土地可以種植，所以對現有耕地壓力很大，糧食需要進口，迫使許多居民移入鄰國宏都拉斯。事實上，薩爾瓦多因有充裕的勞工，具備工業化條件。咖啡的種植和美國的援助使得資本充足，製造業成長驚人，目前正積極地改善並充實高等學校的設備，以造就工業人才。

宏都拉斯的問題，積弊甚深。人口多集中於加勒比海岸的汕埠（San Pedro Sula），首都地位孤立，與外界隔離。香蕉是北部的主要輸出品，而且北部大多是農業部落，都以飛機及貨車與中西部聯絡。宏都拉斯擁有森林、牧地、礦產等多項資源，但百分之八十以上人口分布於鄉村且密度小，如何改善經濟環境是該國最頭痛的事情。再者，汎美國際公路僅通過該國的極南部。

而尼加拉瓜雖然面積在中美洲最大，但人口集中在靠近馬納瓜及尼加拉瓜等大湖周邊的低地。該國不產香蕉，棉花爲主要經濟作物。至目前爲止，加勒比海沿岸仍然甚少開發，至於內地只有少數的森林和畜牧。

至於哥斯大黎加和巴拿馬的人口組成分子與中美洲其他地區不同，咖啡及香蕉是其主要輸出品，歐洲農民遍布於整個哥斯大黎加。至於巴拿馬在西部太平洋方面，人口主要由農業部落所組成。在中部則大多是運河從業人員。

第四節 經濟整合與對外貿易

中美洲經濟整合儘管艱難，但於一九六〇年已有具體的行動與成果，如降低內部關稅，統一貨幣等。中美洲泛美國際公路的完成以及航空公司的成立，有助於彼此間更進一步的了解與合作。事實上，中美洲的電力若能聯合經營，統一管理，除可避免行政上之衝突，也能解決長期以來經常缺電、斷電之苦。

中美洲國家整合具有悠久的歷史，共同使用西班牙語是其最有利的因素。但反對整合的人士認爲各部落距離遙遠，而且各國產品大致相同，互補性小，而且彼此貿易少，這破壞共同市場存在的理由。

美國是中美洲國家的主要貿易對象，但其雙邊貿易量於一九六〇早期日趨減少，而與德國、日本的貿易則日漸增加。此外，除由委內瑞拉進口石油外，中美洲與拉丁美洲其他國家的貿易極少。

雖然近年來對於咖啡和香蕉的依賴已日趨降低，但其產量仍超過需求。整個中美洲的命運多少和運河有關，由於運河的特殊地位，所以巴拿馬長久以來都不願成爲中美洲國家整合的成員，直至二十一世紀初才加入。運河最大功用在將太平洋與大西洋連爲一體，於一九〇四年開鑿，一九一四年完成，但於一九二〇年才正式營運。加勒比海岸的科隆是自由貿易區也是重要貨物轉運站，它同時也是工業區，附近並設有煉油廠，是巴拿馬重要市鎮。

第五節 各國風情

一、瓜地馬拉

(一)地理與氣候

瓜地馬拉是中美洲國家中，位置最北也是人口最多的國家。此外，它也是美洲文化最古老的地區之一。它的北部和西部與墨西哥相鄰，東南連接薩爾瓦多和宏都拉斯，東北鄰貝里斯，西南瀕太平洋，東部少部分地區臨加勒比海。

瓜地馬拉一詞來源於印第安語，意爲「森林茂密的地方」，因此被稱爲「森林之國」。在北部遼闊的佩騰（Petén）低地，雨量充足，氣候溼潤，至今大部分地區仍被原始茂密的熱帶雨林所覆蓋。中部火山帶以南是太平洋沿海平原。由於肥沃的火山土和適宜的氣候條件，使各種樹木繁茂生長。這裡盛產桃花心木、雪松等名貴木材。近年來，由於亂砍濫伐，森林資源遭到很大破壞，目前約占全國土地面積的百分之四十。

瓜地馬拉屬熱帶、亞熱帶氣候。沿海平原和低地屬熱帶雨林氣候，終年炎熱多雨；高原和山地屬亞熱帶森林氣候，涼爽而溫和。由於地形複雜，從沿海平原到高山地帶，氣溫大至成階梯狀分布，海拔越高的地區，溫度低且溫差大；若以高原和低地來區分，高原的年均氣溫爲攝氏十六度至攝氏二十度，低地爲攝氏二十五度至攝氏三十度。但各區的降雨量在各季節大致相同：五至十一月爲雨季，十二至次年四月爲旱季。東北部年均降雨量爲二千至三千公釐，南部爲五百至一千公釐。

瓜地馬拉領土面積十萬多平方公里，全國區分爲二十二省，三分之二是山地。首都是瓜地馬拉城，今天的瓜地馬拉城是一九一七年十二月地震後重建的。瓜地馬拉人口一千五百〇八萬，其中百分之五十三是印歐混血，百分之四十四是印第安人，其他是少數的白人。印歐混血人種大半是小資產階級、城市的商人和手工業者；印第安人大半是種植園中的雇農、林場工人、佃農和債務奴隸。在東部沿海香蕉種植園中，還有少數從加勒比海遷來的黑人。

瓜地馬拉地處中美洲地震帶中心，全國有三十多座火山，破壞性地震經常發生。該國全境分成大小相等的兩個區域：一個是北部的低地區，屬熱帶、多雨區；另一則是較涼爽的高山區，此地住有百分之八十三・三的瓜地馬拉民眾。高山地區是一連串的火山地形，中間有許多肥沃的火山岩谷地，是瓜國咖啡主要生產地。

(二)經濟情勢

瓜地馬拉的經濟以農業爲主，主要生產及出口的產品，依序爲咖啡、蔗糖、香蕉和棉花。木材以桃花心木最有名。至於礦產方面，雖然地下蘊藏金、銀、鋅、石油等礦產，但很少開發。瓜國擁有豐富的旅遊資源，火山湖泊的自然風光，隨處可見的古代馬雅遺蹟，吸引大量外國遊客。

瓜地馬拉獨立後，在自由黨人推行經濟民主化後，經濟有一定發展。從十九世紀中葉起，德、英、美等國資本相繼滲入，開闢了許多咖啡種植園。特別是大批德國移民湧入瓜地馬拉，他們不僅擁有最好的咖啡園，而且壟斷了該國的咖啡出口市場，並使咖啡成爲瓜地馬拉的經濟支柱。第一次世界大戰爆發後，德國的優勢逐漸喪失，美國取而代之。

十九世紀末二十世紀初，美國全力發展香蕉等熱帶水果生產，控制瓜地馬拉的經濟命脈。瓜地馬拉全國百分之九十二的香蕉生產，百分之八十七的鐵路和百分之七十以上的發電量都掌握在美國公司手中。同時，美國還操縱該國的港口海運、電報和外貿等部門，造成瓜國經濟畸形發展，只發展咖啡、香蕉和棉花等單一的出口作物。

瓜地馬拉是一個以農業為主的發展中國家。全國有百分之五十以上的人口從事農業，可耕地占全國總面積百分之十五左右。但土地集中在少數地主手中，占農戶百分之〇·一的大莊園主，卻占有百分之四十以上的農田。瓜地馬拉農業經濟具有由美國經營的大型熱帶作物種植園與原始的小農經濟並存的特徵。

瓜地馬拉是中美洲第二大咖啡生產國，小豆蔻出口居世界首位。瓜國還大力發展棉花種植業，已成為世界新興的產棉國。當然，香蕉歷來都是該國重要的出口農產品。糧食作物主要有玉米、高粱、水稻、豆類等。

畜牧業和林業也有一定發展。東部和南部高原地區有大片牧場，在大部分濱海地帶和太平洋平原的大莊園，多從事牲畜飼養業。該國盛產的桃花心木、杉木、人心果樹等貴重木材都具有很高的經濟價值。

瓜地馬拉的工業基礎仍然薄弱，本國工業以食品、木材加工、造紙等為主，但工業大部分被外資控制。

一九八〇年代中期以來，瓜地馬拉的旅遊業快速發展。主要旅遊景點有殖民古城安提瓜（Antigua），提卡爾（Tikal）、奇奇卡斯提南戈（Chichicastelango）等馬雅文化遺址及部落，以及阿蒂特蘭火山湖（Lago Atitlán）等奇異風光。

瓜地馬拉由於工業基礎較弱，出口的主要產品為咖啡、棉花、香蕉和肉類等農產品，而進口主的要商品多是消費品、機器設備、建材、化工等製成品。外貿長期逆差。主要貿易對象是美國、薩爾瓦多、宏都拉斯、德國、日本、墨西哥等國，其中最大的貿易夥伴是美國。

和其他中美洲國家一樣，在瓜國掌權的是少數的富有階級，大多數人都相當貧窮，瓜國貧富差距大。瓜國人口年成長百分之二・七，失業率百分之五，半失業百分之四十，文盲率百分之二十七。瓜國主要語言爲西班牙文和馬雅印第安語。在政治體制方面，瓜國是屬「總統制共和國」。正式國名爲瓜地馬拉共和國（La República de Guatemala）。議會爲一院制，議員任期四年，每兩年改選一半，總統由直接選舉產生，任期四年。

㈢古文明與風俗

瓜地馬拉是中美洲國家中印第安人人口比率最高的國家。印第安人在此創造了舉世聞名的馬雅文化，且至今他們還保留印第安人的風俗習慣。

馬雅印第安人的民族服裝色彩豔麗，美麗大方。婦女通常穿條紋花布縫製的長褲，再配上鮮豔刺繡的短上衣。但花色、圖案和配置各不相同，每個村莊都有自己的特點。男子的服裝也頗具特色，如在奇奇卡斯提南戈，男人身穿黑色短上衣和長及膝蓋的黑褲，用寬寬的紅纓穗鑲邊，胸前和後背有紅色的繡花，腰繫一條紅色的布腰帶，看起來十分漂亮。印歐混血人種通常都穿歐式服裝。

玉米與馬雅文明有密切關係。在印第安人心目中，人是神靈創造的，而玉米又是神靈用以創造人類的基本物質。因此，馬雅的社會、生產和宗教活動都以種植、培育、收割玉米爲中心。他們辛勤地挖掘運河水渠，大力發展玉米種植，使許多教士有空從事宗教和科學研究。一九六七年，瓜地馬拉作家阿斯圖里亞斯（Miguel Angel Asturias）榮獲諾貝爾文學獎，其名著《玉米人》

（Hombre de maíz）深刻描繪瓜地馬拉馬雅印第安人所遭受的悲慘命運。

風箏節是中美洲各國印第安人的傳統節日。每年的十一月，所有印第安人的村莊都要以放風箏來歡度節日。各地的印第安人都把放風箏作爲表達情懷的方式，但做法略有不同。居住在高原上的印第安人，把風箏當作悼念已故親人的祭品，他們最後將風箏收回燒掉，以表示對親人的懷念。有些印第安人，風箏節時，男人們群聚鄉村公墓的草坪上放風箏，表達對死者的哀思及對下一代的祝福；婦女們則在墓前獻上用鮮花和松柏製成的花圈。此外，風箏節也爲男女青年提供更多接觸與了解的機會，表達愛慕之情。

㈣與台灣經貿關係

根據瓜國中央銀行資料顯示，瓜地馬拉與亞洲主要國家進出口貿易比重很小，分別僅占進出口總額之百分之十二及百分之四·

圖8-1 瓜地馬拉古城安第瓜教堂

一七，且集中在少數產品項目。瓜國出口至亞洲國家產品以咖啡、蔗糖、蝦類、廢金屬、木材、塑膠原料、鋁、銅等少數產品爲主。瓜國自亞洲國家進口產品亦同，如自日、韓兩國進口均以車輛占絕大比例。瓜國自我國進口額爲一億二千多萬美元，產品以塑膠原料、紡織布料、電機、車輛、化工產品、玩具等爲主，均爲小量。

台瓜兩國經貿交流順暢，尚無重大經貿議題存在。台瓜自由貿易協定（FTA）係我國繼巴拿馬之後與中美洲國家簽署的第二個自由貿易協定，同時是瓜地馬拉與亞洲國家所簽署的第一個自由貿易協定，深具意義。唯兩國距離遙遠，加上瓜國市場規模較小及出口產品以農產品爲大宗，因此雙邊貿易量不大。

由於瓜國出口至亞洲國家產品項目極少，主要爲咖啡、蔗糖、廢金屬、木材等項目，協助瓜國研發適合輸出亞洲產品，改善其包裝，提升產品質量，以及產品競爭力爲瓜國當務之急。

又中國大陸已超越日本成爲世界第二大經濟體，瓜國以及中美洲其他國家皆對中國大陸廣大之消費市場寄望甚高。瓜國工業發展較弱，中國大陸製品充斥市場，因此瓜國應加強產品多元化，提升產能，才能將產品打進亞洲市場。

二、宏都拉斯

㈠地理與氣候

宏都拉斯曾是古馬雅王國的一部分，一五〇二年哥倫布第四次航行到達宏都拉斯附近沿海，遇到深淵，故稱此地爲宏都拉斯。因爲西班牙語宏都拉斯即「深度」或「無底深淵」之意。

宏都拉斯爲中美洲第二大國，位於西經83°15'至89°30'，北緯12°59'至16°01'之間，呈三角形，北瀕加勒比海，海岸線長約八百八十公里，南邊有狹小處瀕太平洋豐塞卡灣（Golfo de Fonseca），東南與尼加拉瓜接壤，邊界線長九百二十二公里，西北臨瓜地馬拉，西南和薩爾瓦多接壤，邊界線分別爲二百四十八和三百三十五公里。整個國土面積爲十一萬二千四百九十二平方公里。全國畫分爲十八省，首都是德古西加巴（Tegucigalpa），最大工業城市爲汕埠（San Pedro Sula）。

宏國是中美洲山脈最多的國家，內地爲熔岩高原，沿海爲平原。全國可分爲三大地理區。一是中部山區，地勢由西向東傾，海拔從三百公尺到三千公尺不等，最高山峰海拔爲二千八百四十公尺。這一地區集中了宏國主要採礦業和畜牧業，全國百分之七十的人口居住於此。其次是北部沿加勒比海低地。這裡河流縱橫，土地肥沃，有該國最繁忙的港口科爾特斯，以及整片的香蕉種植原。宏國的輕工業和加工業也大都集中在這一地區。最後是南部太平洋沿岸低地。這塊土地僅占全國面積的百分之二，但畜牧業發達，毗鄰的山坡地是該國主要的咖啡產區。

宏都拉斯地形複雜，氣候多樣化。北部沿海地區屬熱帶雨林氣候，年平均溫度攝氏三十一度。中部山區則較涼爽和乾燥，屬亞熱帶森林氣候，年平均溫度攝氏二十三度。該國只有旱季、雨季之分。每年六至十一月是雨季，其他月分爲旱季。雨季期間雨量充沛，北部沿海地帶和山地迎風坡年降雨量可達三千公釐。旱季平均氣溫相對略高一些。

宏都拉斯的人口約八百四十五萬，其中百分之九十以上是印歐混血，土著約百分之七，黑人與白人各占百分之二及百分之一。宏國人口分布極不平均，大部分居民集中在加勒比海沿岸和西部高原河谷區，其餘大部分地區人口非常稀少。在宏國有百分之九十四的人民信仰天主教，其餘為基督教。官方語言為西班牙語，文盲率約百分之二十七，失業及半失業率各占百分之十五及百分之四十。

一八二一年九月十五日，宏都拉斯擺脫了西班牙的殖民統治，並加入墨西哥帝國，但僅幾個月後，該帝國瓦解。一八二三年宏國加入中美洲聯邦。一八三八年五月三十一日聯邦解體，宏國成為獨立共和國。

㈡經濟情勢

從一八四〇年代起，英國和美國勢力逐漸進入宏國。在一八四〇至五〇年代，英國曾占領宏都拉斯北部沿海部分領土和島嶼，同時英國資本開始大量進入宏國。一八五〇年，美國與英國簽署克萊頓——布爾沃條約。結果，英國於一八五九年將所占領的土地歸還宏都拉斯。之後，美國資本也開始大舉進入宏都拉斯。一八八四年美國與宏國簽訂條約，規定美國公司享有租用鐵路和香蕉種植園土地的特許權。

宏都拉斯是農業國，可耕地占全國面積的百分之三十七，就業人口中百分之六十從事農業。農業產值占國民生產總值的三分之一。香蕉和咖啡是最主要的農產品。香蕉主要產地在北部沿加勒比海一帶。由於氣候、土壤等條件適宜，這一地區除香蕉外還種植咖啡、甘蔗、玉米等其他作物。此外還有各種蔬菜和熱帶水果。

宏都拉斯的主要出口產品依序為：咖啡、香蕉、龍蝦、冷凍肉品等。進口主要是食品、燃料、化學品、機器設備、車輛等。宏都拉斯整個出口中農產品占百分之七十九，工業品占百分之二十一。森林占全國面積百分之四十五，盛產松木、杉木和紅木。該國糧食不能自足，必須依賴進口。宏國大力發展旅遊業，尤其是大力發展北部海岸、海灣島嶼的旅遊以及該國與瓜地馬拉邊境馬雅文化科潘（Copán）遺址的旅遊。

宏都拉斯的經濟大幅依賴國際市場。國際市場價格的變化對該國經濟的發展有直接的影響。其對外貿易對象主要是美國，與美的貿易額占對外貿易額的一半左右。其次爲西歐國家，主要是德國、英國等。另外是中美洲其他國家以及日本等。

㈢風俗與文化

宏都拉斯人喜歡跳舞，舞會一般都延續好幾天，參加舞會的人都要穿上華麗的衣服。人們大都穿西裝，尤其在重要場合，穿西裝的人更多。印第安人在重大節日都穿自己的民族服裝。城市居民主要吃西餐，以稻米、玉米、豆類爲主食。飲料是啤酒、可口可樂、咖啡和玉米釀成的飲料。水果以香蕉、芒果爲大宗。宏都拉斯人的禮節與拉丁美洲各國相似，見面與道別都行握手與親吻禮。宏國有些印第安部落流行買賣與換妻的風俗，對買來或換來的妻子，可以再度將她進行交易。當地印第安男子一生可娶十幾個甚至更多的妻子。

隨著西班牙人的到來，至今仍隨處可見歐洲文化，特別是西班牙文化對宏國產生重大影響。在西班牙對宏國三百多年的統治時期，殖民地教堂逐漸取代印第安人的廟宇。宏都拉斯的文化，包括繪畫、文學、音樂和舞蹈等也逐漸地被歐化。然而十九世紀末起，宏國慢慢擺脫西班牙文化的影響。同時，隨著加勒比海黑人移民的到來，非洲文化也開始影響宏國文化。總之，可以說傳統印第安文化、歐洲文化和非洲文化融匯成當今宏都拉斯文化的特色。

(四)與台灣經貿關係

台灣與宏都拉斯雙邊貿易具互補性，但宏國本身市場規模不大，與我距離遙遠，且存在文化差異及語言障礙等因素，致雙邊貿易額成長必須靠政府單位大力促銷。

我國與宏國雙邊貿易成長空間仍大。近年來宏國持續鼓勵外資投資加工出口產業，目前加工出口區廠商主要從事成衣生產並外銷至美國市場，其所需原物料則由國外進口，此係我方出口機會。近年來宏國冷凍海產更超越距離之限制，出口到台灣，亦得利於我方之投資與開發。

雖然投資帶動出口效果大，但在宏國直接投資之複雜性與風險均較高，且傳統產業所需人力成本遠高於亞洲低成本國家。就貿易合作對象言，當地台商應是合作與發展對象之一，唯應擴及當地所有具潛力之廠商。出口產品似宜擴及科技及專門技術。技術轉移交易、整合性行銷服務、研發合作等之方式均可考慮。

雖然如此，宏都拉斯與我國仍存在重要經貿問題。首先，爲因應陸商與韓商之競爭，台灣商人需明顯區隔定位。台灣商展團應向宏國商界強調與我進行貿易「機會多、利潤佳、互補性強」之訊息，且台灣廠商應展現其爲最具效率之亞洲產品整合性出口商，才能在宏國市場規模較小及其景氣不佳情況下，有效刺激宏國商人進口之意願。

其次，因語言隔閡與宏國洽談貿易溝通不易，且宏國市場潛力集中。宏國進口產品配銷中心集中在北部海岸商業重鎮汕埠市以及首都德古西加巴。台商宜在這兩個城市設置代理辦事處或是代理商，方能完全進入宏國內需市場。

再者，宏國極需我經濟援助。宏國爲我在中美洲之友邦，期盼我國提供各項經濟援助，改善宏國自來水、電力開發、水力灌溉、公路擴建、資訊系統及職業訓練等基礎建設。我國亦引導台商赴宏國投資，並提供技術移轉，以提高其生產能力。此外，台灣也派有農業技術服務團長駐宏國，提供蔬菜、水果、水稻品種改良、養豬、養殖魚蝦、配種之協助。同時，台灣也協助宏國提升農業及電力開發技術、提供企業經營輔導以及提供融資等多項協助。

三、薩爾瓦多

(一)地理與氣候

薩爾瓦多地跨西經87°40'至90°10'，北緯13°至14°30'，地處熱帶地區，北部與東北部分別與瓜地馬拉和宏都拉斯接壤，西南瀕太平洋，是中美洲唯一沒有瀕臨兩洋的國家。面積只有二萬一千多平方公里，是西語美洲面積最小的國家。領土主要部分屬火山高原，經常有地震與火山爆發。薩爾瓦多一詞就是「火山國」的意思。首都是聖薩爾瓦多（San Salvador）。

薩爾瓦多全境由南北兩條大致呈東西走向的山系和三個低地組成。北部山系是薩爾瓦多與宏都拉斯的天然疆界，它向南漸次走低。南部山系中，有二十多座火山，其中一些爲活火山。山系南麓是寬約十六至二十四公里的太平洋沿岸平原。平原約占全國面積的四分之一。

薩爾瓦多地處熱帶。雖然國土狹小，但氣候並不單一。低地和南部沿海平原氣候溼熱，屬熱帶雨林氣候。平均氣溫約攝氏二十三度，年平均降雨量約一千至二千公釐。大部分降雨量集中在五至九月。山地屬亞熱帶森林氣候，比較溫和溼潤。年平均降雨量在二千公釐以上。在海拔一千八百公尺以上高山地區，終年氣溫很少超過攝氏十八度，是個永恆的春天，為這個熱帶之邦造就了避暑的絕妙去處。

(二)人種與政治發展

薩爾瓦多人口六百一十五萬，人口密度在拉丁美洲僅次於海地，居第二位。居民中大多數是印歐混血占百分之九十四，印第安人及白人各占百分之四及百分之一，此外還有少數的黑人。

獨立後，薩爾瓦多曾長期由著名的「十四家族」為代表的土生白人大地主階級主政。這個統治階級分為保守黨與自由黨兩派。一八七一年以前，主要由代表大地主和教會的保守黨當政。此後，具有自由思想和改良思想的自由黨開始長期執政。在爭奪政權問題上，兩黨之爭常常借助軍事政變解決問題，其結果往往是實行軍人統治。

一九八〇年起，內戰長期困擾薩爾瓦多。長期以來，薩爾瓦多國內百分之九十的土地被十四大家族代表的寡頭勢力占據，廣大農民無地或少地。國民貧富懸殊，僅占人口百分之十八的富人占有百分之五十的國民收入，而占人口百分之四十的勞動者僅享國民收入的百分之七．五。自一九六七年起執政的全國協和黨和四位軍人總統，先後一脈相承地鎮壓民主運動，建立維護他們統治的恐怖部隊。因而一九七〇年代起，薩國游擊隊組織如雨後春筍。自一九八〇年代初起，薩爾瓦多革命民主陣線的武裝力量法拉本多．馬蒂民族解放陣線（Frente Farabundo de Martí para la Liberación Nacional）與政府軍進行長達十二年的內戰。以這個陣線為代表的游擊隊主要在該國北部和東北部農村活動。

總之，中美洲薩爾瓦多等國的長期內戰，在某種意義上，早已成為冷戰期間美蘇兩國爭奪戰略優勢代理人之間的殊死戰。不過，經過多方長期努力，薩爾瓦多長達十二年的內戰終於在一九九二年一月十六日簽訂和平協議，走向和平民主的進程。

㈢經濟情勢

薩爾瓦多土地肥沃，氣候良好是一個以農業為主的國家。從五月至十月是雨季，雨量非常豐富。在其他季節，雨量雖不多，但有河流和湖泊的灌溉，因此全國都適合熱帶及亞熱帶作物的生長。咖啡、蔗糖及棉花是薩國三大作物。其中咖啡和棉花是薩爾瓦多出口的支柱產品，一九八〇年這兩項產品出口占薩爾瓦多總出口額的百分之六十四。薩國也是世界上第七大咖啡生產國。

薩爾瓦多是個國土狹小的國家，自然資源相對較少。其農產品有玉米、高粱、柑桔、香蕉、稻米、豆類、酪梨、木薯和番茄；主要禽畜飼養有牛、豬和鴨。農、牧產

圖8-2　薩爾瓦多盛產的可可（林銘泉攝）

品僅供國內需要，其中穀物、乳類和乳製品甚至不足自給，略需進口。

在林業方面，薩爾瓦多的森林覆蓋率爲百分之十三．四，香脂樹及其製品是薩爾瓦多林木特產，保持傳統出口地位。因爲地處熱帶北太平洋海濱國家，商業性漁業生產在薩爾瓦多產業中占重要地位。主要的出口水產品是龍蝦和小蝦。其中向美國出口的小蝦其出口額中僅次於咖啡、棉花而居第三位。

人口快速成長，缺乏土地以及經濟上依賴咖啡出口，是薩國未來發展所面臨的三大問題。在美國合法及非法的眾多薩國移民匯回的僑匯對薩國經濟有莫大的幫助。

薩爾瓦多北部地區因不宜發展作物栽培業，於是大力發展畜牧業，形成極具優勢的畜牧業區。西部和中部地區適於種植咖啡，是咖啡種植園的集中地。東部地區地勢較平緩，水源充足，其優勢農業是棉花、稻米和甘蔗栽培業。至於南部沿海地區，理所當然地利用其捕魚優勢發展水產業。

農業是薩爾瓦多的經濟基礎，基本能滿足國內的糧食需求，還爲該國創造百分之九十的外匯收入，其重要性不言可喻。雖然薩國政府向來努力加強發展農業，但是，其發展一直受到土地制度的嚴重制約。目前，薩爾瓦多農業的土地制度由村社、大農戶、大莊園和外國資本經營的各種出口型農場交織並存。目前，薩國土地的主要特點是高度集中於少數寡頭階級手中。大莊園和種植園主僅占農戶的百分之二．五，卻占有農業土地的百分之五十九；小農戶占總農戶的百分之四十，卻只占農業土地的百分之四．五。

薩爾瓦多目前與許多個國家有貿易關係。發展外貿主軸在大力發展創匯農業，爲發展工業提供資金。主要貿易對象是美國、日本和中美洲共同體成員國。主要出口產品是咖啡、棉花、蔗糖、龍蝦等。

薩爾瓦多非常歡迎外資也積極促進外商投資。美國爲薩爾瓦多最大投資國，主要分布於銀行、煉油和機械製造部門。航空運輸、鐵路及大部分咖啡生產，大多在美國私人資本手中。德國、義大利等國在薩爾瓦多也有投資，日本對薩爾瓦多的投資近年來增長較快。

一次世界大戰前，德國資本已經對薩爾瓦多經濟產生巨大影響。因此，第一次大戰爆發後，薩爾瓦多成爲美洲各國中唯一拒絕與德國斷絕關係的國家。到一九四一年，在全世界反法西斯氛圍和美國的壓力之下，薩爾瓦多才追隨美國向德義法西斯宣戰。自此以後，美國取代了德國在薩爾瓦多的地位。美國對薩國的控制和薩國對美國的追隨日盛一日。此外，美國誘導薩爾瓦多簽訂許多軍事和貿易協定。

㈣風俗與民情

與拉丁美洲大多數國家一樣，薩爾瓦多信天主教的家庭的聖誕節慶祝活動往往綿延二十多天。聖誕夜是整個節日慶祝活動的最高潮。這天晚上，從遠方回來的遊子和與父母分家立業的兒女們，都攜帶節日禮物回家與長者團聚。人們在教堂裡做過午夜彌撒儀式後，才回到家中，享受豐盛的節日晚餐。即使最窮的家庭，這一餐也要設法準備幾道全家愛好的佳餚，其中必不可少的是火雞肉。

聖誕節晚上孩子們常玩一種「砸鍋」遊戲。所謂鍋，就是做成某類動物或其他奇特東西的形狀，裡面由大人們事先裝入要送給孩子們的食品、玩具之類的物品，外表用彩紙糊上。身穿節日盛裝的孩子們先是懷著期待的心情圍著「鍋」跳舞。後來，孩子們蒙上眼睛，手提木棒去砸那懸吊著的「鍋」，每人砸三次。當「鍋」被砸破後，孩子們便高興地蜂擁而上，搶拾那掉下來的食物和玩具。

圖8-3　薩爾瓦多白色教堂（林銘泉攝）

圖8-4　薩爾瓦多村落建築

薩爾瓦多人見面和告別時，除了互致問候外，常行握手禮、親吻禮。被邀赴宴時，一般都要帶禮物。薩爾瓦多婦女不願別人問及她的年齡及丈夫的情況。

(五)與台灣經貿關係

兩國進、出口產品種類少且變化不多。另外，薩國與我國仍存在重要經貿問題。首先，推動台薩自由貿易協定，因薩國工業產品競爭力不夠、適合輸出台灣產品少、輸台海運費用高以及我國對薩國貿易向來享有順差，而有其局限性。此外，中國大陸及亞洲競爭國崛起，也爲兩國未來貿易蒙上陰影。

再者，在台薩自由貿易協定中，薩國對我產品三千五百九十項立即免關稅待遇，唯仍有一千五百九十七項產品爲排除項目。部分農產品及汽車等產品進口仍課徵高關稅。而且，薩國對生鮮農牧產品、加工食品、藥品、及管制品槍械彈藥等進口手續繁瑣，需費時數月，造成不便。此外，我國加工食品輸薩，薩海關要求出具衛生署簽發之食品衛生檢驗證明書等，都是雙方極待克服與解決的貿易障礙。

四、尼加拉瓜

(一)地理與氣候

尼加拉瓜一詞，是根據西班牙征服前，當地印第安人尼加拉俄族（Niguiraos）演變而來；另說是因當時印第安部落中有一英勇驍戰的酋長名叫「尼加魯」，後來即以此爲國名。

尼加拉瓜位於中美洲中部，在西經83°15'至87°40'，北緯10°45'至15°之間。東臨加勒比海，西濱太平洋，北接宏都拉斯，南部與哥斯大黎加為鄰。尼加拉瓜面積十二萬多平方公里，其中陸地面積十萬九千〇四萬平方公里，湖泊面積一萬多平方公里，是中美洲面積最大的國家，但卻也是人口密度最低的國家，每平方公里只約二十六・四八人。東部海岸線長五百三十七公里，西部海岸線長三百五十公里。境內東西兩岸，都屬熱帶氣候，東岸是世界上雨量最多的區域之一，終年陰雨連綿。

尼加拉瓜可分為三個地理區域。1.西部地區，包括太平洋沿岸平原和近海低平山地。2.中部高原區，包括自西北向東南延伸的高山區。3.東部地區，包括加勒比多沼澤和叢林的沿海平原區。尼加拉瓜境內湖泊分布較廣，境內有尼加拉瓜及馬納瓜兩個巨大而著名的湖泊。尼加拉瓜湖水面高出海平面三十公尺，湖水經過聖胡安河注入加勒比海。尼加拉瓜湖面積約為七千七百七十平方公里，是中美洲最大的湖泊。主要河流大多集中在中部和東部地區且都流入加勒比海。

尼加拉瓜在太平洋沿岸一帶常有地震，它與火山活動有很大關係，也是岸外海洋深層斷裂的結果。

尼加拉瓜大部分的國土都是山區，特別是由一連串的火山所構成，不過火山的熔漿及灰燼卻讓北部低地區有著肥沃的土壤。在巴拿馬運河開鑿前，美國和英國就曾構想透過尼加拉瓜和哥斯大黎加的界河聖胡安河（Río San Juan）及尼加拉瓜湖建造溝通兩洋的運河，但並未實現，最近已開始建造。此外，為了平息格拉納達保守派人士及里昂自由派人士歷史上的爭端，尼國政府於一八五八年在兩城間建立了新都馬納瓜市。它位於馬納瓜湖西南隅的火山群中，是拉丁美洲最年輕的首都之一。

尼加拉瓜現有五百八十六萬人，其中印歐混血種人約占百分之六十九，白人為百分之十七，黑人及黑白混血為百分之九，印第安人為百分之五。尼加拉瓜城市人口比例比其他中美洲國家大，約占百分之五十四以上。全國人口分布極不平均，西多東少。有四分之三的人居住在靠太平洋這邊，主要是在湖泊周圍的肥沃平原及其相鄰的地狹和中部高原北部。西部地區的居民主要是白人及印歐混血人。白人是殖民者的家族和後代，一九七九年前他們多是上層大莊園主和工業或企業家，主要居住在城內。純種的印第安人在這個地區幾乎消失。而加勒比沿海低地居住著二十世紀早期移入的黑人。由於交通不便，尼加拉瓜東部與西部兩地區居民往來較少。官方語言雖是西班牙語，但黑人一般都說英語。

尼加拉瓜屬熱帶型氣候。年平均氣溫在攝氏二十五．五度左右，但是各地區不盡相同。海拔高度的變化是天氣和氣候複雜的重要原因。氣溫隨高度的增加而下降。尼加拉瓜全年分為兩季，雨季從五月至十月，餘為旱季。雨季時多熱帶陣雨，常伴隨有雷電風暴。太平洋地區年平均降雨量為一千公釐，大西洋地區平均為四千公釐。

(二)經濟情勢

尼加拉瓜也是以農業為主的國家，農村人口占百分之四十四。雖然二次大戰後，工業明顯發展，但全國仍有半數以上人口從事農業。農林漁牧業占國內生產總值的百分之三十一．三，從事農業的勞力占全部的百分之三十八．四。主要農作物有咖啡、棉花、蔗糖、香蕉和一些貴重木材，這些產品的出口是尼國主要外匯的來源。糧食作物有玉米、豆類和稻米。畜牧業較發達，肉類出口占出口總額的百分之二十。此外，菸草、海產品也占重要地位。礦產以金最有名，是中美洲產金最多的國家。

一九八〇年代，尼加拉瓜的貿易夥伴主要是西歐國家。在一九八五至一九九〇年，美對尼實行封鎖期間，尼國與前蘇聯建立密切的貿易關係。主要出口產品有咖啡、棉花、香蕉、蔗糖和肉類。主要進口物資是石油、原料、食品和機械。

尼國是個非常落後的國家，超過百分之五十的人口處於失業或半失業狀態。百分之九十五的人信仰天主教，百分之五爲基督教。文盲率約百分之三十四。總統六年一任，也是中美洲唯一兩院制的國家。

(三)民情風俗

尼加拉瓜是熱帶國家，白天氣溫相當高。平日，人們都喜歡穿細薄涼爽的棉織品服裝。城鎮中的男人多穿T恤衫或圓領衫。只有在極隆重的場合才穿繡花短袖衫「瓜亞貝拉」，穿西服的人較少。女人們都很注重打扮，貧富皆然，她們喜歡濃妝豔抹，戴著不同檔次的首飾。貧困人家的婦女大多在衣裙外再罩上一件自己縫製的綴著花邊的圍裙，這大概是常需工作的緣故。只有在節日或狂歡節時，人們才穿上民族服裝，並戴上各種複雜的頭飾和胸飾。

適婚年齡爲男十五歲，女十四歲。法定選舉年齡爲十六歲。男人平均壽命五十四歲，女人爲五十七歲。尼加拉瓜兒童夭折率較高，因此一般家庭都有五或六個以上的孩子。

另外，尼加拉瓜人喜歡定居一地，不願意遠走他鄉。因此，小城鎮大多有親屬關係。尼加拉瓜雖是信仰自由的國家，但尼加拉瓜人絕大多數信仰羅馬天主教。

外來文化影響當地宗教節慶典，格拉納達每年舉行「小鬼節」，演奏的是西班牙和印第安的混合音樂。印第安人藉此節日展示其特有的手工藝品。八月一日，首都馬納瓜慶祝守護神「多明哥」日。一大早，人們穿上絢麗的民族服裝，手執各式幡旗將「多明哥」神像從教堂抬出，按特定路線遊行，慶祝的音樂及舞蹈都或多或少融合西班牙風格。

在許多方面，尼加拉瓜深受西班牙殖民的影響，但運動除外。在西班牙和大多數拉丁美洲國家，鬥牛和足球是很普遍的體育活動，但尼加拉瓜民眾卻更喜愛棒球。星期天和節慶時，棒球比賽是不可少的一項活動，它還常為喜慶及婚禮增添熱鬧氣氛。

(四)與台灣經貿關係

雖然早在一九三〇年，台灣與尼加拉瓜已建立經貿關係，但一九八五年至一九九〇年間，因桑定政權採行社會主義而中斷，至一九九〇年底查莫洛總統上任後，積極開放市場，勵行民主政治，才又與我國復交，雙方經貿與投資關係快速成長。二〇一一年，我國與尼加拉瓜貿易創下十年來新紀錄，台尼雙邊貿易大幅成長，而且我國

圖8-5　尼加拉瓜國會大廈

成爲尼國產品在亞洲的第一大市場。

二〇一一年，伴隨經濟景氣復甦，我自尼國進口大幅成長，採購項目以金屬廢料居首。同時，因紡織成衣業者接單回穩，在尼國從事成衣加工外銷之台商業者所需纖維布料、拉鍊配件、紡織縫紉機器及零件、黏著劑、包裝塑膠袋及紙箱等自台灣進口亦大幅成長。

另外，我國與尼加拉瓜自由貿易協定關稅減讓有利雙邊貿易。一方面，尼加拉瓜對我國產品提供優惠；另一方面，台商可積極運用雙邊自由貿易協定的優惠，拓展優質平價產品的商機。

不過，雙方仍存在一些問題。首先，因尼國中小企業缺乏系統經營管理，對尼貿易宜審慎應對。第二，尼國海關及檢疫單位效率低落，造成台商在尼投資及貿易困擾。第三，尼國經貿法令更改頻繁，影響台商在尼國營運的穩定性。第四，尼國海關稅則項目分類不足，造成進口申報及課稅障礙。最後，尼國海關常以高價低報爲由拖延廠商進口報關程序。另外，治安惡化，形成台商營運疑慮，以及台尼自由貿易投資專章中「投資保護」功能仍待發揮，這都是有賴雙方積極解決的問題。

五、哥斯大黎加

㈠地理與氣候

哥斯大黎加是從西班牙語costa rica來的，即「富饒的海岸」。據說哥倫布在第四次遠航美洲時，於一五〇二年九月十八日抵達此地東部海岸，看到當地物產豐富，就驚訝地道出costa rica，後來就以此為國名。

哥斯達黎加位於中美洲地峽南部，在西經82°44'至85°59'、北緯8°02'至11°14'之間，北接尼加拉瓜，南接巴拿馬，西瀕太平洋，東臨加勒比海。全國面積五萬一千多平方公里，海岸線長一千二百二十八公里，其中太平洋海岸一千公里，加勒比海岸二百多公里。哥國人口四百六十多萬，是西語國家中僅次於巴拿馬，人口第二少的國家。

哥斯大黎加地形複雜。中美洲山系從西北向東南縱貫全境，將全國分為三大自然區：1.中部高原區，占全國面積的百分之四十。由北部的瓜納卡斯特山脈、中央山脈南部的塔拉曼卡山脈組成，中部夾雜著一些盆地，如卡塔戈盆地、聖荷西盆地。中部高原多火山，最聞名的是波阿斯火山，高二千七百〇五公尺；伊拉蘇火山，高三千四百三十二公尺，曾於一九六三年和一九六四年爆發。位於高原南部的大奇理波山，海拔三千九百二十公尺，是全國最高峰。2.太平洋沿海平原地區，約占全國面積百分之四十。西部海岸曲折，有許多半島和海灣。3.加勒比沿海低地，占全國面積百分之二十。多沼澤和熱帶雨林。

哥斯大黎加中央群山所形成的高原，是哥國人口最密集的地帶。此高原分隔太平洋與加勒比海岸的平地區，一般而言，太平洋海岸較加勒比海岸狹窄。哥國氣候大部分屬炎熱、潮溼的熱帶氣候。但中部高原全年平均氣溫是攝氏十九度，較涼爽。太平洋沿海平原地區土地肥沃，全年平均氣溫攝氏二十三度至攝氏二十五度，雨量充沛，年均降雨量達二千至三千公釐。西北部沿海地區雨量較少，每年有一個短暫的乾旱季節。整體而言，哥斯大黎加旱季、雨季分明。每年五至十一月為雨季，餘為旱季。加勒比海岸及低地區，平均氣溫攝氏二十二度至攝氏二十八度，年降雨量為三千八百至五百八十公釐，雨量相當豐沛，沒有旱季。

哥斯大黎加處於熱帶地區，兼有溫帶氣候。年平均溫度在攝氏二十二至二十七度之間。此氣候適合各種植物的生長，植物資源非常豐富，哥斯大黎加素有「美洲植物園」的稱號。全國森林密布，森林占國土面積百分之三十七．二，至今仍有許多原始森林。此外，哥國設有眾多的國家公園或自然保護區。而且，哥國有「四季長春的國度」和「美洲瑞士」的美稱。

哥國領土面積雖小，但它是白種居民占優勢的國家，約占總人口的百分之八十六以上；印歐混血占百分之六；黑人占百分之三，多數居住在利蒙省；印第安人占百分之二，多數居住在山區；華人、華僑約占百分之一，多數居住在各城鎮。大約有三分之二的哥國人民居住在中央高原地區，首都聖荷西（San José）也位在此區。哥國有百分之九十三的居民信仰天主教，文盲率低於百分之五。

㈡經濟情勢

就經濟結構而言，哥國與其他拉丁美洲國家一樣，仍保存著大土地產所有制，但是小農經濟也得到不錯的發展。雖然近年來電子產業大幅發展，但整體而言，哥國仍盛行單一經濟作物。出產以咖啡和香蕉爲主，糖次之。中美洲各國的咖啡和香蕉，都是由哥國往外推廣。

哥斯大黎加的經濟具有三個主要特點：⑴地理、氣候以及歷史因素造成三大經濟區域；⑵二次大戰後，經濟經歷迅速發展、嚴重衰退以及恢復與發展的三個階段；⑶不斷進行產業結構調整，單一農業經濟正向多樣化經濟轉變，以香蕉、咖啡爲主的傳統農業在國民經濟中的地位逐漸下降，工業、旅遊業以及非傳統產業蓬勃發展。

哥斯大黎加分爲三大經濟區。中央高原區是該國主要經濟區，公路網比較稠密且集中全國百分之五十七的人口，是主要的農業區和工業中心，生產哥國大部分的咖啡、蔗糖、可可及糧食等。其中聖荷西省就占全國咖啡產量的三分之一。全國百分之八十的工廠企業也分布在此區。而且首都聖荷西是全國政治、經濟、文化中心。

西部沿海區是熱帶草原和森林區，主要生產香蕉、咖啡、甘蔗、稻米、玉米。畜牧業發達，瓜納卡斯特省是主要養牛區，有許多大型畜牧場。該區森林多屬珍貴木材，有許多中小型木材廠。至於東部沿海區，有熱帶森林，種植咖啡、可可、香蕉。利蒙省是可可、香蕉的主要種植中心，利蒙港是主要港口。

二次大戰後，哥國的經濟發展可分爲三個階段，從戰後至一九七〇年代後期爲第一階段，一九七〇年代後期至一九八〇年代後期爲第二階段，一九八〇年代末以來爲第三階段。

第一階段是哥斯大黎加經濟快速發展時期。此階段，由於政府加強對經濟的干預，並將銀行、電力、鐵路收歸國有，採取了替代進口和出口多樣化的措施，並鼓勵發展新的經濟部門。一九六三年哥斯大黎加加入中美洲共同市場，擴大哥斯大黎加產品的出口市場。此外，外國投資增加，初級產品在國際市場的價格提高。

雖然此階段經濟發展較快，但由於依賴少數幾種農產品的經濟結構沒有根本改變，仍嚴重依賴世界市場，經濟情勢常受國際市場價格波動的影響。同時，重要經濟部門受外國資本控制，經濟基礎脆弱，易受資本主義經濟危機的衝擊。

第二階段是經濟嚴重衰退期。此時期，石油等主要進口產品價格上漲，而主要出口產品咖啡、香蕉等價格急劇下降。此外，一九八〇年代受中美洲地區衝突影響，旅遊收入減少，而且尼加拉瓜和薩爾瓦多等國大批難民湧入，加重哥國財政負擔。因此，人民生活水準嚴重下降，並出現三十年來最嚴重的經濟和貨幣危機。

第三階段是經濟恢復與成長時期。自一九八○年代末期以來，政府採取穩定宏觀經濟、調整經濟結構、發展非傳統產業、實行貿易自由化、擴大出口、整頓國有企業、改革稅收制度，以及大力吸引外資等政策。此外，由於中美洲局勢趨於緩和，哥斯大黎加旅遊業再次蓬勃發展，旅遊收入大幅增加。而且咖啡、香蕉等初級產品在國際市場上的價格提高，也使哥國出口收入增加。

一九五○年代以前，哥斯大黎加經濟嚴重依賴香蕉、咖啡、蔗糖等少數農產品，其他產業極爲落後。自一九六○年代以來，哥國歷屆政府採取各種措施，發展多樣化經濟。一方面，繼續重視發展香蕉、咖啡等傳統農業，同時大力發展熱帶水果、鮮花、蔬菜、編織業等非傳統農業。此外，也努力發展工業和旅遊業。

哥斯大黎加工業基礎原來很薄弱。自一九五○年代起，政府重視發展工業，一九五九年頒布工業發展法，在稅收、關稅、貸款等方面扶持民族工業，使工業得到較快的發展。一九九○年代以來，旅遊業已成爲哥斯大黎加創匯最多的產業。

對外貿易總額占哥斯大黎加國內生產總值的比例由一九八○年代的百分之五十左右提高至一九九○年代初的百分之七十左右。一九九○年代以來，主要出口產品是香蕉、咖啡、蔗糖、牛肉、服裝、水果、編織品、鮮花、鮮魚等。主要進口商品是機械設備、化工產品、建築材料、燃料等。哥斯大黎加主要貿易夥伴是美國、日本、西歐以及中美洲國家。

一九四九年哥斯大黎加廢除軍隊，將軍營改爲學校和博物館。此後歷屆政府都把發展教育放在重要地位，並將大量資金用於發展教育事業。此外，在中美洲國家中，哥斯大黎加比較重視公共福利和衛生保健事業，廣泛實行失業保險、養老金、住房津貼等制度。

在政治體制方面，哥國現行憲法是一八七一年頒布，一九四九年修改。國會是一院制，任期四年，總統由普選產生，任期四年，不得連任。

(三)觀光旅遊

首都聖荷西位於海拔一千二百公尺的中部高原峽谷中，氣候溫和。該市建於一七三六年，一八二四年成爲哥斯大黎加的首府。在市中心有一座著名的國家劇院科隆（Colón）。而彭塔雷納斯（Puntarenas）是哥斯大黎加西部太平洋沿岸的重要港都，也是有名的海水浴場。彭塔雷納斯是「沙灘之岬」的意思，海水浴場的規模頗大。

哥斯大黎加境內火山遍布，其中波阿斯火山和伊拉蘇火山最爲迷人。波阿斯火山位於首都聖荷西西部，高二千七百〇五公尺，是著名的旅遊勝地。而伊拉蘇火山位於聖荷西的東北部，曾於一九六三年和一九六四年兩次爆發。

哥斯大黎加是世界著名的生態旅遊區，它至今還保存了許多原始森林。森林裡有各種其他國家罕見的珍貴木材、奇花異草和飛禽走獸。政府十分重視保護自然環境和野生動植物，曾多次頒布法律，並建立了許多國家公園和自然保護區。

(四)風俗民情

哥斯大黎加人性格樂觀，熱情好客。他們非常注重得體的稱謂，對成年男子稱先生，對已婚婦女稱夫人或太太，對未婚男女稱少爺、小姐。此外，他們也喜歡別人稱呼他們的學銜或職銜。

哥斯大黎加人喜愛和朋友聚會聊天，而且會主動邀請至家中作客。對哥國朋友的盛情邀請，不可因客氣或其他考慮而謝絕，那樣會引起主人的不悅。到哥國朋友家中作客，要穿著整齊並帶鮮花、蛋糕，好酒之類的東西送給主人，而且婦女要化妝。開車離開時，應先搖下車窗，而後輕輕揮手向主人告別。

哥斯大黎加人的禁忌與西班牙等歐美國家一樣。人們普遍忌諱「13」和「5」這兩個數字，但喜歡「3」和「7」，認爲是吉利的數字。哥斯大黎加還有部分居民忌諱菊花，認爲菊花是專作祭祀用的物品，因此不能送他人菊花。另外，有很多人認爲打破鏡子是失去好運的徵兆。

(五)與台灣經貿關係

我國與哥國雙邊貿易穩定成長，二〇一一年雙邊貿易總額爲四億二千三百六十七萬美元，較二〇一〇年增加百分之三十五，其中二〇一一年哥國對我出口以積體電路爲大宗，單項產品即高占哥國輸我總值之百分之七十四．七；我國對哥國出口亦以積體電路爲大宗，獨占我外銷哥國總值之百分之五十四，故我與哥國雙邊貿易高度集中於單項資訊與通訊產品趨勢明顯，而伴隨國際經濟景氣復甦及資訊與通訊電子產業接單大幅成長，雙邊貿易亦隨之迅速增加。

二〇〇七年六月，兩國中止外交關係，我國撤館，此後即無任何官方接觸或雙邊正式活動。因爲雙邊未互設商務單位，影響文件驗證及商務推廣。

六、巴拿馬

㈠地理與氣候

巴拿馬共和國位於中美洲南端的巴拿馬地狹，全國領土被運河分割成兩部分。東部與南美洲的哥倫比亞接壤，西部與哥斯大黎加交界，南北分別瀕臨太平洋與加勒比海。在地理上，巴拿馬是中美洲的一個國家；但在歷史上，直到一九〇三年獨立前，它是南美洲哥倫比亞共和國的一部分。

巴拿馬領土面積爲七萬八千多平方公里，人口有三百五十萬，是西語美洲中人口最少的國家。居民中，印歐、印黑、黑白等混血人種占百分之七十，黑人占百分之十四，白人百分之十，印第安人占百分之五，其他還有少數的華人。百分之八十五以上的居民信奉天主教，另有百分之十五爲基督教。官方語言爲西班牙文，

圖8-6　典雅的巴拿馬鄉村教堂

但有百分之十五的巴拿馬人說英文或印第安語。這個國家面積雖小，獨立雖遲，但因巴拿馬運河，而有「世界的橋樑」之稱。

巴拿馬境內河流很多，雨量充沛，且由於地近赤道，全年氣溫很高。海岸地區是多雨的熱帶氣候，山區則是多雨的溫和氣候。境內多原始熱帶森林，盛產桃花心木和天然橡膠等貴重木材，森林面積約占全國總面積的百分之七十。物產以熱帶作物爲主，其中以香蕉最重要，可可、稻米、咖啡、橡膠、甘蔗及各種纖維植物的產量也不少。

巴國魚產也很豐富，在古印第安語中「巴拿馬」就是「豐富的魚」的意思。另一種說法則認爲巴拿馬在印第安語意爲「蝴蝶之國」，因巴拿馬境內的加通湖畔，到處彩蝶飛舞，形成蝶海，故有此稱。

(二)運河與經濟

巴拿馬全國的經濟活動主要集中在巴拿

圖8-7　巴拿馬運河

馬城到科隆之間的狹長地區，這裡的收入占全國總收入的百分之八十以上。在巴拿馬，運輸業扮演重要角色。由於巴拿馬工資較低，又不受國際航海公約約束，所以外國輪船公司在保留全部財產權的條件下，常將一部分輪船，主要是舊船改掛巴拿馬的旗號，所以巴拿馬被稱為「沒有商船的商船國」。

一九〇三年美國為順利取得運河的建造權，鼓勵巴拿馬人脫離哥倫比亞獨立，次年開始興築運河，一九一四年完工，一九二〇年正式對外開放。從此，巴國命運就與運河息息相關。不過，在巴國人民的努力下，巴國總統托里霍（Torrijos）與美國總統卡特在一九七七年簽訂條約。一九九九年十二月十四日，巴拿馬終於收回運河的經營權，美國勢力完全退出運河區。

二〇〇三年十一月三日，巴拿馬慶祝建國一百周年紀念，此時巴拿馬再度面臨因運河而產生的經營問題。在還未建築另一條運河前，巴拿馬在戰略及貿易運輸上仍將持續扮演重要的角色。

㈢風俗民情

巴拿馬的庫納人還存在內萊能吸菸驅病魔的習俗。內萊是指庫納人對有醫術者的敬稱。內萊分為巫醫、巫師和祭師。他們懂得草藥的療效，巫醫還能安定病人的靈魂，巫師會說魔語，祭師會操作制止各種流行病蔓延的儀式。為了制止疾病蔓延，由祭師下令封鎖全村道路，禁止出入，並將村民集中一處，在象徵病魔的模擬像前舉行儀式。參加儀式者均要吸菸，以驅逐病魔。

巴拿馬草帽，即寬邊帽。最早流行於拉丁美洲和南歐。其故鄉並非巴拿馬，而是厄瓜多。但因在巴拿馬轉運世界各地以及巴拿馬戴這種草帽的人很多，故稱之為巴拿馬草帽。這種以纖維或彩色禾桿編織，帶有黑色條紋或有花飾的寬邊上翹的草帽，由於作工精巧，樣式獨特美觀，暢銷世界各地。

巴拿馬男子穿「蒙圖諾」，即繡花並飾有垂纓的長衣和短褲。婦女穿寬大的花裙或繡花的薄紗短裙，披披巾，戴草帽。無論男女肩上都掛有一個名爲「恰卡拉」的掛包。在節日裡，富裕的婦女穿「波麗拉」，它是以白麻紗製作的短衫，飾有花與刺繡，沿領口有一條絨線，兩端打結，同時穿平底絲絨拖鞋，拖鞋的顏色與領口的絲絨相同。

「坦沃里托斯」是將舞蹈和音樂綜合在一起的農民祈求形式。其曲調與西班牙的民間音樂接近，跳法類似印第安人的歌舞。由一對穿著民族服裝的人表演，四周圍著一群唱歌的人，他們擊掌打節拍，等待下一場由自己表演。據說，這是源於黑人的舞蹈。

交際節是巴拿馬圭米部族的習俗，爲期三天，具體日期由各個部落決定，並由部落的族長負責組織。節慶前，獵手們積極捕獵，準備肉食；婦女則用甘蔗汁和發酵的玉米釀製烈酒。節日的第一天，遠地部落來客都在鄰近部落短暫休息，因女主人要精心打扮，晚上才能以盛宴招待客人。第二天舉行擲棍對抗賽。甲方將棍擲向乙方腿部，乙方背對甲方，但可轉頭窺視對方，以便躲避棍棒的撞擊，然後交換位置。每次對抗賽約有近百人參加，最多達一百五十餘對。第三天則進行拜訪、交流感情和互通有無的貿易活動。

㈣與台灣經貿關係

巴拿馬是我國在中美洲最重要貿易夥伴，台巴經貿關係密切。二〇一一年，台巴雙邊貿易總額達二億四千〇三十二萬美元，較二〇一〇年衰退百分之二十八；其中對巴拿馬出口一億九千六百三十八萬美元，較二〇一〇年衰退百分之三十二・三，自巴拿馬進口四千三百九十三萬美元，較二〇一〇年微幅衰退百分之二・〇，我國享有順差一億五千二百四十五萬美元，較二〇一〇年二億四千五百二十五萬美元之順差，衰退百分之三十七・八。二〇〇四年一月一日，我國與巴拿馬簽訂的自由貿易協定生效實施，有助提升雙邊貿易。

二〇一一年，我國出口至巴國的主要產品排依序爲CD及磁碟等儲存裝置、電扇、車胎、機動車輛之零組件、冰箱、膠帶、車燈、金屬墊片等。其中最大宗的CD及磁碟等儲存裝置達六千五百八十萬美元，占出口總額之百分之三十三；第二位的空氣壓縮機及風扇相關產品達二千三百九十五萬美元，占百分之十二・二；第三位的車胎達一千四百九十萬美元，占出口總額之百分之七・六。

另外，二〇一一年我國自巴國進口的主要產品依序爲鋼鐵廢料、冷凍去骨牛肉、冷凍蝦等。其中最大宗的鋼鐵廢料即達二千七百七十一萬美元，占進口總額之百分之六十三；其次爲冷凍去骨牛肉七百六十二萬美元，占百分之十七・三；第三位的冷凍蝦爲一百四十八萬美元，占百分之三・三七。

在兩國關稅依自由貿易協定降稅進程逐年調降及兩國積極推展雙邊貿易下，未來雙方貿易金額應可持續成長。另我國出口至巴國多爲工業產品，而巴國出口我國的貨品主要爲廢金屬及農畜水產品，因巴國本身生產量有限，短期內雙方貿易逆順差關係不易改變。

爲加強雙邊經貿關係，兩國自二〇〇二年十月開始進行自由貿易協定諮商，二〇〇三年八月二十一日簽署協定並自二〇〇四年一月一日起生效實施。該協定有助推動台灣與其他國家洽簽自由貿易協定，以建立我國對外經貿網絡。

此外，巴拿馬位居美洲大陸中心位置，服務業是巴拿馬經濟活動的主軸，而航運業又是該國重點服務業之一。優越地理位置讓巴拿馬成爲美洲最重要的轉口貿易重鎭，因此如何增進兩國廠商在貿易、投資、中小企業等方面之交流與合作是未來重要課題。

爲拓展巴拿馬及鄰近國家市場，外貿協會及中美洲經貿辦事處透過貿易訪問團、參展團、台巴貿易論壇及舉辦國際專業展等各樣活動，協助台灣廠商探尋商機，拓展當地市場。此外，台灣已與國立巴拿馬大學、國立科技大學及巴拿馬中小企業總署簽訂產官學合作協議，積極協助巴拿馬推動企業創新育成計畫及其他國際合作計畫。

第九章　安地斯國家（一）

所謂安地斯國家（Países andinos）是指國土全部或大部分位於安地斯山的國家，由北到南分別是：委內瑞拉、哥倫比亞、厄瓜多、祕魯、玻利維亞及智利等六國。

第一節　委內瑞拉

一、緒論

委內瑞拉位於南美北部。東鄰圭亞那，南與巴西交界，西與哥倫比亞接壤，北瀕加勒比海，面積九十一萬多平方公里。它是「美洲革命的搖籃」和獨立運動著名領袖玻利瓦爾（Simón Bolívar）的故鄉；更重要的是它因盛產石油被譽為「石油王國」。近年來，在國際事務中，委內瑞拉的角色愈來愈重要。

一四九九年，義大利航海家維斯普奇（Americo Vespucio）溯馬拉開波湖（Lago Maracaibo）而上，發現這裡的水上村落星羅棋布，頗似義大利威尼斯，便稱這一帶為委內瑞拉（Venezuela），西班牙語意為小威尼斯。這即是委內瑞拉國名的由來。

在哥倫布發現新大陸前，委內瑞拉是印第安人阿拉瓦克族（Arauaca）和加勒比族（Caribe）的居住地。一四九八年，哥倫布第三次航行抵達現在的委內瑞拉。一五二二年，西班牙在今天的委內瑞拉境內建立在南美洲第一個殖民地——新卡地斯（Nueva Cádiz）。一七一七年，西班牙成立新格拉納達總督區（Virreinato de Nueva Granada），規畫委內瑞拉爲其下屬的一個行省。由於這樣的歷史因素，委內瑞拉成爲種族的大熔爐，並擁有獨具特色的文化。

在西班牙近三百年的殖民統治時期，委內瑞拉的經濟以農牧業爲基礎。王室官員壟斷殖民地政府最高的職位，西班牙神職人員則控制教會的最高職位。土生白人（criollo）則擁有殖民地的土地與財富；混血的麥斯蒂索人（mestizo）通常沒有財產、社會地位或政治影響力；印第安人被迫在內陸農場勞動；黑人則淪爲沿海地區種植園的奴隸。

一八一〇年，委內瑞拉脫離西班牙的控制，並在七月五日正式宣告獨立。但是戰爭仍未平息，經過多年的動盪，在南美洲著名的獨立英雄玻利瓦爾帶領下，終於在一八二一年獨立成功。一八二九年，委內瑞拉脫離大哥倫比亞共和國，獨立建國。此後一直到一九三五年戈麥斯（Juan Vicente Gómez）去世時爲止，委內瑞拉經歷了百年之久的考迪羅（caudillo）軍事獨裁統治，政治鬥爭頻仍，政局長期不穩定。

一九五八年後的四十年間，儘管委內瑞拉在現代化進程中取得一定成就，但民主行動黨（Partido de Acción Demociática, AD）及基督教社會黨（Partido Social Cristiano）兩大傳統政黨長期把持政權，導致政治腐敗、經濟停滯、人民生活水準下降。

一九九九年，愛國中心總統候選人查維斯（Hugo Chávez）在大選中獲勝上台執政，改變委內瑞拉兩大傳統政黨輪流執政的歷史。查維斯上台後，修改憲法，改國名爲「委內瑞拉玻利瓦爾共和國」，並大刀闊斧改革政治與經濟。不過，他的激進改革觸犯傳統勢力的利益；而且，他維護國家主權、獨立自主的外交政策也引起美國的不滿。由於內外勢力夾擊，委內瑞拉政局持續動盪不安。二〇〇二年四月，發生未遂政變。同年十二月，反對派發動兩個月大罷工及公民投票的爭議，讓委內瑞拉成為世界關注的焦點。

二〇〇六年十二月，查維斯再度當選總統。二〇一二年年底的大選，罹患癌症的查維斯再次連任，不過卻在二〇一三年三月不敵病魔，與世長辭。四月，委內瑞拉重新大選，查維斯欽定接班人馬杜羅以微弱票數險勝，並在爭議聲中宣誓就職。後查維斯時代，委內瑞拉情勢如何發展，值得關注。

二、地理與氣候

委內瑞拉地處熱帶，不僅有連綿的高山，波狀起伏的高原，也有一望無際的平原和浩瀚的湖泊。高度和地形造成委內瑞拉自然景觀的明顯差別，而且季節的氣候變化導致環境與景觀的多樣性。

(一)地形特點

委內瑞拉的地形多樣，可區分為三個十分明顯的區域：西北部和北部，是海拔約五千公尺的山區；中部，是海拔四百八十八公尺的奧里諾科平原區；東南部，為海拔二千五百公尺的圭亞那高原區。山區主要由沿海山系、安地斯山系和科羅（Coro）山系組成，約占全國總面積的五分之一。沿海山系順著加勒比海岸延伸，它實際上是海岸山脈和內地山脈兩條平行的山脈，其間形成許多大小不一的盆地。此地盛產甘蔗、香蕉、玉米、棉花、可可等，是委內瑞拉最富庶的農業區和最發達的工業區。雖然只占全國土地的百分之三，但這裡是委內瑞拉人口最集中的地區，首都卡拉卡斯、大城瓦倫西亞（Valencia）就坐落在這山間谷地。

安地斯山脈從哥倫比亞延伸到委內瑞拉境內後分爲兩支，一支位於西北部，沿委內瑞拉和哥倫比亞邊境由南向北走，稱爲佩里哈山脈（Sierra de Perija）。另一支位於東部，由西南向東部延伸，稱爲梅里達山脈（Cordillera de Mérida），這是委內瑞拉最大的山脈，最高峰爲高五千〇七公尺的玻利瓦爾峰（Pico Bolívar）。在這兩支山脈間有一塊大盆地，盆地中央是南美最大的馬拉開波湖。湖區周圍是種植玉米、咖啡、可可、椰子和甘蔗等作物的農業區。湖區沼澤地蘊藏著豐富的石油資源，大約集中全國百分之七十的石油儲藏。

奧里諾科平原區從安地斯山腳向東一直延伸到大西洋沿岸，約占全國面積的三分之一。全長二千五百七十七公里的奧里諾科河（Rio Orinoco）及其水系自西南向東北貫穿全境。奧里諾科平原，西部地勢平坦，土壤肥沃，適合種植水稻、玉米、高粱、芝麻、大豆和花生；中部波瀾起伏，山丘和草原相間，適合畜牧，夏季河水氾濫，冬季乾旱；東部是台地，土質好，適合棉花的栽種；東部奧里諾科三角洲是南美蘊藏重油最豐富的地區，也是委內瑞拉第二大石油產區。

此外，委內瑞拉在加勒比海有許多島嶼，最大的有瑪格麗特島，托爾圖加（Tortuga）島，還有幾個半島，包括西部呈頭狀的帕拉瓜納（Paraguana）半島、東部的阿拉亞（Araya）半島和帕里亞（Paria）半島。

圭亞那高原位於委內瑞拉東南部，從奧里諾科河到哥倫比亞、巴西和圭亞那接壤的最南端領土，面積約四十五萬平方公里，約占全國領土面積的二分之一。整個高原平均高度四百至八百公尺之間，由南向北傾斜。世界上落差最大的安赫爾（Ángel）瀑布就在這裡，落差達九百七十九・六公尺。

(二)水系和湖泊

委內瑞拉的最大的水系經由奧里諾科河注入大西洋，另一個水系注入加勒比海。委內瑞拉的湖泊遍布全國，馬拉開波湖和瓦倫西亞湖是兩個最大的湖。馬拉開波湖位於委內瑞拉西北部，面積一・三四萬平方公里，是南美洲最大的湖泊。它透過一條長三十五公里，寬三至十二公里的水道與委內瑞拉灣相連，是安地斯山形成的斷層湖。這裡石油資源豐富，油田多集中於東北岸和西北岸。全國第二大城馬拉開波城，位於湖的西北端。委內瑞拉第二大湖瓦倫西亞湖則位於瓦倫西亞城東三公里，面積四百多平方公里，是著名旅遊勝地，附近是富饒的農業區。

委內瑞拉海岸線長且曲折，擁有優良海灣。東部沿岸大陸棚架儲藏豐富的石油和天然氣。北部的委內瑞拉灣西與哥倫比亞的瓜希拉（Guajira）半島相接，東與帕拉瓜納半島為鄰，南部接馬拉開波湖。南北長約一百二十公里，東西最寬為二百四十公里。灣內水產豐富。這裡是馬拉開波湖石油海運的重要通道。

(三)氣候與動植物

委內瑞拉地處熱帶，雖然在地形、降雨和植被方面有地區差別，但是全國百分之九十以上的地區年平均溫在攝氏二十四度以上，全年變化很小。氣候主要隨降雨量和地形高低而變化。

委內瑞拉除山地和熱帶雨林區外，大多屬於熱帶草原氣候。氣候全年分為乾溼兩季。乾季從十二月到隔年三月底，餘為溼季，降雨有明顯的地區差異。東北部沿海地區夏季降雨量很大，西北沿海地區因承受落山風，十分乾燥。沿海和高地山脈後的地區降雨量也很小。在內陸的平原和南部內地雨量充沛，可維持熱帶大草原、繁茂的熱帶雨林和已耕種的農田及草地牧場的需要。

委內瑞拉大多數是熱帶植被、非落葉的或半落葉的，終年有綠葉。高度和降雨的差異決定植被的不同。境內草原和森林占全國面積百分之五十以上。長期耕種的土地只占全國不到百分之五的土地，多分布在安地斯山脈和沿海山脈各地。

委內瑞拉的動物基本上與南美大陸北部熱帶森林和草原地區中的種類相似，如美洲虎、豹貓、吼猴等。但貘是當地的特有品種。

三、人民與宗教信仰

(一)人口與語言

委內瑞拉最早的居民是土著印第安人，但委內瑞拉是個移民國家，印第安人不多，官方語言是西班牙文。二十世紀中期，委內瑞拉吸收大量義大利、葡萄牙、德國和西班牙移民。一九六〇年代後，拉丁美洲國家、特別是哥倫比亞移民大量移入，是委內瑞拉人口迅速成長的重要原因之一。

委內瑞拉有百分之七十的人口是印歐混血，黑人及黑白混血占百分之十五，白人百分之十，只有百分之五是印第安人，大部分住在平地及熱帶雨林區；黑人則主要分布在加勒比海沿岸；歐洲後裔則住在卡拉卡斯及馬拉開波湖附近。

由於城市生活水準高，就業機會多，醫療、教育以及其他服務設施要比農村完善，所以農村人口不斷湧向城市。首都、附近的米蘭達（Miranda）州和工業城玻利瓦爾州是吸引農村人口的中心。二〇〇一年，城市人口占百分之八十七・一且百分之四十以上的人口集中在八大城市。

委內瑞拉百分之八十的人口居住在沿海各地，百分之十四在平原區，百分之六在廣大的圭亞那高原地區，分布不均。首先，從殖民時代起，北部沿海各地就是大城市所在，目前委內瑞拉全國二十三個州中，有十四個州的首府在這個地區。其次，國家的經濟命脈石油工業的管理、開發都在這些地區進行。再者，沿海和谷地的氣候、生活、地形、交通、服務等條件相對優越。近年來，圭亞那高原地區工業發展很快，人口比過去增加。

(二)宗教信仰

雖然百分之九十以上的委內瑞拉人信奉天主教，但宗教信仰自由。在西班牙殖民者以武力征服委內瑞拉時，方濟會等教會將天主教帶進委內瑞拉。獨立後，特別是二十世紀以來，天主教的影響削弱。雖然大部分的委內瑞拉人信仰天主教，但與教會的關係不像鄰國哥倫比亞密切。一九九九年查維斯上台後，由於天主教會支持上層權貴的「倒查」活動，因此雙方關係不睦。

四、自然資源與經貿概況

十五世紀末，委內瑞拉淪爲西班牙殖民地後，印第安人的部落公社制度遭到嚴重破壞。殖民者和教會強占印第安人的土地，把封建莊園制度（hacienda）移植到委內瑞拉，並透過委託監護制（encomienda），殘酷剝削和壓榨印第安人。

殖民時期委內瑞拉的經濟完全配合宗主國市場的需求，其生產和對外貿易受到西班牙嚴格控制。當時種植業是經濟的基礎，農產品主要是玉米、小麥。十七世紀下半葉起，可可成爲最重要的農作物及主要出口產品。製造業則以紡織業爲主。

獨立後，咖啡逐漸取代可可成爲委內瑞拉國民經濟的支柱。除咖啡外，菸草、棉花也是重要農作物。一九二〇至一九二一年的世界經濟危機，咖啡和可可價格大幅下滑，農產品出口受到嚴重影響。但委內瑞拉石油工業卻逐漸發達，一九二六年，石油出口值已超過農業。

二次大戰後，委內瑞拉經濟迅速發展。一九七四年起，國家加強對經濟的干預，改變對石油工業的依賴，並逐漸減少外國資本對委內瑞拉資源的控制。一九七五年一月及隔年一月，分別實施鐵礦和石油國有化。

一九九〇年代後，委內瑞拉經濟未見好轉，社會嚴重動盪。一九九二年又發生兩次未遂軍事政變，經濟形勢進一步惡化。二〇〇二年後，油價持續低迷，石油收入大量減少。二〇〇二年二月，查維斯宣布新的經濟調整措施，大幅削減公共預算支出。二〇〇二年四月，發生的政變以及後來多次的全國大罷工，使經濟更加惡化。二〇〇三年二月全國大罷工結束後，查維斯採取穩定經濟措施，然而政治動亂和大罷工使委內瑞拉的經濟危機不斷加深。二〇〇三年下半年起，隨著石油生產和出口的恢復和世界經濟情勢好轉，委內瑞拉經濟出現復甦。

㈠自然資源

1.石油及其他礦產

一九二〇年代後，石油就一直是委內瑞拉的經濟命脈和主要財政支柱，也是國家主要外匯收入來源。委內瑞拉最大和最豐富的石油蘊藏在馬拉開波湖低地，其他爲東部平原、奧里諾科河三角洲和近海。

一九七六年一月一日，石油國有化法生效。委內瑞拉將十九家外國石油公司收歸國有，接管石油物資與設備。一九九〇年代下半期，委內瑞拉是世界第五大石油生產國。

一九九九年查維斯執政後，透過發展天然氣和石化工業，減少對石油出口的依賴。此外，一九九九年新憲法限制私人企業參與能源部門，明確規定石油國營。二〇〇一至二〇〇三年，受到石油輸出國組織產量配額限制、國內政局動盪以及石油部門罷工影響，石油產量大幅下降。二〇〇三年二月罷工結束後，石油生產和出口逐漸恢復。

委內瑞拉的其他礦產資源也很豐富，且大都尚未開採。已開採的主要非燃料礦產是鐵礦石，分布在現今的圭亞那城、玻利瓦爾山和埃爾帕澳（El Pao）。一九七〇年代中期，在圭亞那高原發現大量、高品質的鋁礬土蘊藏。重要的礦產還包括圭亞那高原的黃金和鑽石、馬拉開波湖西北的煤、阿拉亞半島的鹽等。

2.農林漁牧業

農業一直是委內瑞拉最薄弱和最被忽視的經濟部門，境內不到百分之五土地用於種植作物，且多數耕地在北部山區及其山麓，玉米和稻米是主要糧食作物。平原區的牧牛業很發達，馬拉開波湖低地的牧牛業規模較小。一九九九年，查維斯執政後致力經濟多樣化，積極推動農業發展。二〇〇一年十二月頒布新的土地法，把土地分配給無地農民，並加強發展農業基礎設施，改變大量農民湧向城市的現象。然而，農業發展仍然受到缺乏貸款和技術的制約，近三分之一的農產品須依賴進口。

長久以來，委內瑞拉對魚的需求量不大，內陸及海洋漁場未大量開發。此外，雖然百分之三十四以上的土地覆蓋森林，但林業發展緩慢，主要是林區遙遠，而且嚴格且保守的政策使投資者卻步。

㈡經貿概況

1. 工業發展

一九五〇年代前，除農產加工和石油提煉工廠外，委內瑞拉幾乎沒有製造業。二次大戰後，由於有巨額的石油收入，加上進口物品的關稅低，連最基本的物品也都以進口滿足。一九六〇年代，在高關稅的保護和進口配額的條件下，委內瑞拉積極建立消費品工業和金屬製造業。一九七三至一九七四年石油價格上揚，政府將收入投資在鋼鐵製造、煉鋁、運輸設備生產、石油化學產品和鑄造及金屬加工聯合企業。

一九九〇年代初，安地斯國家共同體實行結構改革和簽訂自由貿易協定，使委內瑞拉製造業得到發展。不過，在金融危機和經濟衰退的影響下，一九九八至二〇〇〇年製造業產值連年下降。此後，政局動盪嚴重影響製造業的發展。

委內瑞拉的現代化工業可分為三類。第一類是煉油廠及有關的石油化學廠。第二類工業是消費品生產。第三類工業由奧里諾科——卡羅尼地區的圭亞那城聯合企業建立的大型煉鋼廠等各種重工業。煉鋁工業則從一九八〇年代初的一無所有，到現在已成為世界產鋁大國。

2. 對外貿易

儘管出現鋼和鋁等出口物品，但委內瑞拉對外貿易仍以石油為主。雖然委內瑞拉已努力使貿易多樣化，但石油出口和物品進口仍大幅依賴美國市場。主要進口物品包括機械與運輸設備、藥品和化學產品、食品、飲料和菸草。不過，委內瑞拉的國際收支一向是順差。美國是主要貿易伙伴，其他包括日本、德國、法國、義大利、巴西等。

一九二〇年代前，咖啡和可可是委內瑞拉主要出口產品。從一九二〇年代中期出現石油繁榮後，石油逐漸成爲委內瑞拉最主要的出口產品。從一九六〇至一九八〇年代，委內瑞拉推行進口替代政策，力圖透過發展本國工業來減少商品進口。

一九九九年，查維斯執政後實施經濟多樣化政策，在二〇〇一至二〇〇七年國家社會經濟發展計畫中，給予非傳統產品出口優惠待遇，鼓勵本國產品打入國際市場。然而，受到自然資源結構和客觀條件限制，短期內難以徹底改變依賴石油的狀況。近年來，石油出口收入仍占出口總收入的百分之八十左右。

另外，查維斯上任後，致力於安地斯共同體經濟整合。二〇〇二年一月與哥倫比亞、玻利維亞和厄瓜多簽訂建立安地斯自由貿易區，並自二〇〇四年一月起實行共同進口關稅協議。二〇〇六年七月，委內瑞拉成爲南方共同市場的第五個成員國。此外，爲減少對美國的依賴，委內瑞拉加強與中國、俄羅斯等國的貿易往來，並於二〇〇〇年成爲古巴的主要貿易伙伴。

十九世紀後期，外國資本開始進入委內瑞拉。一九三〇年代末期，美國取代英國與荷蘭成爲委內瑞拉最大的投資國。二次大戰後，在委內瑞拉的外國資本繼續成長。一九六八年外國直接投資總額約爲五十九億美元，美、英、荷三國即占百分之九十四。外國直接投資，主要在製造業、金融服務業和通訊業等部門。

五、政治發展與體制

委內瑞拉在一八一一年獨立後，特別是在一八二九年脫離大哥倫比亞之後，政權落到大地主手裡。在一八三〇至一八四八年掌權的保守黨和於一八四八至一八五九年執政的自由黨爲了各自利益，造成內部紛爭連綿，導致一八五九至一八六三年的聯邦戰爭。最後自由黨人上台執政，並於一八六四年通過聯邦憲法，改國號爲委內瑞拉合眾國。

聯邦戰爭後，傳統政黨衰落，取而代之的是獨裁統治，對內實行高壓統治，對外投靠歐美列強，其中戈麥斯和斐瑞斯・希梅內斯最惡名昭彰。戈麥斯執政長達二十七年（一九〇八至一九三五），他憑藉著軍隊進行血腥統治，把國家當成自己的私產，將一切政府官職分配給親友及擁護者。因此，委內瑞拉人稱他爲「安地斯山的暴君」，其統治年代稱爲「黑暗時代」。希梅內斯獨裁執政的十年（一九四八至一九五八），委內瑞拉人民被剝奪自由權利，工會被迫解散，報刊被查封，甚至大學也被迫停辦。但卻對美國壟斷資本百依百順。

一九五八年，軍隊政變推翻希梅內斯獨裁統治，民主行動黨與基督教社會黨組成聯合政府，並頒布一九六一年新憲。在往後的三十年中，形成委內瑞拉國家資本與私人資本共榮的局面，中產階級大幅增加。在大選中，兩黨獲得的選票占總額百分之八十五以上，且在議會的席次也占壓倒優勢。

一九九八年十二月六日，查維斯所領導的「第五共和國運動」（Movimiento V República）贏得總統大選，結束民主行動黨與基督教社會黨長達四十年的輪流執政。

一九九九年四月，委內瑞拉成立制憲大會，並於十二月二十五日通過第五共和國憲法。新憲法規定，國家增設公民權和選舉權；國會參眾兩院改爲一院制，即全國人民代表大會；將國名改爲委內瑞拉玻利瓦爾共和國；總統由選舉產生，任期由五年延長爲六年，可連任一次。後來又經修憲，取消包括總統在內所有民選公職人員只能連任一次的規定。

六、風俗民情

委內瑞拉最早的居民是印第安人，按語言、風俗畫分部族，散居在不同地區。十六世紀初西班牙人抵達後，有些印第安人在征服過程中消失，另有些印第安人受到同化，保留傳統的部族逐漸減少。

從非洲引進的黑奴分布在沿海地區的大種植園，當中多數人與當地人結婚，其後代是黑白混血的穆拉托人。委內瑞拉西部的黑人盛行過聖貝內狄克特節，又稱「聖黑人祭」。

與委內瑞拉人初次交往，最好先觀察對方是歐洲後裔，還是土著印第安人，然後再依據各自不同的風俗習慣與他們打交道。委內瑞拉人一般給人說話滔滔不絕和面熟的印象。委內瑞拉人與別人交談時喜歡靠得很近，且談話時可能捏捏對方的肩膀，摸摸對方的領口，熟人間常抓住對方的手說話，這是當地人表示親近的習慣動作。

委內瑞拉人的服飾與他們的個性相似，不喜歡受拘束。大多數婦女喜歡豔麗的色彩。無論是造訪親友還是出席慶典或是參加社交活動，委內瑞拉人也都喜歡打扮自己，習慣盛裝。

委內瑞拉人認爲十三和星期五是厄運的數字和日期，會帶來災難與不幸。他們見到孔雀，便會數日不安，而且認爲，孔雀圖案、折花，甚至孔雀的羽毛等都是不祥之物。他們也忌諱贈送刀、劍，因爲意味絕交。此外，洽談商務，一定要事先預約。午餐時不宜談事情，如果希望用餐時商談，可以安排在晚餐。

摔牛原是委內瑞拉草原牧民的遊樂活動，後來逐漸風行到城市。摔牛士騎在馬背上與公牛周旋，並設法拉住尾巴，然後使力把牛摔倒在地。棒球在此地也普受歡迎，並成爲全國性活動。而嘉年華會也是委內瑞拉的重要節日。

雖然委內瑞拉向來有美洲革命搖籃、石油王國、蘭花王國、瀑布之鄉等美譽，但最著名的還是「美女王國」。委內瑞拉印歐混血人種占總人口的百分之五十八，還有白人、黑人和印第安人，因此美女特別多。在歷年的世界小姐、環球小姐等選美中，委內瑞拉小姐都令人驚豔。在委內瑞拉家裡有人被選上小姐，這個家庭會有很高的社會聲望。

應邀到委內瑞拉人家中作客，最好事先送主人或女主人一些鮮花或糖果，隨身帶去也可，事後應再寄感謝函。適合男主人的禮物是高級鋼筆等辦公用品。女士則偏愛委內瑞拉的國花蘭花作爲禮物。

委內瑞拉人請客吃飯有互相敬酒的習慣，按當地習慣，要等主人敬酒之後客人才能敬酒。另外，應邀作客的客人不能坐餐桌的首位，因爲那裡是留給家中長者的座位。

第二節 哥倫比亞

一、導論

哥倫比亞共和國，位於西半球，西經66°50'至79°1'之間；它跨越南北兩半球，在北緯12°30'至南緯4°13'之間，安地斯山調節其熱帶氣候。此外，哥國地處南美洲西北部，西瀕太平洋，北鄰加勒比海，海岸線長二千九百公里，是南美洲唯一瀕臨兩大洋的國家，故有南美洲的「門戶」之稱。哥倫比亞東鄰委內瑞拉、巴西，南接厄瓜多、祕魯，西北角與巴拿馬相連。總面積一百一十四萬一千七百四十八平方公里，僅次於巴西、阿根廷和祕魯，居南美洲第四位。

哥倫比亞原本是印第安人的居住地，一五三〇年代淪爲西班牙殖民地。一八一九年八月七日，玻利瓦爾大敗西班牙軍隊，進入波哥大，哥倫比亞正式獨立。爲了紀念此一決定性戰役，歷任總統都在八月七日就職。一八二一至一八二二年，建立包括現今厄瓜多、委內瑞拉、巴拿馬和哥倫比亞在內的大哥倫比亞共和國。一八二九至一八三〇年，委內瑞拉、厄瓜多先後退出，哥倫比亞逐漸形成一個民族國家。一八三一年改名爲新格拉納達共和國，一八八六年爲紀念哥倫布發現美洲，正式定名爲哥倫比亞共和國。

一九五七年，自由黨和保守黨達成協議，決定從一九五八年起的十六年內兩黨輪流擔任總統，均分內閣部長和議會中的席位。一九七四年協議期滿，各自參加大選，但不管何黨當選總統，在組閣時一般都互相給近半數的部長職位。一九八二年保守黨人貝當古當選總統強調改革，振興經濟，並與四支主要游擊組織達成和平停火協議。一九八五年，游擊隊與政府衝突再起。一九八六年五月二十五日大選，自由黨人巴爾加斯當選總統，保守黨拒絕入閣，結束兩黨長期聯合執政。

哥倫比亞因曾是巴拿馬的宗主國，瀕臨太平洋及加勒比海的戰略地位，以及境內有許多毒梟的總部，長久以來受到美國特別關注。

哥倫比亞是古柯鹼的主要產地之一，主要銷往美國和西歐。同時，哥國的吸毒者也逐漸增多，因吸毒誘發的犯罪活動日增，嚴重影響政局及社會穩定。一九八二年以來，哥倫比亞已有眾多緝毒人員被殺害，且麥德茵和卡利兩大販毒集團活動日益猖獗，暴力暗殺事件層出不窮。

二、人民

哥倫比亞的面積約爲法國的兩倍，唯其東南部的亞馬遜叢林區不適於人類居住。人口約爲四千五百二十五萬人，其中印歐混血人種占百分之六十，白人占百分之二十，黑白混血人種占百分之十八，其餘爲印第安人和黑人。哥國人口分布不均，主要集中在安地斯高原及其山谷，黑人主要集中在加勒比海岸，少數印第安人則住在東部低地區。哥倫比亞是人口成長較快的國家，不過近年來成長速度獲得控制。

在哥倫比亞民族構成中，大致可分爲四個集團：第一是安地斯集團，包括哥倫比亞高寒地區的混血居民，主要以印第安人爲主，幾乎沒有任何黑人血統；第二是桑坦德集團，其中包括安地斯山脈東部及桑坦德省的混血居民，以西班牙人的成分居多；第三是安提奧基亞集團，其中包括安地斯山中部的居民，印第安人、白人和黑人，各自保留其特點；第四是沿海沿河集團，包括太平洋和加勒比海沿岸居民，以及馬達雷娜河和考加河流域居民，以黑人成分居多的混血集團。

白種人主要住在城市裡，特別是波哥大城。安提奧基亞省北部的帕倫克和科爾多瓦南部島嶼，幾乎是清一色的黑人。另外，在與世隔絕的熱帶叢林地區有一些仍保留部落的印第安人。

此外，哥倫比亞人口流動頻繁，每年都有大批居民遷徙，一般是從農村遷往城市，從人口稠密省分遷往新開墾的地區，此外還有移出及移入。往外主要遷移至委內瑞拉及美國。移入的有鄰國移民和美國、猶太、日本、阿拉伯等移民，主要住在各大城市，特別集中在波哥大。

哥倫比亞是個虔誠的天主教國家，有四千多萬天主教徒。在哥倫比亞天主教會參與世俗生活的許多事務，比其他南美各國擁有更大的勢力，而且每個公共儀式都有教會人員出席。在哥倫比亞的每個村鎮，最大的建築物是教堂，它對社會政治影響深遠。

三、自然環境與氣候

哥倫比亞全國分成六大地理區：臨加勒比海區、太平洋沿岸區、西部安地斯山區、中部安地斯山區、東部平原區以及占近一半國土面積的亞馬遜叢林區。西部及北部安地斯山區是全國最重要的經濟地區，其中有馬達雷娜河（Magdalena）連接臨加勒比海港市巴蘭吉雅（Barranquilla）及首都波哥大（Bogotá）。由於全境多山脈，航空業相當發達。

哥倫比亞東部平原分爲南北兩半部，北半部屬奧里諾科平原，是委內瑞拉熱帶草原向西延伸的部分；南半部屬亞馬遜河流域，是遍布熱帶雨林的亞馬遜大平原的一部分。平原地帶人口稀少，僅占總人口的百分之二。西部是山地，安地斯山在哥倫比亞境內，大致分爲西部山脈、中央山脈和東部山脈，縱貫哥倫比亞西部。西部山脈靠近太平洋，它的西坡和太平洋沿海平原是南美雨水最豐沛的地區，除少數港口地區外，也是一個人口稀少的熱帶雨林區。中央山脈雄偉高峻，海拔在三千公尺以上，有的高峰超過五千公尺，終年積雪。東部山脈東西寬達二百多公里，山嶺之間有平坦肥沃的高原、盆地和谷地，哥倫比亞三分之一的居民住在這裡。其中波哥大高原海拔二千六百多公尺，氣候四季如春，是哥倫比亞人口密度最大的地區之一，首都波哥大就位於這個高原上。

哥倫比亞西部山脈與中央山脈之間是考加河谷（Cauca），中央山脈與東部山脈之間為馬達雷娜河谷。西部山脈和中央山脈走向大致平行，相距只有七十至八十公里，中央山脈高度幾乎都超過三千公尺以上，這兩座山脈到了極北地方，非常接近，僅容考加河谷通過而已，考加河穿過狹窄谷地後，流入北部寬闊之低地。

至於東部山脈距離，愈往北方距離愈遠，所以眾山之間的馬達雷娜谷地，南窄北寬，南高北低。東部山脈地帶，在波哥大以北，山脈分佈地區廣大，其中有高原以及平行而不綿延的山脈。在委內瑞拉邊界，變成委內瑞拉境內的安地斯山，另外馬達雷娜谷地，在委內瑞拉形成了馬拉開波低地，但有一部分在哥倫比亞境內。

此外，哥倫比亞還位於北起墨西哥、南至火地島、沿太平洋岸的火山地震帶中，南部有系列火山錐，火山爆發時常發生。

哥倫比亞河流眾多，水力資源豐富。主要的河流有最大的馬達雷娜河，號稱「哥倫比亞生命之河」。它發源於安地斯山脈西南部，向北穿流於中央山脈和東部山脈之間，在巴蘭吉雅附近注入加勒比海，全長一千五百五十公里，流域面積二十六萬平方公里，流域內人口占全國四分之三。

一般而言，哥倫比亞為雨量充沛，僅最西南端和瓜希拉（Guajira）半島氣候乾燥，種植耐旱植物。太平洋沿岸一帶特別潮溼，每年雨量多達七千公釐。東南部的亞馬遜低地雨量稀少，唯仍分布於巨大的森林。哥倫比亞氣候和植物的差異是由高度影響所致。

哥倫比亞地處熱帶，氣溫季節變化不明顯。各地氣候因雨量和海拔高度不同而異。亞馬遜平原和太平洋沿岸北部爲熱帶雨林氣候，年降雨量二千五百公釐以上，年平均氣溫攝氏二十三度以上；亞諾斯平原和加勒比海沿岸平原爲熱帶草原氣候，年降雨量不到一千八百公釐，有明顯旱季，年平均氣溫一般在攝氏二十三度以上。山地氣候因海拔高度不同而呈垂直型變化，具有從寒帶、溫帶一直到熱帶的氣候特點，適宜於種植從咖啡、小麥、馬鈴薯到香蕉和甘蔗等多種農作物。

四、農林漁牧業

哥倫比亞土地肥沃，日照時間長，適合作物生長。主要農作物有咖啡、水稻、玉米、香蕉、甘蔗、棉花、菸草等。加勒比海沿岸平原過去一向以畜牧業爲主，近年來在巴蘭吉雅和卡達赫納附近平原上開闢種植棉花、糧食及油料作物的農場；聖瑪爾塔附近的灌溉香蕉園是香蕉的主要產地；東部山脈以東是天然牧場，適合畜牧業發展；遼闊的亞諾斯平原尚未開發，發展農牧業的潛力很大。安地斯山區是主要農作物種植區，物產因海拔高度而不同。海拔二千至三千公尺的波哥大高原，以種植糧食作物爲主；海拔一千至二千公尺是咖啡主要產地；至於海拔一千公尺以下則以甘蔗、棉花、香蕉等經濟作物爲主。

農業是哥倫比亞的傳統產業，哥倫比亞曾是拉丁美洲第三農業國，僅次於巴西和墨西哥。但哥倫比亞農業經濟受國際市場和國內影響較大，發展起伏不定。一九八〇年代前期，由於農業生產原料價格上漲，國際農產品市場價格下跌，農村游擊隊活動頻繁，農業出現危機。巴爾科總統調整政策後，農業恢復生產。不過，農民極度貧窮形成非常嚴重的問題。咖啡、石油、紡織品、香蕉、鮮花、翡翠、棉花是主要的出口產品。然而，相當諷刺的是走私是哥國相當重要的外匯來源。

哥倫比亞農業人口約占全國人口一半，其農業生產可分爲三大類，第一是咖啡，專門供應外銷；第二是生產供本地消費的農產品；第三則是牛隻的飼養。馬鈴薯、大麥和小麥種植於較爲寒冷的地帶。而玉米可在各個不同高度地區種植。糖、棉花、香蕉、蘭花和其他熱帶植物種植於地勢較低的地方。

近年來，由於國際市場需求增加，鮮花和水果生產發展迅速，成爲哥國出口創匯的重要產業。哥倫比亞的花卉工業聞名世界，因地處熱帶和亞熱帶，土壤肥沃，受地勢高和海風的影響，全年氣候溫和溼潤，有利花卉生長，一年四季鮮花盛開。鮮花百分之九十五供出口，銷往三十多個國家。

此外，被稱爲「綠色金子」的咖啡是傳統出口產品，也是國民經濟的主要支柱之一，產值占農業總產值的三分之一以上。種植面積達一百〇七萬公頃，全國約有三十萬個咖啡園，百分之三十至百分之四十的農村人口生活直接依靠咖啡生產。其產量和出口量，僅次於巴西，居世界第二位。但哥倫比亞咖啡品質優良，在國際咖啡市場上售價比巴西的高。隨著哥倫比亞經濟轉型，鼓勵產品出口多樣化，咖啡在出口商品所占的比重逐年下降。

另外，哥倫比亞棉花種植歷史悠久，主要是小農種植。甘蔗也有小農種植，生產的糖是哥倫比亞人的基本食品之一。香蕉生產則遍布全國，從平原到海拔二千公尺的山坡都可種植。出口的香蕉主要分布在烏拉瓦和聖瑪爾塔地區。水稻是重要的糧食作物，已能自給，部分可供出口。

畜牧業是第二大類農業，主要牲畜是牛、羊、豬、馬等。至於林業是農業的第三大類。森林資源豐富，僅次於巴西，居南美第二位。不過，因濫採，樹木遭到破壞，水土流失嚴重。

漁業為農業的第四大類。哥倫比亞臨兩大洋，有九十八・八萬平方公里的海域，二千九百公里的海岸線和二十六萬平方公里的河湖水面，漁業資源豐富，發展漁業的潛力很大。但漁業生產機械化程度較低，百分之九十是人工捕撈，且以內河捕魚為主。

五、自然資源

哥倫比亞自然資源豐富，綠寶石儲量占世界的百分之九十五，產量居世界首位。煤儲量四百億噸，約占拉丁美洲地區總儲量的百分之六十以上，為世界五大煤炭出口國。石油儲量二十億桶，主要油田在馬達雷娜河谷地中段及靠近委內瑞拉的邊界處。最近勘探顯示，東部平原也是很有希望的儲油區。黃金儲量豐富，是世界九大黃金生產國之一。

哥倫比亞煤礦儲藏豐富，但因交通困難，產量有限。另外，水力發電潛力雖大，但因路程遠，交通不便，所以水力發電廠很少。哥國石油生產可供本國需要亦可供輸出，但運輸困難，最近才鋪設輸油管。同時，哥國有豐富的天然氣。

除了石油的精煉和農業生產外，大規模的工業主要集中於四處。首先是波哥大地區，有煤、鐵、鋼、鹽和水泥，為主要的工業區，但波哥大的輕工業也很發達。此外，波哥大冷暖適宜，終年百花盛開，有全球最大花卉市場的美稱。其次是麥德茵（Medellín）地區，它是編織製造業的中心。第三為卡利（Cali）區，已發展成一連串的精細製造業。最後為加勒比海海港區，地點比內陸三個工業區優越，輸入原料方便，同時是輸油管的終點，缺點是遠離國內市場中心。

六、經貿發展

哥倫比亞是拉丁美洲少數經濟持續穩定發展的國家，這與國內政治穩定和實施切合實際的經濟發展戰略密不可分。

西班牙對哥倫比亞的殖民統治和剝削，以及獨立初期自由黨和保守黨長期爭鬥，外國資本乘虛而入，造成哥倫比亞經濟落後，發展畸形。哥國經濟以農業爲主，依賴咖啡單一生產和出口，工業起步比南美大國晚。一次大戰後，紡織和食品加工業開始出現，並在一九三〇年代有較大發展。二戰後四十年，哥國政府實施「進口替代工業化」戰略以改變單一經濟結構，促進國民經濟發展。自此，政府鼓勵工業投資，積極引進外國設備和技術，大力發展製造業。

能源工業是哥倫比亞第一類型工業，主要是石油、煤和電力，而且石油是哥倫比亞的主要能源。採礦業是哥倫比亞第二類工業，是二戰後發展的工業部門。目前，哥倫比亞以開採貴金屬礦爲主，主要是小礦場。一九八〇年代前期，國際黃金儲備逐年減少。爲此，政府鼓勵生產黃金，以高出國際市場百分之三十價格收購。一九八八年，黃金產量〇．七噸，銀產量六噸。綠寶石產量居世界首位，占世界總產量的百分之六十。一九九二年出口綠寶石二百三十萬克拉。同時，爲消除綠寶石交易的壟斷和暴力行爲，一九九三年在波哥大成立第一家綠寶石交易所。

製造業是哥倫比亞的第三類工業。製造業目前可生產百分之九十的國內消費品，包括彩色電視和汽車等耐用消費品。製造業的主要產品有化學製品、印刷品、紡織品、服裝、機器和設備等。

建築業是哥倫比亞的第四類工業，在國內生產總值比重逐年增加，全國共有十七家大水泥廠，除滿足國內需要外，還可出口。

對外貿易中，進出口貿易成長，出口商品以農礦產品爲主，主要有咖啡、石油、鎳、棉花、香蕉及其他水果、鮮花以及紡織品和食糖等。不過最近，傳統產品出口比重下降，非傳統產品增加。哥倫比亞幾乎不需進口任何農產品，約有一半的進口是機器和其他金屬產品。一九八六年後，消費品進口略有增加。美國仍是哥倫比亞最大的進出口市場。

七、面臨的問題

哥倫比亞和其他大多數拉丁美洲國家最大的不同在於缺乏較具規模且能控制全國的都市。雖然，首都波哥大是政治、財經及文化的中心，但並不比其他都市繁榮。而且，在工業方面也顯得落後，所以輸出貨物極少，來往旅客亦不多。至於波哥大未來的發展如何，完全要視哥倫比亞將來發展的方向而定，如北部若干地方重工業的迅速發展和東部地區工業的擴展，可增強它的地位。

此外，考加河谷的發展將有助於卡利迅速的進步；麥德茵及卡達赫納（Cartagena）北面鋪設公路和泛美公路的完成，所以成爲新興的城市。而加勒比海三個主要的海港中以巴蘭吉雅（Barranquilla）最爲重要，因爲具備發展開採石油和天然氣，又可與拉丁美洲其他國家貿易的優勢。此外，哥倫比亞惡劣的天然環境對於運輸系統造成壓力並阻礙經濟活動的發展，因此交通建設是當務之急。

在拉丁美洲國家中，哥倫比亞有最早的航空系統，路線也比其他拉丁美洲國家多，所以航空事業貢獻極大。但由於鐵公路系統的改良，航空事業的特殊性也就漸漸減退。另外，毒品生產與走私、治安敗壞、游擊隊恐怖行動猖獗，都深刻影響哥國的政經及社會發展。

總之，任何國家都會存在許多問題，哥倫比亞也不例外。哥國的問題在於居民分布不均且集中於少數城市、財富亦分配不均等。該國未來的發展應致力於使領土完整、發展工業，以及儘量降低對咖啡生產的依賴。

八、民情風俗

天主教對哥倫比亞人的影響遠比拉丁美洲其他國家來的高。哥倫比亞流傳一則笑話顯示，自由派和保守派唯一的區別在於，自由派人士一大早上教堂以免被人瞧見，而保守派人士則近中午才上教堂，好讓大家知道他是虔誠的天主教徒。

黑白狂歡節是哥倫比亞南部的聖胡安·德巴斯托市市民的節日。從每年的十二月三十一日開始直到一月八日凌晨結束。節日慶祝活動中，要用黑白二色塗臉，故稱黑白狂歡節。一月五日，年輕男女及太太們手提裝有黑色顏料的小盆站在路旁，他們隨意將街上行人的臉抹黑。到一月七日，所有的人幾乎被「爽身粉」塗成白臉。作爲這是解除社會精神壓力的一種形式，深受百姓喜愛，延續多年，至今不衰。

哥倫比亞印地安土卡羅部族奉行划船擇夫，單向選擇的婚戀習俗。該族雖然在各方面都很落後，但年輕人在婚姻、戀愛方面卻是自由的，划船擇夫即是女孩長大成人後，先學會划船，然後用紅色染料塗抹前額和面頰，喜氣洋洋地駕著獨木舟到別的村子去擇夫。

此外，選美也是哥倫比亞的一大特色，被稱爲天天選美的國家，每年選美比賽不下四百次，選美的名目無奇不有，有「木瓜小姐」、「咖啡小姐」、「葡萄小姐」等。

在歷史上，哥倫比亞曾被譽爲「黃金之國」，它也有世界上最大的黃金博物館，一九三九年建立於波哥大市中心。

九、與台灣經貿發展

哥國與我台灣無外交關係，未簽署任何官方協定，亦未建立官方經濟合作對話機制。一九九一年至二〇〇二年間，哥國在台灣成立經貿辦事處，後因經費考量裁撤，我國則在波哥大設立代表處。不過，中華民國國民可以觀光名義免簽證入境哥國。至於我國在對哥國投資，迄今大都是旅哥台商的中小型投資。

哥國是我在中南美洲的第六大貿易夥伴，居巴西、智利、墨西哥、祕魯及阿根廷之後。自二十一世紀初來，台哥雙邊貿易除在二〇〇九年因全球金融風暴而巨幅下滑百分之四十一．九一之外，其餘各年

圖9-1　哥倫比亞小鎮傳統餐廳（吳樹民攝）

均正向成長。

對哥國出口以橡塑膠原料、不鏽鋼扁軋製品及腳踏車成長最快速。而自哥國進口主要以紡織花邊、原木、咖啡等進口成長最爲快速。

第三節　智利

一、地理與氣候

在古代印第安人克丘亞語和阿依馬拉（aymara）語中，智利意即「世界的邊緣」、「遙遠的人民」。智利遠處南美洲的邊緣，四周又爲安地斯山與遼闊無邊的太平洋所包圍，所以有「世界邊緣」之稱。另有一說，智利是古印第安語的「雪」字轉化而來，寓有「寒冷國家」之意，這可能是由於智利的南端地區近南極，天氣較寒冷的緣故。

圖9-2　精美銅製智利地圖

智利位於南美洲南端的西側，東依雄偉的安地斯山，西瀕浩瀚的太平洋，北與祕魯接壤，南端接近南極圈，總面積七十五萬六千六百二十六平方公里（含島嶼面積），南北長四千三百三十二公里，東西寬僅九十至四百〇一公里，是世界上最狹長的國家。

智利地形大致是由南北走向互相平行的三條並列帶所構成。東面爲高峻的安地斯山脈的西坡，約占智利東西寬度的三分之一。安地斯山脈由北向南分爲三部分：寬闊高原、中部較窄高原和南部安地斯山區。安地斯山脈斜坡的型態在南部和北部有很大差異。最北部有平均三千公尺高的台地，往南不但平均高度低，而且山脈的寬度也逐漸變窄。安地斯山脈的南部地區從此開始，一直延伸到巴塔哥尼亞、火地島。其地勢愈往南高度愈下降。

安地斯山地區多火山，地震頻繁。西面爲海拔三百公尺至二千公尺的海岸山脈，極

圖9-3　智利安地斯山國家公園Torres del Paines（楊秀琴攝）

大部分地段是沿著海岸延伸，向南投入海水，形成眾多的沿海島嶼。西部地形根據海岸線的不同可畫分爲北部海岸和南部海岸。北部海岸較爲平直，缺少變化，南部海岸線曲折，擁有凹入的海灣、狹窄的峽灣及無數的群島。中部是沖積物沖積而成的陷落盆地，其北部被阿塔卡馬沙漠所覆蓋，南部沒入海中，中部地區南北長九百多公里，海拔約一千二百公尺左右，土壤肥沃，爲全國重要農業區。

智利狹長的國土可分爲三部分：1.北部是阿塔卡馬（Atacama）沙漠地區，據說已有四百多年沒有下過雨，是全世界最乾旱的地區，舉世聞名的硝石（salitre）和銅都蘊藏在這個地區；2.中部是工農業中心和重要城市所在，其地形是一個大谷地。此地出產大量的小麥、玉米、稻米、大麥，有「智利穀倉」之稱。全國有三分之二以上人口集中在此地，是殖民時期也是今天智利的中心。首都聖地牙哥也坐落於此；3.南部是多雨地帶，到處遍布湖泊及原始森林，是全國木材工業的原料基地，此地也蘊藏豐富的鐵礦，南端的火地島（Tierra de Fuego）產石油。智利在太平洋上的復活島（Rapa Nui），以擁有許多巨大石雕聞名。

智利地處南半球，從首都聖地亞哥出發，向北天氣愈來愈熱，向南則愈來愈冷。智利的氣候帶始於熱帶性乾燥地帶，止於冰河地帶，故其氣候可分成四個明顯不同的地段：北段主要是乾燥而少雨的沙漠氣候。中段大致位於南緯三十度至四十三度之間，是冬季多雨、夏季乾燥的亞熱帶地中海型氣候，年平均降雨量三百至三百五十公釐，年平均氣溫攝氏十六度，一月最熱平均氣溫約攝氏十六度至攝氏二十一度，七月最冷月在攝氏八度以上，年溫差不大。

南緯三十七度以南屬全年多雨的溫帶海洋性氣候。年降雨量一般爲一千至二千公釐，南部迎風坡可高達三千公釐以上，風大，雨日多，氣候陰冷潮溼。河流以降雨補給爲主並有冰川湖的調節，水量充沛而穩定。遍布山毛櫸等闊葉組成的溫帶森林，有很大的開發價值，是智利木材工業的原料基地。最南端屬寒帶氣候，多雪，長年刮風，非常寒冷，近南極地區更甚。

二、歷史演變

西班牙殖民者來到智利以前，這裡自古即住著各種不同的土著印第安人。一五二〇年冬天，麥哲倫航行地球一周，曾繞過智利海岸，並到過火地島，這是歐洲人發現智利之始。一五三〇年代，西班牙殖民者皮薩羅征服祕魯印加帝國後，獲悉在智利可以取得黃金，於是決定向南深入。一五四一年十二月，巴爾迪維亞建立聖地牙哥城，並透過聖地牙哥城的市議會選舉他為智利的督軍。一五四六年，巴爾迪維亞終於擊敗印第安人的抵抗，征服智利的北部和中部。從此，智利逐漸淪為西班牙的殖民地。不過，西班牙征服者卻無法收服南部阿拉烏干族的印第安人。

殖民初期，智利由祕魯總督管轄。一七七八年西班牙王室設置智利都督府和檢審庭，作為智利的最高統治機構。一八一〇年七月，智利人民於聖地牙哥起義革命。起義迫使西班牙殖民者交出政權，但政權卻落入當地少數的土生白人手中。一八一一年，智利人民召開代表大會通過憲法，並宣布廢除奴隸制。但一八一四年十月，祕魯總督又派兵前來恢復殖民統治。

智利共和國的獨立由民族英雄沃伊金斯（一七八八至一八四二）帶領完成。一八一八年二月十二日，智利正式宣告脫離西班牙獨立，成立智利共和國。獨立初期，無法觸動大封建地主的經濟基礎，大部分的人民，特別是印第安人，仍然處於被奴役的地位，而且政局動盪不安。

一八四〇年代，由地主和礦業資本家支持的智利自由黨逐漸強大，並於一八六一年開始執政。

在一八六一至一八九一年自由黨三十年的執政期間，政府極力削弱天主教的勢力，進一步發展阿塔卡馬沙漠的硝石，並大力發展交通建設。

一八七九至一八八三年，智利對祕魯和玻利維亞進發動「太平洋戰爭」。最後，智利獲勝，吞併祕魯的塔拉帕卡省和阿里卡省以及玻利維亞的安托法加斯塔地區，幾乎將出產硝石的阿塔卡馬沙漠占爲己有，玻利維亞也因此喪失出海口。此後三十多年，硝石成爲智利的重要出口產品並逐漸壟斷了全世界硝石市場。

第一次世界大戰期間由於對硝石和銅等作戰原料的需要，智利經濟一度出現繁榮景象。大戰結束後，智利經濟出現危機。一九六九年十二月底，由共產黨、社會黨、社會民主黨、激進黨組成的人民團結陣線候選人、社會黨人阿彥德贏得總統大選，這是拉丁美洲第一個透過選舉上台執政的社會黨政府。一九七一年，國民議會修改憲法，將主要礦藏資源銅、石油、煤、硝石等收歸國有。一九七三年九月十一日，智利軍人發動政變，推翻阿彥德政府。

軍人政變後，皮諾契特組成軍人執政委員會。一九八一年三月十一日透過選舉，皮諾契特成爲憲法總統。一九八八年十月五日，皮諾切特再連任八年的公民投票案，遭公民以百分之五十四・七一的選票否決。皮諾切特宣布接受公投結果，並決定舉行大選，產生民選總統和參、眾兩院議員。

一九八九年十二月十四日，基督教民主黨主席艾爾文以百分之五十五・二的選票，擊敗官方總統候選人，當選總統。艾爾文總統的執政，推進智利的政治民主化進程，也使經濟持續穩固成長。但也面臨貧富懸差加劇，失業人數增加，人民生活水準下降等諸多問題。

拉戈斯總統是智利二十一世紀的第一位總統，其任期於二〇〇六年三月結束。拉戈斯政府最大的優點在於不受民眾主義的干擾，並透過積累資源，大力推行社會性政策，保持財政平衡。

二〇〇四年，智利經濟比發展中國家多成長百分之五十，且遠高於拉丁美洲的整體水準。此階段，智利與歐盟、韓國和美國簽署自由貿易協定。此外，還包括大型基礎設施工程、刑法制度、教育制度和衛生制度改革的進展等重大成就。同時，在拉戈斯執政期間，智利也擴大在亞太經濟合作委員會（APEC）的影響。

二〇〇六年一月十五日，巴切萊特（Verónica Michelle Bachelet Jeria）以智利執政聯盟總統候選人參加大選並獲勝，成爲智利及南美洲史上第一位女總統。二〇一〇年二月二十七日，智利發生八．八級大地震，她領導智利人民渡過難關。

二〇一〇年一月十七日，皮涅拉（Miguel Juan Sebastián Piñera Echenique）在第二輪投票中當選智利總統，成爲智利二十年來首位右翼總統。二〇一〇年科皮亞波（Copiapo）礦難，由於處理成功，本次礦災意外並未有罹難者，成爲國際矚目的焦點。二〇一四年，巴切萊特再度當選總。

三、人民與礦產

智利人口總數爲一千七百二十萬，其中印歐混血種人最多，占百分之七十五，白人占百分之二十，印第安人占百分之三，其他人占百分之二。平均人口密度約爲每平方公里十六人，但卻嚴重失衡。中央谷地的瓦爾帕萊索、聖地亞哥、沃伊金斯三個地區的面積雖僅占全國的百分之六左右，人口卻占全國人口總數的百分之五十四。智利人大多數居住在城市。印歐混血種人是智利居民的主要成分，主要是西班牙及英、德、義、南斯拉夫等國移民的後裔。

智利是資源豐富的國度，礦產、森林和水產資源豐富，以盛產銅聞名於世，素稱「銅礦之國」。早在一八六九年，智利就已成為世界上產銅最多的國家。銅給智利人民帶來財富，也帶來苦難。智利在趕走西班牙殖民者宣布獨立後，英國人取而代之，控制了智利銅礦。一九〇五年以後，美國替代英國成了智利銅礦的主宰。一九二七年起，美國壟斷資本完全控制智利的經濟命脈，占有智利銅開採量的百分之九十，而且使智利變成生產銅的單一經濟結構的國家。阿彥德就任總統後，把美國壟斷資本控制的五個銅礦收歸國有。智利不但銅礦產量大，而且銅的加工業也很發達。

智利是世界上唯一生產天然硝石的國家，主要產地在北部沙漠地帶的塔拉帕卡和安托法加斯塔兩個地區。從一八八〇年代到第一次世界大戰期間，是智利硝石生產的極盛時期，當時智利財政收入的一半來自硝石出口。由於人造硝石的競爭，智利的硝石逐步失去世界市場，且失去在智利國民經濟中支柱產業的地位。

此外，由於智利海岸線長，海洋漁業資源豐富，是世界第五大產魚國和最大魚粉出口國。主要產鱈魚、鰻魚、金槍魚和龍蝦等。近年來，智利也大量外銷新鮮及罐頭水果以及葡萄酒等。

同時，智利也是世界上森林分布最廣、樹木種類最繁多的國家之一。林地面積占國土面積的百分之二十八。智利的木材加工業逐漸在國民經濟中形成重要的支柱產業。一九二五年以來，林產品的出口額僅次於銅，占第二位，成為拉丁美洲洲第一大林產品出口國。

雖然，智利領土與人口比巴西、阿根廷小，但資源豐富，工業發達，一九一五年五月二十五日曾與阿根廷及巴西建立A. B. C.集團。

四、經濟區與發展

智利共分三個基本的經濟地理區，三區地理位置不同，經濟差異較大。北部地區，面積占全國的百分之四十，人口僅占百分之十。該地區各種礦產的儲量相當可觀，因此經濟發展以採礦業為主，生產全國大部分的銅、鐵和全部的硝石。此區因氣候極端乾旱，農業生產薄弱。

中部地區面積占全國的百分之十五，人口占全國的百分之七十五。該地區氣候宜人，交通便利，資源豐富，是智利工業最發達的地區。首都聖地亞哥是全國政治、經濟、文化中心和交通樞紐，是機械製造、紡織、食品的工業中心；瓦爾帕爾索為一港都，工商業發達，是南美太平洋岸的主要港口，智利大部分進口商品經此輸入，與首都聖地亞哥交通連絡便利，觀光業也很興盛；康塞普西翁生產全國百分之八十六的林產品，同時智利百分之九十以上的煤也產於此城附近，也是智利主要的農產品集散地和工商業中心。該地

圖9-4　智利重要海港帕拉帕拉伊索Valparaiso（簡緯存攝）

區的中央谷地是智利的心臟部分，約占全國面積的百分之十二，其中三分之一為耕地。這裡不僅灌溉發達，而且氣候條件較好，盛產穀物、蔬菜、水果，牛、馬等畜牧業也很興盛。

南部地區，面積占全國的百分之四十五，人口只占全國的百分之十五。蒙特港以北地區是糧食、甜菜的主要產地和林、牧業區；工業則以甜菜製糖、製乳、木材和麵粉加工等為主；往南，除南端的石油開採和養羊業外，廣大地區因氣候寒冷人煙稀少，處於未開發狀態。該區的麥哲倫省省會蓬塔阿雷納斯為世界最南端的大城市，現為養羊區的服務中心和家畜的集散地，因距南極較近也是旅遊勝地。隨著各國日益關注南極大陸，本市正成為往南極大陸主要的中轉站。

智利自一八一八年成立共和國後，國民經濟的發展長期以礦產品的開採和出口為主要支柱，礦業占生產總值的百分之六十。銅和硝石的生產和輸出成為重要的經濟活動。

一九七五年以來，智利造紙工業前景看好，除滿足國內市場需求，已成為智利的出口商品。智利的木材加工業也很發達。其木材產品除滿足國內消費外，還向世界許多國家出口。一九七五年以來，林產品的出口額僅次於銅，居第二位。康塞普西翁是智利的「木材之鄉」。

五、民情風俗

智利人勤勞的特質承襲自西班牙巴斯克、加泰隆尼亞人以及德國人。此外，從智利人多次參與像太平洋戰爭等國際爭端，也窺見智利人的好戰精神。而原住民阿拉烏干諾人（araucano）於一八八二以前誓死抵抗外來的侵略，又是另一例證。

每年十一月二日，智利首都聖地牙哥市薩卡別開斯村的印第安人都舉行風箏節。放風箏是為悼念死者，追思親人，也祝下一代平安健康。風箏節也是未婚男女挑選意中人的美好日子。

在智利北部地區的印第安人，流行捉迷藏擇偶的奇特婚姻習俗。每年的秋末冬初，遠近的人們群聚載歌載舞盡情歡樂。到了深夜，年輕女子蒙上眼睛，一陣歌舞狂歡後，開始捉迷藏，女子捉到那個小伙子就是她的配偶。雖然這種結合是盲目的，但是這裡從沒有發生過逃婚、離婚的現象。

智利阿勞干人是印第安人的重要一支，他們的皮膚要比美洲其他印第安人要白，婦女一般也都很美麗。因爲婦女可以買賣，阿勞干人歷來有一夫多妻的情況。女孩猶如父親手中的商品，可以任意支配。婚禮實行搶婚，因爲人們認爲女孩子假裝不同意，用暴力來搶才體面。

孕婦不能在家分娩，也是阿勞干人獨特的風俗。分娩之前幾天，孕婦就得隻身搬到河邊去住，直到孩子出生。孩子生下後，用河水洗乾淨，再用布裹好，背在身後，才能回家。

在智利，各種慶典與聚會，都可以欣賞到歡樂優美的奎卡舞。奎卡舞是一種不被某種固定歌詞和曲調所約束的舞蹈，起源於十九世紀中葉，是一種歡樂、幽默、詼諧的男女對舞。但是，近年來，許多青年人熱中跳迪斯可，而不大喜歡跳傳統的「奎卡舞」。一九七九年，智利政府頒布法令，規定「奎卡舞」爲智利國舞，要求所有學生、市長、大使等外交官，都必須會跳「奎卡舞」。

從聖地亞哥乘飛機西行約五小時可抵達引人入勝的旅遊勝地復活節島。復活節島位於南太平洋東部，遠離智利海岸三千九百公里左右。復活節島上多山，有火山口，山不高。島上沒有河流，只有一些水塘，植物十分貧乏，孤島的環境使動物非常有限。該島氣候屬亞熱帶類型，年平均氣溫爲攝氏二十二度。

一七二二年，荷蘭探險家雅可布・洛基文海軍上將率三艘船隻遠航南太平洋，於四月五日在該島登陸，適逢耶穌復活的日子，就命名爲復活節島。但英國人認爲是該國探險家戴維斯發現復活節島，他早在一六八八年便已捷足先登。

六、與台灣貿易關係

一九七五年八月，台灣在智利設立辦事處，而智利則於一九八九年九月二十二日正式在台設立商務辦事處，受理國人赴智利簽證之申請及在台拓銷智利產品，加強雙邊經貿活動。

智利與我國經貿交流尚稱順暢，但基於政治考量，對我交往並不密切。智利雖已與五十八個國家簽署自由貿易協定或互補協定，但仍未將其第八大出口市場台灣列爲對象。但因我國是智利水果出口重點市場，智利對檢疫議題與合作事項較爲積極，雙方交流頻繁。

依我國海關統計，二〇一一年台智雙邊貿易總額爲二十五億六千八百一十萬美元，較二〇一〇年成長百分之五・七。智利爲我國在拉丁美洲次於巴西之第二大貿易夥伴國。智利爲我國在中南美洲首要進口來源，主要進口水果、紙漿、木材、銅、葡萄酒及其他產品。由於韓國、中國大陸、日本及印度等國產品藉由自由貿易協定免關稅進入智利市場，對我產品造成市場排擠效應。二〇一〇年智利爲我國在中南美洲的第四大出口市場，僅次於巴西、墨西哥及阿根廷。

我國對智利出口成長速度減緩，係因我國鞋類、自行車、電腦及周邊設備、紡織品、運動器材、汽車零件廠商已陸續轉往中國大陸生產。此外，由於智利生產之銅、魚粉、木材及紙漿等原料爲我國經濟發展所需，同時各類溫帶水果、葡萄酒及水產品因價格具有競爭力，普遍受到國人歡迎，因此我國與智利雙邊貿易一向處於逆差。

第十章　安地斯國家（二）

第一節 緒論

南美洲西部，其天然環境很明顯地可分爲山脈、沙漠和森林低地。安地斯山區則大部分有兩條並排的山脈，中間是一個較高的高原，在厄瓜多的南部和祕魯的中部則係一個較低的地方，再往南行山脈中間有塊陷地，此山脈爲大西洋和太平洋的主要分水嶺。安地斯山麓有幾處廣大的低地，也有小山丘，而祕魯南部山脈綿延，緊靠海岸。其沿海地區，有許多河流分布，其中以祕魯的聖塔河（Santa）谷較長，而安地斯山東部爲森林低地區。

厄瓜多的沿海地區，氣候變化很大，植物種類亦多；但在南部以及祕魯的海岸地帶和智利的北部，則較爲乾燥，冷氣團順著海岸吹向厄瓜多的北部，對於氣候具有很重大的影響。厄瓜多和祕魯境內的安地斯山區有大量雨水，但沿海沙漠區與安地斯山較高的地方以及在祕魯南部以外，都有充分的水量供給沿海一帶的沙漠區灌溉，形成綠洲。

至於玻利維亞是內陸國，缺乏出海口，對外貿易極感不便。玻利維亞的太平洋海岸是於一八七九至一八八三年的太平洋戰爭失利後割讓給智利。厄瓜多、祕魯和玻利維亞這三個國家，在安地斯山區大多是印第安人。

至於沿海地帶，則人種複雜。在厄瓜多境內和祕魯北方，以黑人居多。目前玻利維亞居民已開始移入安地斯山東部的低地和內陸的低地，此地由於人口非常稀少，對於經濟活動並無多大貢獻。

這三個國家僅有百分之一左右的土地種植農作物，但在安地斯山則有廣大的草地從事畜牧。安地斯山的農業主要生產糧食作物，有的供當地消費，有的銷售到礦產中心，在祕魯甚至銷售到沿海的低地。農作物隨著高度與氣候而不同，在最高的地方以馬鈴薯和其他的塊莖植物爲主。祕魯的南部和玻利維亞的北部稍低的地區，種植大麥和小麥。至於玉米則需要較高的溫度和充足的雨量。傳統上，畜牧主要是飼養羊駝、駱馬和山羊。由於雨量不足，在安地斯山區尚有廣大草地和土地尚未充分利用。

沿海地區的農業則各不相同。在厄瓜多森林低地，樹木多砍伐殆盡，種植可可和香蕉以供外銷，還有種植甘蔗、棉花和稻米供國內消費；在祕魯的沿海地帶，其農作物的種植是幾乎完全仰賴灌溉，蔗糖、棉花是最主要的輸出品，而稻米和玉米及飼料用的糧秣等農產品是供給本國消費；至於在玻利維亞境內的安地斯山區則缺乏食物，其糧食作物長期來均需仰賴外地輸入，目前正在東部的低地努力嘗試生產大量的農作物，特別是糖和稻米。

三國的礦產也不相同，最近發現了若干新的礦藏，但三國均生產石油。安地斯山的巴斯克山（Cerro de Pasco）是非鐵金屬的主要產地，而玻利維亞中部則產錫，祕魯沿海以開採鐵礦爲主。

在這三個國家中，除石油外，沒有一個國家可以利用自己的礦產充分發展其本身工業。石油爲這三個國家的主要動力，煤的生產微乎其微，並不受重視。這三個國家的工業，大多是生產各類礦產、精煉石油、農業產品、編織品、衣服和其他消費品爲主。在祕魯稍具規模的有鋼鐵工業，至於化學工業和引擎工業的發展，由於缺乏基本工業的基礎，並不發達，而編織業則盛行於安地斯山鄉村地區。

在厄瓜多，瓜亞基（Guayaquil）爲著名的工業中心，其他如昆卡（Cuenca）和里約邦巴（Riobamba），也是新興的工業區。在祕魯境內，幾乎所有的輕工業都集中於利馬（Lima），至於玻利維亞境內幾乎沒有工業可言。

第二節　厄瓜多

一、簡史、地理與氣候

一八二一年，玻利瓦爾派遣蘇克雷率領委內瑞拉和哥倫比亞起義軍支援基多人民的獨立爭鬥。一八二二年五月二十四日凌晨，蘇克雷將軍指揮軍隊在基多附近與西班牙殖民軍進行決戰，徹底打敗了西班牙殖民軍。五月二十五日，蘇克雷將軍進入基多城。五月二十九日，基多地區加入大哥倫比亞共和國。一八二四年，玻利瓦爾在頒布《新國家領土畫分法》時，稱基多地區爲厄瓜多。這是歷史上第一次在正式文件裡出現厄瓜多的稱號。一八三〇年五月十二日，弗洛雷斯將軍領導基多地區脫離大哥倫比亞共和國，並宣布成立厄瓜多共和國。八月十四日，頒布厄瓜多共和國第一部憲法，弗洛雷斯將軍當選爲共和國第一任總統。

厄瓜多位於南美洲西北部太平洋岸，北與哥倫比亞交界，東南毗鄰祕魯，西臨太平洋，沿海平原狹小。其範圍在西經70°11'至81°01'和北緯1°26'至南緯5°01'之間。厄瓜多，西班牙語意爲赤道，因有赤道橫貫國土而得名。安地斯山脈由南到北直貫國境中部，形成厄瓜多的脊樑，東部爲亞馬遜平原。

一八三〇年，厄瓜多脫離大哥倫比亞聯邦獨立時，面積是七十六萬平方公里，東部沿著亞馬遜河向東延伸，遠至依基托斯以下。但此後東部領土不斷收縮，一九〇四年被巴西蠶食了一部分，一九一六年普圖馬約河以南一帶地區被割讓給哥倫比亞，一九四一至一九四二年厄瓜多與祕魯戰爭後原屬厄瓜多的亞馬遜盆地東部低地的許多領土被祕魯兼併。因此，現今的厄瓜多面積縮小很多，只剩二十八萬三千多平方公里。

安地斯山脈從哥倫比亞南下，縱貫厄瓜多中部，猶如厄瓜多的脊梁，把全國地形分成中間高兩側低的三部分：1.東部平原，爲世界著名的亞馬遜平原一部分，占國土面積三分之一以上。海拔二百五十公尺以下，河流縱橫交錯，多源於中部安地斯山東麓，流入亞馬遜河；2.中部山區，占國土面積百分之四十。由東、西山脈以及山間高原和盆地群組成。火山縱列，地震頻繁。聳立著二十多座海拔五千公尺以上的火山錐。除這些高聳入雲的火山外，其山間高原和盆地，海拔亦在二千公尺至三千公尺之間。火山灰廣布，土壤肥沃；3.西部沿海地區，約占國土面積四分之一，是一條狹長的南北走向的沿海平原，在瓜亞基爾以北寬約一百五十公里，瓜亞基爾以南寬僅五十公里。地勢平坦，一般在海拔二百公尺以下。

厄瓜多沿海島嶼不多，只是在瓜亞基爾灣內有幾個海島，其中最大的是普那島。太平洋中的科隆群島包括十七個大島和一百多個小島，全部由火山錐和火山熔岩組成，面積七千五百平方公里，居民六千餘人，氣候乾旱。

厄瓜多雖地處赤道，然而氣候深受安地斯山脈和祕魯洋流的影響，比典型的赤道區氣候要複雜得多。其東部屬熱帶雨林氣候，全年高溫多雨，年平均氣溫攝氏二十三度至攝氏二十七度，年降雨量二千至三千公釐。而中部山區氣溫垂直變化，山間高原和盆地終年溫和，年平均氣溫攝氏十八度至攝氏二十四度，年溫差較小，年降雨量約一千公釐；海拔四千四百公尺以上的山地常年積雪。在西部沿海平原，南北氣候有別。北部屬熱帶雨林氣候，氣溫較高，雨量充沛，年平均氣溫攝氏二十五度至攝氏二十七度，年降雨量二千至三千公釐。南部向熱帶草原氣候過渡，氣溫仍較高，但年降雨量減至五百公釐左右。

二、經濟與物產

直貫國土中部的安地斯山是厄瓜多最重要的經濟地區。因山區縱谷地勢頗高，溫和多雨，農業發達，人口密集，爲精華區。但近數十年來，其大部分的發展均在太平沿海地帶，人口在四個低地的省分約增加八至九倍，但全國的總人口僅增加三倍而已，這證明沿海地區經濟成長迅速。

不管厄瓜多的發展如何，它很少與鄰國往來，只有少部分的居民與外國進行小額貿易。安地斯山區的居民，一直保持自給自足的經濟；沿海地帶的人民，對貿易較有貢獻。目前此地所生產的香蕉，占輸出品的百分之五十，輸出額占世界市場的四分之一。這一方面由於土地的所有權制度，一方面是致力減少病蟲害的發生和運輸工具的改良所致。其他的輸出品，大部分爲咖啡、可可及伐木，這些產品大部分出自低地和靠近安地斯山斜坡地區。

厄瓜多西部瓜亞基爾灣一帶和東部亞馬遜平原蘊藏豐富的石油和天然氣。厄瓜多石油出口量僅次於墨西哥和委內瑞拉，居拉丁美洲第三位，而且在拉丁美洲國家中只有厄瓜多和委內瑞拉是石油輸出國組織成員。

此外，厄瓜多土壤肥沃，氣候多樣，適宜各種農作物生長。出口經濟作物如香蕉、可可、咖啡、棉花、甘蔗種植在西部沿海平原，這裡還出產水稻。中部高原盛產小麥、大麥、玉米、馬鈴薯等，這些糧食作物能滿足國內需要。高原中的許多山間盆地適宜發展畜牧業。東部亞馬遜平原和中部高原森林茂盛，森林覆蓋面積約占國土總面積的二分之一，盛產桃花心木、染木和香膏木等貴重木材。西部海域有豐富的金槍魚、鯷魚、沙丁魚和海蝦等，是世界重要漁場之一。

厄瓜多是一個落後的農業國家，主要作物是香蕉、咖啡、可可和稻米，稻米是當地居民的主食。厄國漁業資源也相當豐富。近年來在東部叢林區發展及開採石油，讓厄國成為拉丁美洲主要的石油生產國，石油也和香蕉、咖啡、可可、象牙果、蔗糖等成為主要的外銷產品。另外，透過巴拿馬運河運銷世界各地而聞名的巴拿馬帽，事實上是厄國北部印第安人手工所製，稱為Sombrero de Jipijapa。

三、經濟發展

西班牙殖民者為厄瓜多帶來牛、羊、馬、豬和農作物，也傳入新的生產工具。小麥和大麥種植面積不斷擴大，而且產於非洲的甘蔗也傳到厄瓜多沿海地區和高原炎熱的山谷地帶。到十七世紀，厄瓜多沿海地區已經遍植可可、菸草和香蕉，成為殖民時期最大的農業財富，且延續至今。

厄瓜多長期以來盛行大莊園制，農村多數土地為極少數地主所有，小農只有極少的土地，且有許多無地農民。厄瓜多經濟中存在著私人資本、國家資本和外國資本。一九七〇年代以前，私人資本占優勢；七十年代以後，本國資本和外國資本開始增強。

厄瓜多在獨立後的經濟發展過程中，先後出現十九世紀末至二十世紀初的「可可時代」、二次大戰後的「香蕉時代」以及一九七二年開始的「石油時代」。一八七〇年起，厄瓜多沿海地區大量種植可可，可可出口曾一度占全部出口的百分之七十五，因此稱為「可可時代」。到一九四〇年代，幾乎所有可可樹都因病蟲害而遭到毀壞，可可生產一蹶不振。

「可可時代」結束後，香蕉生產迅速發展。一九五四年香蕉出口量達四十九多萬噸，約占世界市場的三分之一，居世界第一，因此被稱爲「香蕉之國」。一九六七年，厄瓜多東部發現豐富的石油，並於一九七二年開始大規模開採。從此，石油取代香蕉成爲厄瓜多最主要的出口產品。當時恰逢一九七三年中東戰爭爆發，國際市場石油價格大幅上漲，造成厄瓜多石油業蓬勃發展。而且石油工業的發達帶動整個國民經濟突飛猛進，使國家面貌產生巨大變化。

由於石油等工業的迅速發展，農業在國民經濟中的地位不斷下降。一九七〇年代後，政府積極發展農漁牧業多種經營，改變單純依靠香蕉、可可等經濟作物的狀況，使得香蕉和可可在農業中的比重大幅下降，畜牧業和漁業產值不斷上升。厄瓜多的畜牧業以小規模爲主，沿海地區主要飼養肉牛，山區則飼養乳牛。

厄瓜多貿易對象主要有美國、德國和日本等，而最大的貿易對象是美國。厄瓜多向這些國家出口香蕉、咖啡和可可等熱帶農產品，並從這些國家進口機器設備、汽車、電器、化學產品、鋼鐵等工業品。

四、人民與風俗

厄瓜多人口一千二百多萬，印歐混血占百分之四十一，印第安人百分之三十九，白人及黑人各占百分之十。厄國人口幾乎都居住在海岸及安地斯山區，只有百分之一的人住在叢林地區。印第安人大多數住在山區與東部人煙稀少的森林區；印歐混血大多數是技術工人、小商人、小土地所有者或農業工人，主要分布在沿海地區。白人主要分布在各大城市，人數雖少，卻壟斷全國大部分的土地與財富。

厄瓜多是世界上印第安人最多的國家之一，素稱「印第安之邦」。印第安人集中在安地斯山區和亞馬遜平原，沿海地區較少。山區印第安人由於接觸現代生活較多，生活習俗發生較大變化。亞馬遜平原的印第安人幾乎與外界隔絕，仍保持特有的民族習俗。厄瓜多黑人比較少，集中在沿海西北部地區。白人比例不大，卻在政治、經濟、軍事、文化等各個領域居統治地位。隨著經濟的發展，厄瓜多出現財富加快集中、失業和半失業嚴重以及城鄉差別擴大等問題。

厄瓜多首都基多（Quito）位於安地斯山區、赤道以南的皮欽查火山東南麓谷地，人口約一百五十萬，仍保留許多殖民時期的教堂。基多既是世界上最靠近赤道的首都，赤道線貫穿城北二十二公里處，也是世界上海拔第二高的首都，高二千八百一十九公尺。長久以來一直把瓜亞幾爾（Guayauqil）視爲強烈的對手。基多各月平均氣溫都在攝氏十三度上下，最熱的六月和最冷的十二月差攝氏〇・六度，但日溫差甚大。白天太陽直射光線強烈，氣溫可達攝氏二十七度至攝氏二十八度，夜晚變冷，溫度下降到攝氏十度以下，甚至接近攝氏〇度。至於瓜亞幾爾人口約二百萬，是厄國的主要商港。因優越的地理位置，該城不斷吸收外來的資訊而成爲一個比首都基多更活躍、更現代化的城市。

印第安人部落中，青年男女戀愛和結婚儀式至今仍然保持傳統的習俗。青年男子如果相中某位小姐，先尾隨意中人並吹口哨以示愛慕。隔幾天再迎面向小姐投擲表示愛情的小石塊。再過數日接近小姐，並想辦法扯下小姐的頭巾。如果小姐也有意，則會微笑任憑白馬王子把頭巾抓去，作爲定情之物。

厄瓜多印第安人的結婚儀式頗具情趣，婚禮通常在晚上舉行。婚禮上，男女雙方的賓客站立兩旁，新人則跪在酋長面前。酋長伸手把兩人的頭抱在一起，並用一串項鍊把他們的頸子套在一起，表示兩人結爲夫妻。次日早晨，親朋好友到洞房前向新人表示祝賀，並打開鎖著的房門，簇擁著新人到河邊舉行洗臉儀式。新人父母邊給新人洗臉，邊分別向他們面授處世之道和生育之法，叮嚀他們和睦相處，互敬互諒。同時，親友將鮮花灑入河中，祝新婚夫婦的生活像鮮花一樣美好，像流水一樣順暢。

每年九月，厄瓜多都要持續三天隆重慶祝黑媽媽節，位於邊境的拉塔昆加城是節日中心。黑媽媽節的由來眾說紛紜，有的說黑媽媽原是聖母瑪麗亞的乳娘，引導印歐混血種人及印第安人信仰和崇拜聖母瑪麗亞。另傳說，一七四二年十二月二十一日，拉塔昆加附近的科托帕克希火山爆發，造成災難而且噴發持續不斷，直到一七四四年，由於居民在附近山坡豎起聖母像，聖母顯靈，火山才熄滅。因此，這個節日也被稱爲「聖母施恩節」。

每年十一月二日亡人節，厄瓜多人會製作或購買色彩鮮豔、做成像頑童或威武戰士的偶像麵包「瓜瓜斯」，克丘亞語亦即「孩童」或「士兵」。亡人節當天，小販們沿街叫賣「瓜瓜斯」，商店裡也擺得琳瑯滿目。家家戶戶都以偶像麵包祭祀死去的親人。祭儀結束後，一般會搭配玉米漿把偶像麵包吃掉。

如到厄瓜多觀光，別忘了去比爾卡班巴村，尋找長壽的奧祕。比爾卡班巴村是世界三大長壽村之一，居民約四千五百人，其中一百歲以上老人達八十餘人，一百二十歲以上壽星多達五十餘人。該村長壽的祕密在坐落在幽靜且海拔一千三百五十公尺的安地斯山谷中，風景優美，氣候宜人，平均溫度在攝氏十七度至攝氏二十度之間。而且比爾卡班巴河流經該村，河水清澈見底。比爾卡班巴在當地印第安語中，就是「聖谷」的意思。

除了環境優美，比爾卡班巴人長壽還與其身體勞動和生活習慣密切相關。比爾卡班巴人長年從事各種田間體力勞動，即使上了年紀也還從事一些體力能及的農活和家務勞動。因此雖是百歲人瑞，仍腰直體健，骨頭硬朗，耳聰目明。

最後，名聞遐邇的巴拿馬草帽是厄瓜多印第安人編織的。白色的草帽，式樣美觀。長久以來，這種草帽從厄瓜多運到巴拿馬，再銷售到世界各國，因此被誤稱爲「巴拿馬」草帽。

第三節　祕魯

一、概論

祕魯位於南美洲西北部，是美洲大陸上的古國。十六世紀初西班牙人入侵前，印第安人的克丘亞族（Quechua）與阿伊馬拉族（Aymara），就在今天的祕魯境內，建立高度發展的印第安文化。一四三八年，祕魯被印加帝國征服，成爲印加帝國的中心。在殖民統治的三百年間，祕魯是西班牙在南美最重要的殖民地，西班牙文化對祕魯的影響相當深遠。

一八一四至一八一五年間，祕魯人民起義反抗西班牙的統治。一八二一年，聖馬丁將軍所領導的革命軍攻陷利馬，宣布祕魯獨立。後來，玻利瓦爾（Simón Bolívar）將軍隊繼續與西班牙殖民軍作戰，至一八二六年，祕魯全境獨立，成立獨立的共和國。

以領土範圍而言，在三個不同時期祕魯各有其不同的意涵。首先，在十六世紀以前，祕魯是印加帝國的中心。印加帝國的版圖，除祕魯外，還包括今天的厄瓜多、玻利維亞，以及阿根廷和智利的一部分。

其次，十六世紀初西班牙殖民者征服印加帝國後，於一五四二年在利馬設置祕魯總督。此後，這個國家就一直叫做祕魯。但當時所管轄的範圍，幾乎包括西班牙在南美洲的全部殖民地。

最後，今天所稱的祕魯，是指十九世紀初獲得獨立後的祕魯共和國，範圍比以前小很多。至於祕魯這個名詞的來源，依據印第安語，意爲「糧倉」或「玉米桿」，因爲當時印加王國的農作物主要爲玉米。另外傳說，西班牙征服者皮薩羅（Francisco Pizarro）到達祕魯擄獲印第安人，問這個地方是哪裡？印第安人回答Berú，而且此地有一條河叫Pelú，後來逐漸訛傳成Perú。

二、地理與氣候

祕魯位於南美洲的西北部，西瀕太平洋，北與厄瓜多接壤，東北毗鄰哥倫比亞，東部和南部分別與巴西、玻利維亞交界，南連智利。面積爲一百二十八多萬平方公里。全境南北最長的直線距離爲二千〇八十公里，東西最寬爲一千二百五十八公里。安地斯山中段穿越南北，山地占全國面積的一半。世界最長的亞馬遜河發源於祕魯的高山上。

祕魯西部是一條狹長的黃色沙漠地帶，中部是高聳綿延的安地斯山脈。東部是廣闊的亞馬遜雨林。整個國土以黃、藍、白三色爲基本色調，地理學家通常把祕魯分爲沿海區，山區和森林區三個景觀迥異的地理區域。

圖10-1 安地斯山谷優美的村落（楊秀琴攝）

沿海區是太平洋沿岸的狹長地帶，長約一千九百公里，寬僅三十至一百三十公里，占全國面積百分之十一，但卻有全國約百分之四十三的人口居住在此。整個沿海地區屬熱帶沙漠氣候，年平均溫度攝氏十五度至攝氏二十五度之間。這一帶雖然緊靠太平洋，但雨量稀少，年平均降雨量不足五十公釐，南部僅二十五公釐。地處沿海中部的首都利馬，素有「無雨城」之稱。祕魯沿海地區也常出現特有的「濃溼霧」，形成這種少雨多霧氣候的原因是沿海水域由南向北有一股強大的洋流，洋流所經之處海域水溫降低不易蒸發成雨，而且東側有高聳的安地斯山擋住來自大西洋富含水分的信風。不過，安地斯山麓多短小河流，形成眾多山谷綠洲，加上人工灌溉，使這個區域成為全國最發達的區域，集中全國三分之一的耕地和百分之七〇以上的工商業。浩瀚的太平洋為沿海地區帶來漁業和航海之便，水產資源豐富是拉丁美洲三大漁場之一。

中部山區，高聳的安地斯山脈縱貫南北，海

圖10-2 安地斯山上的羊駝（楊秀琴攝）

圖10-3 的的喀喀湖上的漂浮島（楊秀琴攝）

拔平均四千公尺以上，有「祕魯的脊椎」之稱，占全國面積的百分之三十一，全國百分之四十七的人口集中在此，大部分是印第安人。山間多高原盆地，印第安人藉以飼養駱馬、羊駝、豬、羊等家畜，使此區成爲祕魯重要的畜牧業中心。此外，安地斯山區也適合種植小麥、玉米、咖啡、馬鈴薯等農作物。

的的喀喀湖位於中部山區與玻利維亞毗鄰的高原上，是世界上最高，終年可以通航的湖泊，湖面海拔三千八百一十二公尺，面積八千三百多平方公里，其中四千九百九十六平方公里在祕魯境內。整體而言，中部山區屬高山高原氣候，各地溫差大。山區不僅提供國內所需大部分的糧食和畜產品，地下也蘊藏豐富的礦產資源，採礦業始終是祕魯工業經濟乃至國民經濟的基礎。

東部林區是由亞馬遜河流域的熱帶原始森林組成，地勢平緩，河網縱橫，占全國面積一半以上。這裡屬熱帶雨林氣候，炎熱潮溼，雨量充沛，年平均降雨量在二千公釐以上，且蘊藏豐富的石油。祕魯河流分屬太平洋和大西洋流域兩個水系。西部太平洋流域有六十條河流，短而湍急。東部大西洋流域屬亞馬遜河水系，多由南向北，水量充沛，流程綿長。此外，祕魯海岸線平直，全長二千二百五十四公里，沿海盛產鳥糞。

三、自然資源與經貿概況

祕魯的礦物資源相當豐富且種類繁多，是世界上十二大礦業國之一。礦業資源的特點是種類多，儲量大，主要有銅、鋅、鉛、銀、鉍和釩。其中，鉍、釩儲藏量居世界首位，銅占第三位，銀、鋅占第四位；此外，還有金、錳、鐵、煤等，許多種礦業資源尚待開發。亞馬遜河和東部其他河流域以及北部沿海發現石油。東部林區中部和南部有豐富的天然氣；至於豐富的水力及地熱資源也極待開發。在獨立初期，鳥糞和白銀、硝石曾爲祕魯主要的輸出品，也是財政收入的重要來源。然而因長期以爆炸方式進行開採及聖嬰現象影響，鳥糞儲量急劇下降。

然而，祕魯的土地資源相對貧乏。可耕地不到領土總面積的百分之三十。祕魯農業歷史悠久，但農業生產卻一直很落後。歷來農業生產跟不上人口成長的速度，其主要原因在於土地利用率很低以及農業生產率低。爲擺脫糧食依賴進口的窘境，祕魯政府採取下列措施：1.大力興修水利工程，擴大耕種面積，治理窪地和鹽地；2.增加農業投資、培訓農民；3.試驗和推廣農作物的優良品種，改進耕作方法。

爲普遍提高安地斯山區農民的生活水準，祕魯政府應在庫斯科（Cuzco）及阿雅庫丘（Ayacucho）設立以印第安語言授課的大學，提高人民知識水準，建設工廠，使當地人民能充分就業。而農作物應實施輪種，以保持地肥，且在起伏不平的地方，以梯田方式耕作，建立灌溉系統，實施人工植林。

整體而言，祕魯工業發展有以下幾個問題：1.工業部門結構畸形。主要供出口的採礦工業和有色冶金工業是整個工業的支柱，一直被列爲重點項目，得到較充分的發展。其他基礎工業十分薄弱，輕工業部門殘缺不全；2.工業分布不均衡。首都利馬及其附近集中了全國百分之七〇的製造業和百分之六十四的電力工業，且大型工業也都集中在利馬，此現象持續加劇；3.缺乏一個較完整的工業體系及缺乏發達的機械製造工業基礎。

祕魯森林面積占領土總面積二分之一以上，在拉丁美洲僅次於巴西占第二位。大多分布在東部亞馬遜森林地區，一部分在安地斯山區。早期由於林區人口稀少，交通不便，政府對林業投資少，因此大多數地方尚未開發。近年來，由於濫砍亂伐，林業資源遭到嚴重破壞。

祕魯有良好的發展畜牧業的自然條件，牧場主要分布在海拔四千公尺的中部和南部高原地帶。然而，交通閉塞、不合理的畜產品加工部門、掠奪式的使用牧場和資金缺乏，阻礙畜牧業的發展。

祕魯海岸線長達二千二百五十四公里，水域寬闊，又有洋流流經海域，因此海洋資源極其豐富，在一九六〇年代曾是世界著名的漁產國之一，主要魚類以製作魚粉的沙丁魚為主。七〇年代後因沿海洋流變化，使祕魯沿海水域水溫、含鹽度和其他化學成分發生很大變化，打破此漁區的生態平衡。而且浮游生物大量死亡，沙丁魚幾乎絕跡，捕魚量顯著下降。

祕魯植物資源非常繁多且頗具特色。沿海以旱生植物為特徵。中部山區，地形、地勢和氣候的差異造就自然植物的多樣化。東部林區有各種未經砍伐的熱帶雨林。祕魯人以生產可治療瘧疾的金雞納樹而自豪，不僅把它繪在國徽圖案上，而且將其定為國樹。此外，向日葵是祕魯的國花。因為祕魯是向日葵的原產地，而且祕魯人自認是「太陽的子孫」，印加人對太陽非常崇拜，在他們心目中，太陽是萬物之源，因此，就把永遠朝向太陽的向日葵奉為國花。

輸出品的種類繁多是祕魯對外貿易的最大特徵，唯數量有限。輸出品中，礦產、農產和漁產所占的比例大致相等。從一九五〇年代末期以來，出現大量不同產品與棉花、糖和其他非鐵金屬等傳統的輸出品競爭。

因各種資源均靠近海港，沿海地區對外貿極具貢獻。此外，祕魯對外貿易發展雖快，但長期以來，由於世界市場工業產品價格上漲，原料價格下跌，祕魯和許多發展中國家一樣蒙受很大的損失。祕魯主要出口商品是礦產品和農產品。礦產原料有銅、鉛、鋅、銀、鐵等，農產品有棉花、蔗糖、咖啡。此外，魚粉也是重要出口商品，一九七八年起石油也開始出口。進口商品主要是糧食、機器、原料等。主要貿易對象是美國、日本、德國、英國和拉丁美洲國家。雖然祕魯政府積極設法開闢新市場，但美國仍是祕魯第一大貿易夥伴。

四、人民與宗教信仰

祕魯人口二千七百一十四萬人，城市人口占百分之七十。印第安人占百分之四十一，主要集中在高原地區；印歐混血占百分之三十六，分布在海岸及高原地區；白種人占百分之十九，集中在海岸地區；另外還有百分之四的黑人和亞裔人口，也集中在海岸地區。

祕魯是拉丁美洲華裔人數較多的國家之一。在經濟上華人爲祕魯帶來優良穀種和先進的水稻種植技術，促進水稻的大量種植並間接改變祕魯人的飲食習慣。今天，米飯已成祕魯人的主食。祕魯華僑的移民史應追溯到十六世紀中葉和十七世紀前半期，即明清之際，當時已有零星的中國商人、工人、水手等到祕魯經商或做工。一八四九年，首批契約華工抵達祕魯，開起大規模的華人移民潮。

一九九三年，祕魯新憲法規定西班牙語爲官方語言，但在克丘亞人、阿伊馬拉人和其他土著居民爲主的地區，克丘亞語和阿伊馬拉語也是當地官方語言。

在祕魯，原住民文化與歐洲文化的嫌隙與衝突嚴重，這造成安地斯高原地區成爲恐怖主義的溫床也是利馬動亂的根源。和大多數拉丁美洲首都一樣，過去二十多年來，安地斯山區的印第安農民大量湧入，爲原本擁擠的利馬帶來更多的問題和困擾。此外，在祕魯占大多數人口的印第安人與統治的中上階級間，仍存在嚴重的種族岐異，缺乏共識。居少數的統治者崇洋媚外，以西方文化馬首是瞻，而大部分人民都生活在赤貧下。因此，如何拋開過去的殖民心態，解決國內的衝突紛爭，以及排除所有經濟發展的障礙，將是祕魯所要面臨的嚴峻挑戰。

祕魯憲法規定宗教信仰自由，但天主教的影響極大，全國有高達百分之九十五的人信奉天主教，不過他們不是很嚴格的遵守誡律，白人及混血人種屬天主教徒。土著印第安人除信奉天主教外也信奉太陽神。每年六月二十四日，印第安人會在古都庫斯科歡慶「太陽節」。此外，二十世紀起基督教的勢力在貧苦農民間的影響逐漸擴大。

五、風情與民俗習慣

㈠豐富多彩的服飾與禮俗

祕魯人的服飾豐富多彩，在現代社交生活中，他們通常著西式服裝，平時著裝比較隨性。農村居民穿毛織的短褲，天冷時外面披一件「彭丘」（poncho）。彭丘較大、較厚，是羊駝等動物毛織成的。而婦女平時穿毛織的裙子，上身穿長繡花襯衫，慶祝節日時，婦女們都愛穿顏色十分鮮豔的裙子和襯衫。裙子的下擺都異常寬大，並印有紅色、紫色、黑色的橫格，上身的襯衣一般爲紅色的，通常印有許多漂亮的對稱繡花幾何圖案。跳舞時愛雙手舉一條毛織頭巾，進行裝飾。無論是城市還是鄉村，普通的居民和印第安人都普遍喜歡彭丘。

祕魯人談話時，雙方的距離很近，他們認爲這表示親近。如果向你的身體做摟或抓的動作，表示我付錢的意思。他們也喜歡用飛吻的手勢讚美一樣東西。此外，祕魯人見面時，不分男女都可握

圖10-4　祕魯安地斯山上的手工藝市集（楊秀琴攝）

手，男性間常互相擁抱，女性則互吻臉頰。他們不喜歡在剛見面時就進入嚴肅的話題，通常會先請你喝咖啡再進入話題。平時在交談中應避免談有關政治的話題。

祕魯人具有強烈的民族自尊心，與他們打交道，最要緊的是尊重他們的民族感情。由於當地的商務習慣，他們常不守約會時間，對此要有寬容的態度並加以尊重，而且自己還是應準時赴約。如果你準備宴請對方，通常應當同時邀請他的妻子。另外，應邀到祕魯人家中作客，應晚半小時到達，只有看鬥牛比賽才要求絕對準時。應邀作客可以帶一束鮮花、一盒巧克力或一瓶好酒，但應避開紫色，因爲祕魯人視紫色爲不祥，且只有在舉行一些宗教儀式時才用這種顏色。

㈡婚姻與喪葬禮俗

祕魯人中居住在城鎮信奉天主教的教徒，一般都到教堂中舉行婚禮，但在一般偏遠山區仍保留著傳統的婚俗。活在祕魯亞馬遜叢林的印第安人，男人的權力高於女人，而且在婚戀問題上，男人也比女人自由。如果一個男子看上了一個女子，不管女子是否同意都可娶她爲妻。

祕魯印第安人還流傳把死者最珍視的財產以及他最喜愛的婦人作爲陪葬品。他們相信靈魂不朽，因此在印加建造宏偉的陵墓是很普通的事情，陵墓中常有死者和他的財產、女人及侍從，還有大量的食物和酒，武器及裝飾品。有些婦女甚至因爲恐懼墳墓中沒有她們的位置，上吊而死。一般而言，印加人很看重自願殉死的女人，因而在墳墓中提供給她更好的位置。

克丘亞人對死者的屍體很重視，始終要讓它完整無缺，而且葬禮特別隆重，有自己的聖歌和禱文。他們相信，靈魂在屍體周圍停留片刻之後，便會奔向自己應該去的地方，印加王的靈魂奔向太陽，貴族的靈魂奔向天空和天頂，另一些人的靈魂奔向人類世界；他們還相信，人的靈魂會在動物身上顯靈。

㈢精采的民間傳統節日與活動

祕魯傳統的民俗節日非常多，首先，祕魯印第安人有朝拜天國的民俗。在古都庫斯科以東約八十公里的冰川上（海拔四千八百公尺）有塊岩石，相傳耶穌曾於一七八○年在這裡顯靈。後來印第安人把它奉爲「聖石」，並設祭壇。在「聖石」附近建造了一些聖祠和聖靈朝拜，稱作「朝拜天國」。

「因蒂・拉伊米節」，也稱太陽節，是太陽子孫祕魯人的盛大節日。長久以來，印第安人將太陽神視爲眾神之王，認爲世間萬物都是太陽神所恩賜。爲了離太陽更近些，他們將城市建築在高山頂上，並在城市的最高處豎起「栓日石」，意欲把太陽拴住，讓大地永遠在太陽神的保護之下。西元十五世紀起，印第安人開始舉行盛大祭典。太陽節定於每年的六月二十四日舉行。按照印加曆法，六月二十四日是冬至，也是印加人的元旦。祭壇設在祕魯古都庫斯科城北的薩克薩曼古堡。

位於祕魯和玻利維亞兩國交界處的的喀喀湖，烏羅人（Uro）是湖區最原始的居民，很少與外界往來，保留自己獨特的生活和風俗習慣。舉世罕見的「漂浮島」是烏羅人在離島不遠的香蒲叢中巧妙建立的人工島，烏羅人並以香蒲草在「漂浮島」建立一座座的尖頂草屋。

最後，賽馬和鬥牛更是祕魯人最喜愛的傳統娛樂項目，頗具民族特色。賽馬活動在祕魯歷史悠久，全國大小城市幾乎普遍設有賽馬場。鬥牛也是祕魯人喜愛的一項娛樂活動。首都利馬是全國鬥牛的中心，每年十至十二月是鬥牛的旺季。西班牙式的鬥牛是人同牛鬥，但祕魯鬥牛則別具一格，不全是人和牛鬥，主要是老鷹和牛鬥。

圖10-5　祕魯的的喀喀湖漂浮島上的印地安民族（楊秀琴攝）

六、與台灣經貿關係

近年來台祕貿易成長快速，祕魯政府因歐美經濟景氣轉弱，也開始重視開拓亞洲市場，目前雙邊經貿往來活動仍以我方訪祕拓銷團為主，祕魯則以單獨廠商赴台採購及觀展為主。

二〇一一年祕魯是我在南美地區第三大貿易夥伴，僅次於巴西及智利。祕魯為我在南美地區次於巴西及智利之第三大進口來源國。主要進口項目為精煉銅、魚粉、液化天然氣、銅線、銅條及碎屑、冷凍魚、冷凍南美貝等為主。此外，祕魯是我在南美地區第五大出口市場，次於巴西、哥倫比亞、智利及阿根廷。我主要出口祕魯項目為人造紡纖原料、不銹鋼扁軋製品、橡膠氣胎、汽機車零配件等。我與祕魯貿易為逆差。

然而，祕魯與台灣仍存在重要經貿問題。首先，祕魯是我國原物料重要來源國之一。由於國際原物料價格逐年上升，加上我對祕魯原物料的需求，導致連年呈現逆差。今後應鼓勵台商加強對祕魯市場之拓展，以縮減雙邊貿易逆差。再者，我方嬰兒用品（如奶嘴）、化妝品、牙籤式牙線等產品出口祕魯時，祕魯進口商須取得我方相關單位核發之「自由銷售文件」後方得進口，造成非關稅貿易障礙。此外，我自祕魯進口以漁、礦產品居多，而出口則以工業產品居多，足見兩國貿易具互補性多於競爭性。為加強未來貿易與投資關係，台秘雙方有必要建立定期經貿諮商管道。但受限於「一個中國」政策，祕魯經貿部門對於我方提出加強高層經貿官員互訪與建立雙方定期經貿諮商管道等提議，均以雙方無邦交關係婉拒，增加我推動台秘經貿關係工作之難度。

第四節 玻利維亞

一、自然地理

玻利維亞因一八八三年太平洋戰役（Guerra de Pacífico）失敗，割讓領土給智利，從此喪失出海口，與巴拉圭成爲南美僅有的兩個內陸國。玻國與巴西、祕魯、智利及阿根廷四國接壤。領土一百〇九萬多平方公里，主要分成三大區域：1.安地斯高原，的的喀喀湖即位於此；2.安地斯山間谷地；3.東部熱帶及亞熱帶區。玻利維亞國名是爲紀念拉丁美獨立運動英雄玻利瓦爾（Simón Bolívar）而命名。

縱貫南美大陸西部的安地斯山脈在玻利維亞境內達到它的最寬點，約六百五十公里。玻利維亞和智利兩國交界處的西部山脈有許多山峰高達五千八百至六千五百公尺。西部山脈東部就是玻利維亞高原，其大部分地區在海拔四千公尺以上。高原平均寬一百四十公里，長一八百十公里。

高原北部土地肥沃，爲人口聚集區；南部是乾燥的沙漠地帶，人煙稀少，只散布著一些因開發礦產而形成的小鎮。全國約百分之七十人口居住在高原地帶，大多數城市也建在高原上，城市人口比重超過百分之五十。高原東部聳立著安地斯東部山脈。沿著東部山腳自然形成一條平緩的通道，從北部的的喀喀湖一直伸展至南部阿根廷邊境。

的的喀喀湖位於玻利維亞高原北端，湖水長年保持約爲攝氏十度的恆定溫度，對周圍環境、氣候發揮重要的調節作用，緩解冬天和夜間氣溫的下降。因此印第安人長期以來聚居於此，從事農耕和放牧。

安地斯山脈主脈東北坡森林茂密，有許多河流沖積的肥沃山谷，屬高溫溼潤氣候帶，盛產可可、咖啡、糖、古柯和其他熱帶水果。但連接這一地區與拉巴斯等消費中心的交通運輸十分不便，通過山口的公路非常險峻，其中有八十公里的路段竟需爬升三千四百三十公尺。東部山脈在科恰班巴（Cochabamba）附近向東傾斜，一直緩慢延伸至東部平原。

占玻利維亞國土面積百分之七十的熱帶低地，從東麓高原向東北和東部延伸至巴西邊境，向東南和南部延伸到與巴拉圭和阿根廷交界處，那裡僅居住全國百分之二十的人口。北部和東部低地爲熱帶雨林，雨林中部是廣布牧場、沼澤和灌木叢的開闊平原。此區與全國其他地區隔絕，無論從西部還是東部進入，交通都十分不便，人煙稀少。

東部山脈東麓雨林和平原向南延伸至皮科馬約河，雨量由北向南逐漸減少，最南部爲灌木叢林和草原構成的乾旱地帶。玻利維亞第二大城市聖克魯斯（Santa Cruz）是東部平原上的主要城市，同時也是重要的農業生產中心。那裡的自然條件適合甘蔗、稻米、油料作物和柑橘等水果的生長。目前東部平原主要是牧場和農耕用地。但這一地區蘊藏著豐富的石油、天然氣和鐵礦資源，一旦開發，將有可能成爲玻利維亞最大的財富來源。

二、氣候

玻利維亞全國可分爲四大氣候帶：1.熱帶低地。海拔一百五十至七百五十公尺，雨量充沛，特別是在每年十一月至次年三月間，雨量最多，其他季節較少，常受水災和乾旱的影響；2.拉巴斯和科洽班巴北部是高溫溼潤氣候帶。地處安地斯山脈的支脈之間，海拔七百五十至一千五百公尺，平均氣溫攝氏二十四度；3.東部山脈東麓高原是河流沖積盆地及河谷。平均溫度攝氏十九度，溼度較大，每年十二月至次年二月雨量最多；4.玻利維亞高原和東部山脈東麓高原。平均氣溫攝氏十度，海拔四千公尺以上地區每年六至八月分夜間溫度可降至攝氏負二十五度，白日則可升至攝氏二十度。玻利維亞高原北部雨量可達四百至七百公釐，南部雨量較少。就整個玻利維亞而言，每年十二月至次年五月爲雨季。

三、人口

玻利維亞人口七百八十多萬，印第安人口占百分之五十四，印歐混血百分之三十二，白人有百分之十四，另外有少數黑人和來自亞洲的移民。玻國文盲率高達百分之十七，平均國民所得一千一百美元，是拉丁美洲最貧窮的國家之一。玻國人口分布非常不平均。安地斯山以東，面積約占全國土地的三分之二，是亞馬遜河沖積平原，有廣大的森林和沼澤，土地肥沃，很少開發，人口非常稀少。國土西部是安地斯山區，是海拔三千三百至四千公尺以上的高原，面積約十萬多平方公里，蘊藏豐富的銀和其他礦產，全國四分之三的人口與工業幾乎都集中在此。憲法首都是蘇克雷（Sucre），實際上是拉巴斯（La Paz）。拉巴斯，海拔三千六百公尺，靠近的的喀喀湖，是世界上最高的首都。拉巴斯西班牙語是「和平」之意，但獨立以來，玻國政變層出不窮，動盪不安。

四、歷史

在西班牙征服前，現今玻利維亞就產生早期的印第安文明。西元十五世紀，印加人憑藉優勢軍事力量征服了蒂亞瓦納斯城，並占領了整個玻利維亞高原。此後近百年時間，玻利維亞是印加帝國的核心部分。目前，百分之六十的玻利維亞人使用克丘亞語或艾馬拉語等印第安土著語言。

一五三三年，皮薩羅率領軍隊征服印加帝國，控制玻利維亞高原。從一五四二年起，玻利維亞隸屬利馬總督區，稱爲上祕魯。一五四五年，在波托西（Potosí）發現豐富的銀礦，使原先的小鎮成爲全境人口最多的城市。一七七六年上祕魯轉隸屬拉不拉他總督區。

一八二四年十二月，蘇克雷將軍在阿亞庫喬戰役中擊敗王室軍隊。一八二五年，上祕魯獨立。爲了表達對南美洲解放者玻利瓦爾的尊敬，決定取名玻利維亞。

獨立初期，玻利維亞面臨著嚴峻的經濟形勢。白銀生產大幅下滑，使新獨立的玻利維亞失去國家收入的主要來源。而且因單一經濟結構，礦產的衰落使整個經濟形勢每況愈下。

當十九世紀歐洲移民大量湧入拉丁美洲時，玻利維亞卻未能成爲吸引移民的重要地區，而且也缺乏外國資本。此外，缺乏出海口以及交通運輸成本過高也阻礙玻利維亞農礦產品進入世界市場。

一八七九年，玻利維亞聯合祕魯與智利發生爭奪硝石產地的太平洋戰爭，結果玻利維亞戰敗，將沿海盛產硝石的阿塔卡馬地區割讓給智利，從此失去通往太平洋的出海口，變成內陸國家。二十世紀初，錫礦的開採取代白銀，到一九二九年，玻利維亞成爲繼馬來西亞後世界第二大錫礦生產國。此外，一次大戰後，美國對玻利維亞的經濟影響力日益加深。一九二二年，美孚石油公司獲得查科地區石油開發租讓權。美國的投資顯著增加。

一九三〇年代，世界性經濟蕭條造成玻利維亞的政治、經濟形勢日益動盪。一九三二至一九三五年，玻國與巴拉圭爆發「查科戰爭」。結果玻利維亞失去北部查科產油區領土的三分之二。查科戰爭的失敗使老一代將軍和政客威信掃地，新興的政黨應運而生。

一九五二年四月，埃斯登索羅上台執政，在經濟、政治和社會領域推行廣泛深入的改革運動，例如推行土地改革使農民獲得土地，實行錫礦國有化以及改組軍隊等措施。然而，由於美國的政治、經濟壓力，一九六四年十一月，埃斯登索羅總統被軍事政變推翻，軍政府實施一系列滿足右翼力量要求的政策。

一九八〇年大選中領先的候選人均未獲得多數選票，軍人又一次奪取政權。一九八〇年代初期，嚴峻的經濟形勢以及國會和公眾輿論的壓力迫使西萊斯將其任期縮短一年，並舉行大選。政府的改革措施雖然獲得國際貨幣基金組織的支持，但隨著改革的不斷深入，在國內卻失去其最初獲得的廣泛擁護。

二〇〇五年十二月，玻利維亞提前舉行總統、國會議員及省長三合一選舉，選舉結果由左派社會主義運動黨（MAS）推舉之莫拉雷斯（Evo Morales）以百分之五十四之選票當選總統。莫拉萊斯就任後採行社會主義改革計畫，首先推動能源、礦產、森林及通訊等產業國有化，但收購過程粗糙，引發投資國不滿，增添外資疑慮；政治上，進行憲政改革、集權中央，引發境內東部地區要求自治的省分抗爭情勢升高，也加深各黨派及族群間之分歧，因此短期內玻國政局恐難以持穩。

二〇〇六年八月，莫拉雷斯總統提出包含四百〇八項改革措施的新憲法草案，包括允許總統不限次數連選連任、授予中央政府更大權力來控制地方政府的公共財政收支、讓貧窮地區的印第安原住民享受更多來自富裕省分的稅收等，由於朝野兩派立場明顯對立，在許多關鍵問題上都無法達成妥協，形成憲政僵局。

二〇〇九年一月二十五日，玻利維亞共和國歷史上的第十六部憲法，也是首部全民公投的憲法以百分之六十一・八的贊成票獲得通過。二〇〇九年三月二十六日，莫拉雷斯簽署最高法令宣布將「玻利維亞共和國」改為「多民族玻利維亞國」（El Estado Plurinacional de Bolivia），並以百分之六十四・二的選票成功連任。

莫拉萊斯堅持社會主義改革路線，深獲國內多數窮人及原住民支持，但其執政後推行一系列較具爭議的改革政策，遭反對派及地方政府的聯合抵制。因此，未來朝野對立、中央與地方間的衝突將加劇。

玻利維亞為全球第二大的古柯葉及古柯鹼出產國，僅次於哥倫比亞。歐、美為降低其古柯葉種植面積，鼓勵製造業發展，提供關稅優惠及經濟援助。過去玻國政府為爭取美援，積極反對毒品種植，故常引發國內農民流血抗爭事件。莫拉雷斯上台後，種植面積不減反增，聯合國警告此舉已違反國際防治毒品協定，美國更揚言將降低相關補助。

五、經濟

玻利維亞經濟的主要支柱是礦業、石油和農牧業，工業發展落後。經濟發展深受崎嶇多變地形的不利影響，高原、山地和熱帶雨林使交通運輸十分不便，內陸國家的地理位置也阻礙著對外通商和其他交流活動的發展。在獨立後一百七十多年中，玻利維亞政局長期動盪，軍事政變頻繁，嚴重影響以印第安人為主體的人民生活水準的提高，絕大多數居民靠耕種高原土地和在礦區勞作勉強度日。一九五〇年代以來，玻利維亞不同政治傾向的各屆政府，曾推行過各式各樣的經濟政策，不斷探索振興民族經濟的發展道路。八〇年代末九〇年代初以來，經濟呈恢復成長的趨勢。但是，玻利維亞仍是南美洲最貧窮的國家之一，保持經濟的持續發展和人民生活水準的提高是一項長期艱鉅的任務。

(一)工業與礦業

製造業部門產值占國內生產總值不高，且該部門工藝水準落後，產品主要供國內市場消費，製成品出口量很小。製造業面臨的主要困難是：信貸成本高，進口原材料價格上升，國內交通條件的限制，藉進口自由化大量湧入的製成品以及走私貨的競爭。

一九八〇年代後，礦業生產在經濟中的重要性略有下降，但仍是國民經濟的重要支柱和出口創匯的重要來源。礦業生產成本愈來愈高，主要原因是資金缺乏，難以進行機器設備的更新，同時新礦區的開發滯後。

錫礦砂的開採和出口一度是玻利維亞經濟的重要支柱，一九八〇年代中期世界市場錫砂價格突然下跌，使玻利維亞幾乎所有錫礦陷入困境。東部低地聖克魯斯省與巴西交界地帶將成為礦業發展的新興地區。新礦區主要由豐富的金礦和銅礦床構成。

玻利維亞能源自給並大量出口天然氣。一九八〇年代起，天然氣生產及出口迅速成長。目前，阿根廷是玻利維亞天然氣最主要的消費者。一九八六年八月，玻利維亞與巴西簽訂合約，修建長三千〇六十一公里的天然氣管道，將天然氣輸往巴西工業中心地帶。

㈡農林漁牧業

玻利維亞地形複雜，擁有多種不同的地形地貌和不同的氣候地帶，許多地區尚未開發。由於機械化水準低下，投資缺乏，基礎設施建設落後，長期以來農業發展緩慢。全國農業勞動力的百分之六十二從事自耕生產，主要集中於中部高原地帶。

玻利維亞土地所有權集中程度較高，五十萬小農擁有四百萬公頃土地，而四萬莊園主卻擁有三千二百萬公頃土地。玻利維亞現有耕地面積僅占國土面積的百分之二，牧場占四分之一，森林占二分之一。

供國內消費的主要農作物是馬鈴薯、稻米、玉米、小麥等。糧食生產尚不能滿足國內市場消費，因此每年需要進口部分糧食。供出口的主要農產品有甘蔗、棉花、大豆和咖啡等。此外，在玻利維亞最有利可圖的作物當屬古柯葉，已有數百年種植史。世界古柯產量的四分之一來自玻利維亞。

畜牧業的發展主要集中在亞馬遜熱帶雨林和草原中的牧場上，近年來發展十分迅速。發展肉牛出口也是玻利維亞開發非傳統出口商品的重要內容。玻利維亞是內陸國家，其漁業生產局限於內河或湖泊地區。的的喀喀湖以其盛產鱒魚聞名於世。

玻利維亞有許多旅遊勝地，政府所在地拉巴斯爲世界上海拔最高的首都；波托西爲歷史礦業中心，被聯合國教科文組織宣布爲人類文化遺產，的的喀喀湖附近有古印加帝國遺址蒂亞瓦納斯古城。

然而，由於基礎設施落後，交通不便，旅遊業的發展十分緩慢。旅遊業還不是玻利維亞的重要產業。

六、對外關係

玻利維亞歷屆政府都將與美國發展關係視爲外交戰略重點。美國每年向其提供一定數量的援助，並通過國際多邊機構提供貸款和技術合作資金。玻利維亞重視與拉丁美洲國家特別是安地斯共同體成員國和巴西、阿根廷等鄰國的友好關係，力圖打開通往大西洋的通道，實現其貫通兩大洋並成爲南美洲能源樞紐的構想。

但是，莫拉雷斯左派政府上任後，與鄰近由左派領導的國家如委內瑞拉、古巴及厄瓜多關係日趨密切。玻國也加入「美洲玻利華替代方案」（Alianza Alternativa Bolivariana Americana），抵制美國倡導建立的美洲自由貿易區，與美國關係漸行漸遠。如何堅持社會主義路線又兼顧與美國友好的經濟利益實爲未來莫雷萊斯政府外交政策上的一大挑戰。

另外，玻利維亞與智利的關係，因一八七九至一八八三年太平洋戰爭喪失出海口長期處於不睦狀態，近年來雙邊關係有所改善。智利政府希望玻利維亞能夠在智利阿里卡港投資，允許玻利維亞公民在該地購買房地產並投資工業。此外，一九九三年，巴拉圭總統訪問玻利維亞，簽署科技、環境合作協議等文件，結束自一九三二至一九三五年查科戰爭以來兩國相互仇視的局面。而玻利維亞發展與西歐國家的關係其目的在爭取貸款和援助。玻利維亞與中國於一九八五年七月九日建交，兩國互派大使。近年來雙方政府、政黨、軍事人員互訪頻繁。

在經濟方面，巴西、美國、阿根廷、智利等爲玻國主要的貿易夥伴，其中巴西爲玻國最大進出口國。我與玻國貿易規模小，呈貿易順差。主要出口電機及機械設備，主要進口服飾。

七、人文與風俗

玻利維亞人百分之九十居住在海拔三千公尺以上的地方，而且很多印第安人居住在海拔四千公尺以上的高地。由於長期的高地生活，逐漸適應稀薄而無菌的空氣。他們的肺器官相當發達，心臟的肌肉也變得強韌。然而，這也使抵抗細菌的能力大爲減弱，一到高溫潮溼的低地，極易染上各種疾病。

玻利維亞印第安人認爲，寄生在人的肉體上的魂魄有兩個，人一旦死亡，一個魂魄即飛向遠方，另一個魂魄則集合肉體的所有善惡因素，在死者原來生活的場所附近停留，成爲不祥之物。因此，唯有將死者的所有的東西燒掉，此魂魄才會逐漸消失。

玻利維亞塔彼特等族的男女青年只要互相表示親暱，便可結婚。表達愛情的最好方式是戀愛雙方用手捂住對方的臉，這被認爲是非常親暱的舉止。寡婦若要再婚，須把頭髮剃光，每天哭一小時，直到頭髮重新長出來。

居住在玻利維亞高原上的阿依馬拉族和克丘亞族印第安人善於紡織，他們織的布色澤豔麗、圖案別致。每到農閒季節，男女老少都成了紡織的巧匠。女孩們爲吸引男士們的愛慕，會給自己織一件漂亮的衣服。男士則織一條帶子送給心上人，女孩則回贈放古柯葉的袋子，作爲報答。男士認爲女孩織布的技藝高超，將來必定是料理家務的高手。這樣的女孩始終是男士們追求的對象。

一般而言，玻利維亞人、特別是婦女的服飾大多色彩豔麗，花枝招展。丘基薩卡的婦女愛打扮，許多人喜歡穿巴黎式或倫敦式服飾。拉巴斯的貴婦更是每天至少要穿一件漿過的刺繡裙子，外面再套一件紅、綠、藍或黃色的絲絨衫或長袍，下面有意露著外加的裙子飾邊，顯得十分豔麗。

在玻利維亞，不論男女老少，不論颳風下雨還是豔陽高照，一年四季都戴著帽子，帽子成爲隨身之物，只有睡覺時才摘下來放在枕邊。玻利維亞人對帽子的喜愛和崇拜令人驚嘆。他們認爲，帽子保護頭部，頭又是人體的最神聖部位，是靈魂的廟宇。玻利維亞有句俗話，帶上你的帽子，不然，你的頭會熔化的。帽子還被視爲主人的尊嚴。如果你突然摘掉他人頭上的帽子，則被視爲是對其嚴重侵犯和凌辱。

玻利維亞的城市建築是歐式的，每個城市都有一個中心廣場，廣場周圍分布著教堂、政府機關、警察局、商業區等。至於，印第安人的房屋規格形式不一，有的是磚墻，有的是土墻，有的則是用石頭砌成的。但不管怎樣，一般都用大石板做屋頂。當然，也有人住茅屋。住在玻利維亞高原上的印第安人非常熱愛自己的茅屋，很多人從來捨不得離開故土。

第十一章　拉不拉他河地區國家

第一節 巴拉圭

巴拉圭位於南美洲中心，是一個內陸國。在印第安人瓜拉尼（Guaraní）語中巴拉圭的意思是花草裝飾的河流，因河流在大水季節時常有花草漂浮於水面而得名。一五一六年，西班牙人狄亞斯德索里斯（Juan Díaz de Solís）率領遠征軍探險南美洲東部拉布拉他河流域，間接開啓巴拉圭歷史的序章。一五三七年，巴拉圭淪爲西班牙殖民地，直到一八一一年才獨立，建立共和國。獨立後的巴拉圭至一九三〇年代，飽經戰亂，人口銳減，民生凋敝。一九五四年起，巴拉圭陷入史托斯納爾（Alfredo Strossner）將軍的軍事強人獨裁統治，直到一九八九年才開創民主政治的春天。巴拉圭的民主轉型尚稱平順，唯仍面臨國家發展停滯落後、貪汙腐敗叢生、人民普遍貧窮等諸多急待克服、解決的重大問題。

圖11-1　巴拉圭總統府（王之化攝）

一、地理與氣候

(一)地形

巴拉圭爲南美洲內陸國家之一，位於巴拉圭河谷中央，介於查科（Chaco）平原和巴西高原之間，總面積爲四十萬六千七百五十二平方公里。發源於巴西高原的巴拉圭河（Río Paraguay），將全國畫分爲東西兩部分。

東部又稱巴拉內尼亞（Paraneña）區，介於巴拉圭河與巴拉那河（Río Paraná）之間，是巴西高原的延續，地形由東向西漸緩，直到巴拉圭河中央河谷平原。此區面積約十六萬平方公里，占全國面積的百分之四十，平均海拔二百八十公尺。除最東部與巴西交界處爲巴西高原邊緣外，其他多爲丘陵、沼澤和波狀平原。此區雨量豐富、土壤肥沃，適合各種農作物生長，全國百分之九十以上人口居住在此區。首都亞森松（Asunción）也位於此區，是全國政治、經濟、文化及交通中心。

西部又稱北查科，地形由巴拉圭河西岸向西北大查科地區攀升，最高約三百公尺。此區面積二十四多萬平方公里，約占全國面積百分之六十，平均海拔一百二十五公尺。西部的大查科地區，地勢平坦，是茂密的原始森林和草原。此區氣候炎熱乾燥，雨量不足，人口稀少，適合發展畜牧。

巴拉圭境內有阿曼巴伊（Amambay）、穆巴拉卡尤（Mbaracayú）及卡瓜蘇（Caguazú）等三個山脈，高度都低於五百公尺。但是，巴國最高峰是位於南部的聖拉斐峰（San Rafael），高度約八百五十公尺。

(二)主要河流

巴拉圭境內主要河流除發源於巴西的巴拉圭河外，還有與巴西和阿根廷形成天然國界的巴拉那河，以及發源於玻利維亞安地斯山脈東麓的皮科馬約河（Río Pilcomayo），是與阿根廷的天然國界。此三條河流匯集後注入拉布拉他河，最後流入大西洋。

巴拉圭河發源於巴西的馬托格羅索高原（Mato Grosso），是巴拉那河的主要支流，全長二千五百五十公里，爲南美洲第五大河流。河中魚類豐富，有南美著名的食人魚。此外，由於巴拉圭河有季節性洪水，流量豐沛，因此水上交通也很發達。

巴拉那河發源於巴西高原東南部，全長約四千八百公里，是南美僅次於亞馬遜河的第二大河。伊瓜蘇瀑布（Cataratas de Iguazú）就位於巴拉圭、巴西及阿根廷邊界的巴拉那河上。此外，巴拉圭與巴西於邊境的巴拉那河合資興建伊泰普（Itaipú）水壩發電廠而名聲大噪。

至於皮科馬約河則發源於玻利維亞安地斯山脈東部，全長二千五百公里，是巴拉圭河西岸的主要支流，於首都亞松森附近注入巴拉圭河。由於水深不夠，缺乏航運價值。

(三)氣候特徵

巴拉圭位於南美洲中部，介於南緯十九度至二十八度及西經五十四度至六十三度間，地跨南回歸線，與北回歸線通過的台灣正好四季相反，在地理學上稱之爲「對蹠地區」Antípodas），時差恰爲十二小時。

巴拉圭北部是熱帶草原氣候，南部是亞熱帶溼潤氣候。夏季爲十二月至三月，冬季則爲六月至九月。夏季最高溫超過攝氏四十度，平均氣溫約攝氏三十五度；冬季最低溫可達攝氏零度，平均氣溫攝氏十五度，年均溫約攝氏二十五度。年降雨量由東向西減少，東部降雨量最高可達二千公釐，年平均降雨量在一千公釐以上；西部查科地區最低降雨量爲三百公釐，年降雨量在一千公釐以下。

二、人文與社會

地處南美洲中心位置的巴拉圭，具有多樣文化色彩、美麗的自然景觀與豐富的生態資源。傳統美妙的音樂及珍貴的手工藝品，已成爲巴國的文化寶藏。

(一)人民與信仰

目前巴拉圭人口約六百六十萬，其居民包括西班牙人的後裔、純瓜拉尼的印第安人後裔及各類混血人種。白人占全國人口一半以上，純印第安人占五分之一，其餘爲混血人種。值得一提的是一八六四至一八七〇年的「三方聯盟戰爭」（Guerra de Triple Alianza）以及一九三二年的「查科戰爭」，都曾造成巴拉圭人口大幅銳減。

目前巴拉圭人種是瓜拉尼人和西班牙人的混血。但是，由於各人種的影響和歐洲移民到來，巴拉圭種族不斷變化。不同時期的鼓勵和保護外人法律，使得外來移民增加，大多來自西班牙、法國、德國、英國等歐洲白色人種。一九五〇年代後，來自巴西、歐洲及亞洲的大規模移民潮，讓巴拉圭的人口產生重大的變化。此外，近年來巴西的移民不斷增加，將進一步影響巴拉圭的人口結構。

西元一五八八年，耶穌會教士進入巴拉圭傳教，並在十七世紀建立耶穌會天主莊園，提供較高的生活水準，除了教化印第安人外，也保護印第安人免受殖民者的侵害。雖然巴拉圭的憲法明定信仰自由，但是由於耶穌天主教會在巴國影響甚深，今日巴拉圭仍有百分之九十以上的居民信奉天主教，但新教徒也不斷增加。

居住在巴拉圭的印第安人或土著瓜拉尼人，分布很廣，形成許多部落。在西班牙征服過程中，雖然有些部落奮力頑強抵抗，然而瓜拉尼人因性格順從，大部分都被征服。此外，由於巴拉圭是美洲大陸少數沒有採礦和種植甘蔗的國家，因此黑人數量很少。在巴拉圭引進黑人主要是爲了當僕人，直到一八六九年巴拉圭才取消黑人奴隸制。

巴拉圭通用西班牙語，但在一九九二年新憲法明定瓜拉尼語是第二種官方語言。目前在巴拉圭使用的瓜拉尼語，混合瓜拉尼語和西班牙語，稱爲荷巴拉語（jopará）。

㈡文化教育與藝術

巴拉圭在文化上融合了瓜拉尼和西班牙兩種民族的傳統，因此不論在文化教育及藝術上，都反映了這種雙重的多樣化特性。

巴拉圭政府從一九八五年開始掃盲，而國民義務教育從一九九九年起延長爲九年。巴拉圭有兩所國立大學，亞松森大學及天主教大學，另有十所私立大學。憲法規定教育應占總預算百分之二十以上。

目前巴拉圭主要報紙包括：ABC彩色報（ABC Color Digital），是發行量最大的報紙；國家報（La Nación）；新聞日報（Noticias）以及前鋒日報（Diario Vanguardia）等。此外，全國廣播電臺是國家電台，另外有十一家私營商業電台和五家電視台。

巴拉圭在西班牙殖民期間，耶穌會天主莊園的封建制度，使得人民與外界隔離，相較於其他拉丁美洲國家，此時期巴拉圭的文學發展較爲遲緩。一八一一年獨立後，文學發展才漸有起色，至一八七○年政治穩定後，文學才開始興盛。

巴拉圭音樂基本有瓜拉尼舞曲和波爾卡（polca）舞曲。瓜拉尼舞曲是巴國音樂家亞松森・佛羅雷斯（José Asunción Flores）於一九二五年所創。此舞曲旋律較慢，是用當地豎琴（arpa）彈奏。至於波爾卡舞曲是快節奏律動的音樂，於一八○○年開始興起。最著名的舞蹈爲快步圓舞，而瓶舞則是由快步圓舞演變而來，舞者頭上需頂著瓶子，保持平衡。

在手工藝品方面，巴拉圭擁有許多聞名且精細獨特的手工藝品。較著名的有紡織品、木製品、銀製品、陶瓷製品、家具、樂器及皮革製品等。大多數的手工藝品結合瓜拉尼文化，所以在產品上，常見幾何圖形、直線或曲線圖案。

圖11-2　巴拉圭民俗舞團（王之化攝）

三、風俗民情

巴拉圭的風俗民情融合了瓜拉尼和西班牙兩種民族的傳統。巴拉圭人具有傳統的家庭觀念，常有家庭聚會。不過，巴拉圭盛行大男人主義，男人在家中發號司令，主掌一切。但是，家中粗重、辛苦的勞務卻大多由婦女承擔。男士傳統的服飾爲草帽、斗篷，並在頸上圍著方巾，其顏色通常就是所屬政黨的顏色；而女士則以康乃馨或藤蔓做成的婚戒及裝飾用的梳子來打扮自己。

另外，巴拉圭的城鎮建築採歐式風格，但一般鄉村的屋舍都是相當簡陋的磚屋或土房，大多只有一房或兩房。

巴拉圭居民在正式的場合穿西裝，平時服裝比較隨性。夏季時，不論是普通百姓或是政府官員都喜歡穿亞麻織成的網狀服飾上班。到巴拉圭拜會政府機關必須預約，最好使用英文、西班牙文對照的名片。當地朋友見面打招呼時，男的常擁抱，女的吻雙頰。朋友無論男女，一起走路時常挽著胳膊。此外，應邀到巴拉圭人家中作客，進屋前應先做正式簡短的講話，再詢問主人是否可以進屋。

另外，巴拉圭人在聚會時，喜歡打趣、嘲諷，但通常需用瓜拉尼語才能顯出它的趣味。不過，在與巴拉圭人交談時應避免涉及政治性話題，家庭、體育和天氣都是適當的話題。再者，巴拉圭人對他們的水壩工程非常自豪，因此讚美他們水壩的規模和價值，會深受歡迎。但是，不要過分熱情地稱讚對方的私人用品，否則他有可能將其作爲禮物送給你。

基本上，巴拉圭的國定假日大致上可分爲天主教的節日及歷史性的紀念日。二月三日是國定假日聖巴拉斯節（Día de San Blas），聖巴拉斯是巴拉圭的守護神；三月一日是英雄節（Día de los héroes），此節日在紀念一八七〇年三月一日，當三國同盟戰爭接近尾聲，巴拉圭領導人小羅培茲（Francisco Solano López）率領極少數士兵和巴西軍隊做最後一搏，不幸身亡的英勇事蹟；五月十四日爲巴拉圭的國慶日；八月二十五日則是行憲紀念日，一九六七年八月二十五日，巴拉圭制定新憲，因此訂定這天爲國定假日。

此外，巴拉圭還有著名的冷食節。據說此節日源自四百多年前，巴拉圭人民英勇抵抗西班牙殖民者的侵入。在一次戰役中，當時離新年還有五天，其中有一支巴拉圭軍隊被西班牙軍隊包圍，彈盡糧絕，情況危急。不過這支軍隊頑強抵抗直到元旦黎明援軍到來，局勢轉危爲安，因此革命軍在元旦中午燃起煙火，殺豬宰牛，歡慶勝利。爲此，巴拉圭人把元旦前五天定爲冷食節，只能吃冷食到元旦零時鐘聲響後，才能點火烹煮，歡度新年，世代相傳，終成習俗。

另一方面，巴拉圭人重視攀親帶故的裙帶關係，並在生活中根深蒂固。通常在孩子一出生，父母就爲他找好受洗時的教父母。同樣地，他們也會在孩子結婚時爲他們找尋教父母。這些教父母與孩子的父母關係密不可分，因此通常會仔細、謹愼選擇身分重要的朋友或親戚。這種與教父母的關係，強化並鞏固家族的關係或朋友之間的友誼。在巴拉圭甚至整個中南美洲，常見國家的政治、經濟由幾個家族壟斷、把持，就可見這種教父母關係的影響力了。

四、自然資源與經貿概況

巴拉圭的經濟以農牧、林業爲主，在南美地區屬發展水準較低的國家，工業不發達，只有一些小工業和農牧產品加工業。製造業僅占國內生產總值的百分之十六。經濟在一九七〇年代發展較快，年均成長百分之八·六。一九八〇年代初陷入困難，一九八四年開始復甦。一九九〇年代起，巴拉圭政府曾推動經濟改革，將邊遠地區的土地分給農民，實行單一的浮動匯率，整頓國營企業等，並將虧損嚴重的國營企業私有化，使得經濟有所回升。此外，一九九〇年起，巴國實行新自由主義市場經濟政策，力圖使其經濟逐步與巴西、阿根廷、烏拉圭等其他三個南方共同市場成員國的經濟融爲一體，並與世界經濟接軌。整體而言，巴國經濟在很大程度上依附外國資本，主要是美國、英國、德國、阿根廷和巴西等國的資本。其中電力主要依靠巴西和阿根廷資本在邊界河流巴拉那河建造大型水電站。外資控制巴國百分之三十八的工業及企業，百分之九十八的銀行及百分之八十的對外貿易。國內十五大企業中，外國資本占十二家。

(一)農林漁牧業

農業是巴拉圭國民經濟的主要支柱，不過它在國內生產總值所占的比重逐漸下降。全國百分之四十五的人口從事農業生產，農牧產品出口占總額百分之九十以上，主要農產品有大豆、棉花、菸草、小麥和玉米等。巴拉圭的土地大多由少數的大地主和外國資本所壟斷。不過，巴拉圭的食品尚能自給自足。

另外，畜牧業在巴拉圭經濟中占有重要地位，占國內生產總值的百分之六，主要分布在巴拉圭河和巴拉那河之間的南部地區，以及皮科馬約河和巴拉圭河之間。近年來，畜牧品質雖有提升，但因缺乏刺激肉品出口方案以及牲畜偷竊嚴重，因此無法蓬勃發展。

在林業方面，巴拉圭森林面積占國土面積的百分之五十一，其中百分之七十的森林資源集中在查科地區。一九七〇年代至八〇年代末期，森林遭大面積砍伐。二〇〇四年，巴拉圭訂定相關保護森林資源法，砍伐面積略減。

㈡工業、交通、能源與貿易

巴拉圭的工業基礎薄弱，以供應國內市場基本消費品的輕工業和農牧產品加工業爲主，主要部門有罐頭、食品、木器、榨油、菸草、製糖等。工廠規模不大，其中大多是家庭工廠。

主要的公路是連接首都亞松森到東南部的恩卡納西翁（Encarnación），然後再通往阿根廷。水陸主要靠巴拉圭河和巴拉那河，內河航線達三千五百公里，主要港口有亞松森、康塞普西翁（Concepción）、恩卡納西翁。至於航空線主要由空軍經營，有亞松森和東方市（Ciudad del Este）兩個國際機場。至於旅遊業則是巴國外匯收入主要來源之一，國外旅客主要來自於阿根廷和巴西。

圖11-3 巴拉圭牛角瑪黛茶具

巴拉圭石油不能自給。近年來，在靠近玻利維亞邊境的查科地區發現儲量豐富的天然氣。巴拉圭的水力資源非常豐富。一九七三年，巴拉圭與巴西達成協議在巴拉那河合建伊泰普水電站，一九九二年全部建成，號稱是當時全球最大的水力發電廠。雖然巴拉圭有豐富的電力資源，但遺憾的是缺乏配電與輸電設施，因此未能充分利用。

巴拉圭財政大致收支平衡，但外匯收支失衡，收入小於支出。貨幣單位是瓜拉尼。巴拉圭的主要出口項目是肉類、大豆、棉花、菸草、木材等原物料，主要進口機器設備、運輸工具、燃料、化學品等。巴拉圭的主要貿易夥伴有巴西、阿根廷，美國、德國、阿爾及利亞等國。一九九〇年代起制定國內外投資法，對外資實行特別優惠政策，規定五年內免交百分之九十五的稅收。主要投資國有美、英、法、德等。

五、與台灣經貿關係

巴拉圭是台灣在南美洲唯一的邦交國，雙方公私部門及經貿關係向來良好，雖然距離遙遠，

圖11-4　巴拉圭路邊燒烤（王之化攝）

近年來兩國經貿交流大幅成長。台巴雙邊關係互動密切，顯示雙方在經濟結構上具高度互補性。巴國具有無窮發展潛力，雙方應努力促進貿易平衡。此外，我應善用巴拉圭在南方共同市場會員國的重要地位，增加雙方貿易交流。

然而，由於巴拉圭工業不發達，我自巴進口項目以農牧產品、金屬原物廢料、木材等爲主。二〇一〇年，受到經濟復甦帶動，我自巴國進口成長百分之九十六。我國對巴拉圭出口方面，以往出口產品主要用於轉口貿易，但南方共同市場成立後，巴拉圭轉口貿易因會員國關稅統一及巴西加強邊境管制而日漸式微。二〇一〇年巴國經濟復甦力道強勁，也帶動我對巴出口成長百分之七十二。

巴拉圭爲拓展其重要傳統產品牛肉之外銷，持續要求我增加牛肉進口數量。目前自巴國進口牛肉數量仍低，主要是自巴國進口牛肉價格成本較自其他國家進口高所致。

此外，申請巴國商務簽證仍需具備經認證之無刑事犯罪證明（良民證）以及銀行存款證明等問題，仍待雙方協商解決。唯經我國政府積極爭取，巴拉圭外交部於二〇一〇年四月，同意我國人民凡持有效之普通護照申辦赴巴拉圭「非居留」、「觀光」及「商務」簽證，可免檢具財力證明及良民證。

第二節　阿根廷

阿根廷位於南美洲的最南端，國土遼闊，資源豐饒。十九世紀初曾成功地推翻了西班牙的殖民統治，一九八三年更結束了軍人獨裁統治，重建民主秩序。阿根廷政府積極與世界各國密切交往，在國際舞台上扮演愈來愈顯明的角色。

十九世紀末，阿根廷經濟快速成長度。因此，到二十世紀初，阿根廷不僅以優美的探戈舞姿和彪悍的高喬（caucho）牛仔聞名於世界，而且還因富庶而享譽全球。當時阿根廷因出口大量糧食和牛肉而被譽爲「世界糧倉和肉庫」，而且首都布宜諾斯艾利斯（Buenos Aires）更被視爲「南美洲的巴黎」。因此，在歐洲的許多城市，當人們形容某人腰纏萬貫，常說「他像阿根廷人一樣富有」。一九〇〇年，阿根廷人的國民生產毛額分別爲美國、英國和澳大利亞的一半，是日本的一倍，並略高於芬蘭和挪威。但是，一個世紀以後，阿根廷人的國民生產毛額卻遠不如上述國家。

整體而言，阿根廷擁有許多有利於經濟發展，得天獨厚的天然條件。例如，阿根廷的人口只有印度的百分之四，但土地面積卻相當於印度的百分之八十五。占全國面積四分之一的彭巴草原氣候溫和，土地肥沃，地勢平坦。阿根廷也擁有鈾礦、石油和天然氣等豐富的天然資源。此外，阿根廷還擁有其他適合經濟發展的條件。例如，它擁有五千多公里長的海岸線，許多的海灣和溫和的氣候替阿根廷提供了許多不凍港。又如，阿根廷約有百分之九十七的人口主要是歐洲白色人種移民的後代。因此，相對於其他拉丁美洲國家，阿根廷基本上比較沒有種族矛盾。而且整體而言，阿根廷人的教育程度與勞動力素質都比較高。

一、起源

十六世紀西班牙人到達以前，阿根廷這個地方早已是印第安人的故鄉。十六世紀初，西班牙殖民者開始兵分兩路入侵阿根廷。一路由印加帝國沿太平洋南行，越過安地斯山，到達阿根廷的北部和西部，先後建立了聖地牙哥（Santiago del Este）、門多薩（Mendoza）等城市。另一路則取道大西洋沿岸地區。

一五二六年，義大利探險家卡波特（Sebastían Cabote）奉西班牙國王卡洛斯一世（Carlos I）之命前往南美探險，以尋找黃金白銀和殖民。由於看到沿河兩岸當地許多印第安人身上佩帶著各式各樣的白銀手飾，便認為此地銀礦豐富，遂將此河命名為拉不拉他河，西班牙語即白銀之河。

一八一六年阿根廷宣布獨立時仍稱為拉不拉他聯合省（Provincias Unidas de la Plata），直到一八二六年阿根廷國會才決定採用阿根廷（Argentina）為這個國家的名字，argentina是銀子的意思。

一八一〇年五月二十五日，阿根廷成為獨立的共和國。據說在市政議會接受佩戴藍白兩色彩帶的市民隊伍提出名單時，恰逢旭日東升，這便是阿根廷國旗有藍白兩色和太陽的由來。國旗上的太陽就叫做「五月的太陽」；當年市民集會的廣場就叫做「五月廣場」（Plaza de Mayo）；五月二十五日這一天被定為阿根廷的國慶日。

二、自然環境與氣候

阿根廷共和國位於南美大陸南部，是地球上最南端的國家。東臨大西洋，西以安地斯山和智利分界，北接玻利維亞，東北則與巴西、巴拉圭和烏拉圭毗鄰。全國分為二十二個省，一個聯邦首都區和火地島地區，另外還有南極地區和南大西洋諸島，國土總面積為二百七十多萬平方公里，在拉丁美洲各國中僅次於巴西，居第二位。

阿根廷地處南半球，地形南北長，東西短。南北長約三千六百多公里，東西最寬約一千四百多公里；愈往南方，東西距離愈短。整體而言，阿根廷地勢西高東低，從西向東逐漸低平。西部是高聳的安地斯山及其邊緣山脈，其間有山間谷地和平坦高地，平均海拔二千公尺以上，約占全國總面積的三分之一；由安地斯山向東，是查科平原（Chaco）、彭巴草原和兩河流域平原，平均海拔二千公尺以下，約占全國總面積三分之一；其餘則主要是南部的巴塔哥尼亞高原（Patagonia），平均海拔在六百公尺左右。

由於國土面積廣大，阿根廷氣候複雜，大部分位於南半球溫帶區域，氣候溫和，年平均降雨量二百五十至一千公釐。但南北兩端仍有很大差別。北部屬亞熱帶氣候，森林遍地，悶熱異常，年平均溫攝氏二十四度左右；平均降雨量在五百至一千公釐以上。南部靠近南極，非常寒冷。西部安地斯山和南部巴塔哥尼亞高原地區屬高原、高山荒漠氣候，乾燥而寒冷，絕大部分地區的年降雨量不到二百五十公釐。

阿根廷因為國土遼闊，地形複雜，氣候多變，因此給各地區經濟和社會發展帶來一些不同影響。依此，阿根廷可畫分為各具特色的五大經濟地理區域。

首先是彭巴區。該區東起大西洋，西接安地斯山，面積六十七萬平方公里，占全國總面積的四分之一；東部海拔約十至二百五十公尺，西部海拔三百至六百公尺，基本上是一個大平原。全境氣候溫和，降雨豐沛，土地肥沃，又因沿海和沿河水利運輸之便，是理想的農牧之地，歷來有「世界糧倉和肉庫」之稱。二次大戰後，這裡冶金、汽車製造、造船、石油化學工業、機器製造等工業迅速發展，形成一個現代化工業區。

其次是東北地區。這個地區多丘陵和沼澤地，四周被巴拉那河（Río Paraná）和烏拉圭河（Río Uruguay）環繞，整個地區炎熱潮溼，年平均降雨量達一千七百公釐。它是瑪黛茶、油桐、茶葉的主要產地。這裡也是阿根廷國家木材的主要產地。南部的沖積平原，畜牧興旺，是主要的牧區之一。

第三是安地斯山區。這裡基本上是以安地斯山爲主體的高山地區，地勢由東向西從不到二千公尺上升到六千公尺以上，其中有南美最高的阿空加瓜山（Aconcagua），海拔六千九百六十四公尺。整個地區遍布高山峻嶺，乾燥少雨，植物貧乏；只有分布其間的山間谷地和山坡平地氣候溫和，又有安地斯山融雪之利，適合種植葡萄，製酒業較發達。礦產資源豐富，尤以有色金屬爲主。

第四是西北地區。這一區西部海拔達六千公尺，東部逐漸下降爲二百公尺以下的平原。北部是典型的大陸性氣候，晝夜溫差很大；自北向南降雨量由二百公釐增加到一千公釐左右。境內的山間谷地適宜經濟作物生長，土庫曼省盛產甘蔗，是阿根廷的製糖工業中心。其他省分別生產菸草和香蕉、柑橘等水果，畜牧業也較發達。

最後是巴塔哥尼亞地區。傳統上，一直將阿根廷南部地區稱爲巴塔哥尼亞，面積七十八萬平方公里，全國面積百分之二十八，但人口僅占百分之二・五。該地區以高原爲主，從安地斯山向東，地勢漸低，至大西洋岸突然陡落，海拔高度從六百公尺以上降到一百公尺左右。北部爲半乾旱區，南部接近南極圈又臨近大西洋，氣候寒冷，年平均降雨量爲五百一十公釐。境內石油藏量豐富，也是全國最大的煤礦基地。山間天然草地因氣候寒冷是飼養綿羊的極佳場所，全區養羊頭數占全國的一半，羊毛產量占百分之四十七。位於巴塔哥尼亞高原南端的火地島（Tierra del Fuego），面積二萬多平方公里。島上氣候寒冷，石油及天然氣資源豐富。

三、人民與宗教信仰

阿根廷是一個人口成長較快的國家，其政府曾採取鼓勵移民等多項措施刺激人口成長。此外，由於歷史因素，初期阿根廷人口的地理分布一直是沿海少而內地多，這和美國、巴西等國人口分布由沿海向內地推進相反。十九世紀中葉後，隨著經濟發展和移民增加，阿根廷人口重心移向東部的彭巴草原，巴拉那河和烏拉圭河之間的平原地區以及首都布宜諾斯艾利斯。目前，阿根廷人口向東部移民的趨勢仍然有增無減。

此外，城市化程度特別高。長久來，阿根廷就是城鎮人口比重較大的國家，到一九八〇年，城市人口已超過百分之八十。由於現代化及經濟的快速發展，阿根廷每年仍有大量人口從鄉村移往城市，尤其是大城市。

再者，阿根廷也是一個大量接受外來移民的國家。在西班牙殖民勢力入侵前，阿根廷境內印第安人很少。一五一六年，西班牙人開始進入阿根廷，但因此地缺乏像墨西哥和祕魯那樣的金銀礦，所以移民不多。到一八一〇年獨立戰爭爆發時，阿根廷總人口只有六十萬左右，其中半數為白人移民，其餘則多為印歐混血，而印第安人在殖民者的虐殺下已銳減許多。

一八七〇年代後，隨著歐洲市場對農牧產品需求大增，具有天然地理優勢的阿根廷成為歐洲移民的理想國度。這時的移民主要來自義大利和西班牙，其次是法國、德國、俄國及其他歐洲國家。移民潮時高時低，一直持續到一九六〇及七〇年代，其中最高峰為十九世紀末到二十世紀初。

一九六〇年代以後，移民逐漸減少，此時移民大多來自智利、玻利維亞、烏拉圭等鄰國。大量的移民刺激阿根廷人口的成長。目前阿根廷人口為四千〇一十一多萬，在拉丁美洲各國中，僅次巴西、墨西哥和哥倫比亞，居第四位。

因爲阿根廷的居民絕大多數是西班牙、義大利等拉丁語系民族的後裔，所以多信奉天主教。目前天主教徒約占全國人口的百分之九十四。依照一九五三年憲法，規定天主教爲國教，正副總統必須是天主教徒。

四、自然資源與經貿概況

在拉丁美洲，阿根廷經濟比較發達，農牧業基礎雄厚，人民的生活和文化水準也較高。

西班牙殖民者入侵阿根廷前，當時的印第安人主要從事農、漁、狩獵業。西班牙殖民後到一八一六年獨立，阿根廷是以畜牧業爲主的國家。農業集中在內地，且產量低，小麥依靠進口。十七紀初，畜產品開始出口。由於西班牙的禁止，當時阿根廷僅與西班牙及極少數西屬殖民地貿易往來。但是，英、荷等國與阿根廷的走私貿易不斷。十九世紀後，羊毛、牛皮、醃肉、臘肉等畜產品在阿根廷經濟中逐漸占重要地位。

一八七〇年代以後，隨著彭巴草原的開發、大批歐洲移民的湧入、歐洲資本主義迅速發展帶來對畜產品需求的增加，以及農業機械的廣泛使用，糧食和經濟作物種植面積大幅度增加，阿根廷農業顯著發展。一九一〇年，阿根廷已成爲世界重要的糧食出口國，同時，畜牧業也得到較大的發展。

一九三〇年代中期，種植業在整個農業中的比重超過畜牧業。二次大戰期間，歐洲市場中斷供應阿根廷工業用品，這促成阿根廷本國工業的發展。大戰後，美國資本逐漸取代英國資本大量湧入阿根廷，並在阿根廷經濟中占主導地位。

在阿根廷，西班牙殖民統治時期就已形成的農村大莊園制占主導地位。十九世紀初，地主階級掌握國家政權後，把大量國有土地和印第安人耕種的土地占爲己有。隨著外資的湧入，英國和其他歐洲國家相繼在阿根廷購買良田、建立農場、牧場和墾殖公司。因此，土地所有權愈來愈集中在大莊園主和外國公司手中。

一九五〇和六〇年代，國內生產總值平均成長百分之三和百分之四。一九七〇年代後，經濟發展起伏較大。儘管如此，戰後阿根廷在工業化和經濟自主方面仍然有顯著的發展。隨著工業迅速發展，經濟結構出現顯著變化。在國內生產總值中，製造業所占比重迅速增加，農業比重逐漸下降。目前，阿根廷已經從單純的農牧國家發展成工農業都比較發達的國家。

(一)農林漁牧業

阿根廷是拉丁美洲農牧較發達的國家之一，也是世界農牧產品的主要生產國和出口國。阿根廷農作物種類繁多，主要糧食作物有小麥、玉米、燕麥、稞麥、水稻等。主要經濟作物有大豆、亞麻、向日葵、油菜、甘蔗、菸草、棉花等。此外，還盛產柑橘、蘋果、葡萄及各種蔬果。阿根廷是世界七大小麥生產國，也是世界四大玉米生產國之一。此外，它也是世界五大葡萄生產國之一。

阿根廷的畜牧業在農業中的地位僅次於種植業，占農業生產總值的百分之四十。該國是世界上主要肉類生產國和出口國之一。牧場和草原面積占國土面積的百分之五十五。牲畜以牛、羊爲主，還有豬、馬等。主要畜產品有牛肉、羊毛、皮革、牛奶、乳製品等。牛肉產量達二百六十萬噸，出口居世界第二位；羊毛產量十五萬噸，出口量居世界第四位。阿根廷的肉類消費是世界上較多的國家之一。

林業和漁業在農業中的地位都不重要。森林面積約六千三百多萬公頃，占全國面積的百分之二十二・八。木材多爲硬木或半硬木，建築和造紙木材需從巴西和巴拉圭等國進口。阿根廷沿海大陸棚架漁業資源豐富，但卻沒有充分開發利用，年捕魚量只達到約四十萬噸，其中一半供出口。

由於阿根廷農業產品及製成品出口量大，因此，農業生產的好壞以及國際市場農牧產品價格的波動，對阿根廷外貿收入和國際收支平衡有重大的影響。

(二)工礦業

二次大戰後，製造業在國內生產總值中的比重一直居首位。主要工業部門包括鋼鐵、汽車、石油、化工、紡織和食品加工等。鋼鐵產量僅次於巴西和墨西哥，居拉丁美洲第三位。年產汽車十二多萬輛，而且所生產的飛機已打入國際市場。阿根廷的食品工業也較發達，主要包括肉品加工、糧食加工、乳製品加工和水果加工以及釀酒等。另外，阿根廷生產的葡萄酒世界有名，是世界五大葡萄酒生產國之一。

阿根廷國內能源消費以石油和天然氣爲主。一九五〇年代以來，其政府大力發展水力發電和核能，並積極開發利用地熱、太陽能、海潮等多種能源資源。阿根廷從一九〇七年首次發現油田以來，石油工業發展迅速。油田主要分布在門多薩以及巴塔哥尼亞和火地島等地。天然氣儲量豐富，主要集中在南部及火地島等地。目前天然氣產量尚不能滿足國內消費，仍需進口。

電力工業是阿根廷國民經濟中發展較快的部門之一。火力發電從一九七〇年代以後比重逐漸下降，而水力發電比重則不斷上升。由於盛產鈾礦，阿根廷是拉丁美洲最早從事核能研究和發展核能工業的國家，並在一九七四年建立拉丁美洲第一座核電廠。

至於阿根廷的交通運輸在拉丁美洲也比較發達。鐵路以首都爲中心，通向南部、北部、西部和西北部。全國鐵路總長三萬四千多公里。公路運輸也相對發達，承擔全國貨運量的百分之五十左右。水陸運輸是進出口和國內貿易的主要運輸工具。航空運輸也是比較發達的，擁有現代化的航空設備。國營的「阿根廷航空公司」經營國際和國內航空業務，但在一九九〇年的國營企業私有化過程中，已被西班牙伊比利亞航空所併購。

㈢對外貿易

對外貿易在阿根廷的國民經濟中占有重要的地位。戰後阿根廷的對外貿易迅速成長。出口商品以農牧產品及其製成品爲主，約占出口總值的百分之八十左右，其中尤以穀物和肉類爲大宗，其次是羊毛和皮革。在對外貿易上，阿根廷是一個貿易順差的國家。

阿根廷貿易對象有美國、西歐、日本、拉丁美洲、蘇聯和其他亞非國家。在和美國、西歐和日本的貿易中，進口資本貨和中間產品較多，所以貿易逆差較大。而拉丁美洲國家則是阿根廷農牧產品的傳統市場，因此和這些國家的貿易連年順差。

五、風俗、民情與建築

一般人對阿根廷的印象不外是足球、是探戈、是烤肉、是南美的巴黎、是傲慢自大的白種拉美人。但事實上，阿根廷的風俗民情，一方面繼承了西班牙和歐洲的傳統，另一方面也受到了土著印第安人的影響，因此富有個性而又多彩多采。

(一)高喬人

殖民時期，西班牙人也模仿安地斯山區印第安人特有的服飾，穿上了斗篷和毛披肩。在阿根廷，上階層男士一般著西裝，婦女特別喜歡穿黑色絲綢衣服，披黑白兩色披肩。十九世紀中葉後，由於大量歐洲移民湧入，阿根廷服飾開始受歐洲流行時裝影響，特別是推崇五光十色的巴黎服飾且不斷變換。除了印第安人和歐洲的影響外，高喬人的服飾在阿根廷也很有影響力。典型高喬人服飾的特點是：肥大的燈籠褲、老式斗篷、寬皮帶、圍巾、草鞋或軟皮鞋，也會裝飾各種花紋和金銀器。

高喬人的歌舞發達，歌曲一般都憂鬱傷感。但是，他們的舞蹈卻以剛勁奔放、節奏明快以及活潑著稱，通常有歌曲和音樂伴奏。二十世紀初，高喬人的歌舞傳到首都布宜諾斯艾利斯，先風行於下層人民中，後又出現於舞台和社交場合，並發展成著名的「探戈」舞。不過，這種舞蹈早已漸失民間的樸素性質，但技藝卻更爲精湛，成爲阿根廷的國舞，並且很快風行世界，使得阿根廷博得「探戈故鄉」的美譽。

(二)節慶與運動

此外，因爲農牧業發達，素有「牛仔王國」美稱的阿根廷也經常舉行騎牛、賽馬、葡萄節等比賽和遊藝活動。每年三月在門多薩舉辦的葡萄節，有盛大的優良葡萄展覽、品酒、選美、花車遊行和歌舞表演等活動，都吸引許多國內外觀光客參加。每年七、八月分，阿根廷也舉行博覽會，選出優良品種的種牛，推廣到全國。同時也舉行驚險的騎牛比賽，由騎士騎上暴躁的公牛直到將牛馴服爲止。

阿根廷人民的熱情奔放也反映在體育運動方面，尤其是對足球的熱中與酷愛。雖然阿根廷經濟起伏不定，但社會各階層對足球的興致不減。他們的足球運動不需特別推動，因爲他們已經把足球融入血液中，上至總統、議員、部長，下至平民百姓，都會踢上幾腳。阿根廷國內遍布足球場，街頭巷尾，茶餘飯後，都可以看到踢足球的男女老少。阿根廷的足球水準在世界上首屈一指，以足球金童馬拉度納爲首的阿根廷足球代表隊連續獲得一九八六、一九九〇年世界足球賽的冠、亞軍的佳績。至今已獲得二次世界盃冠軍，僅次於巴西、義大利和德國。

(三)建築

殖民初期來到阿根廷的西班牙移民都居住在簡陋的茅屋中，以後大的居民區逐漸發展成城鎮。其建築模仿西班牙，市鎮通常有中心廣場，緊鄰廣場的是教堂、行政中心、法院及其他公共建築，並有大小不等的直行街道從中心廣場向四周延伸。

一八八〇年至一九一四年，阿根廷經歷長達三十多年的「黃金時代」。當時，穀物和肉類大量輸往歐洲，歐洲的白銀和人才則大量流入阿根廷，使得阿根廷開始模仿巴黎的建築風格，開闢寬闊整齊的街道，街道兩旁都是法國式的建築，十字路口一般都有花園、噴水池和公園。從一九三〇年代至一九八〇年代，阿根廷始終沒有擺脫政治動盪的紛擾。這漫長的半個世紀，幾乎沒有爲首都留下一幢值得注意的建築。一九八九年後，由於阿根廷快速實施私有化和自由經濟，吸引大量外資，使得現代化的摩天大樓，如雨後春筍般不斷湧現。

布宜諾斯艾利斯地處溫帶，城內古典歐式建築與現代化摩天大樓鱗次櫛比。爲紀念獨立戰爭的爆發而得名的五月廣場，正中央矗立著雄偉的阿根廷紀念碑，廣場東邊是著名的總統府——玫瑰宮（Palacio de Rosada）。五月廣場是全市核心，許多著名街道都是由此呈輻射狀向四周延伸去。國會廣場是市內最大廣場，而國會大廈則是古典希臘——羅馬式建築。

此外，爲紀念一八一六年七月九日獨立而命名的七月九日大道（Avenida de Nueve de Julio），是市內最壯觀的街道，也是世界上最大的街道之一，它寬一百三十公尺，比巴黎香榭大道還寬十公尺。一九八〇年爲紀念建城四百周年，又在街道中心建築高達七十二公尺的獨立紀念碑，成爲布宜諾斯艾利斯市的象徵。此外，南美第一劇場科隆劇場（Teatro Colón），是世界第三大劇場。佛羅里達大道（Avenida de Florida）號稱「南美的百老匯」，是阿根廷最繁華的商業街，全長不到兩公里的街道兩旁商店林立，匯集世界各地名品，令人目不暇接。

㈣習俗

由於是傳統天主教國家，早期阿根廷家庭生活較爲保守，父親仍有很大的威權。大家庭仍是普遍現象，子女結婚一般都需得到雙方父母的同意。但在現代文明的衝擊下，傳統婚姻觀念有了改變，新一代年輕人盛行自由戀愛，一些地方還出現未婚同居的現象。

在待人接物方面，女士優先是阿根廷生活習慣的一部分。此外，「謝謝」、「對不起」是阿根廷人日常使用率最高的詞彙。進旅館時要對服務生說謝謝，與旁人身體那怕是極輕微的碰觸都要說聲對不起。阿根廷人也對遵守公共道德習以爲常，很多場合都會按規定排隊。在公眾場合，要低聲說話，否則會遭到鄙夷的目光甚至抗議。雖然阿根廷人開車時會禮讓行人，但是當你車速不夠快時，後面的司機也會不客氣地用大燈閃你，催你加速或讓路。

此外，在阿根廷，乘坐朋友或主人親自駕駛的車時，駕駛座旁的座位絕對不能空著，否則就是把他們當作司機，很不禮貌。乘計程車時，除非後排坐不下，通常不會坐在司機旁，因爲那樣有失身分。還有拜會應比約定時間晚幾分鐘到達，早到或遲到太多都不好。此外，反覆按門鈴是不禮貌的行爲。

阿根廷人經常以服裝取人，如果衣履不整，他們就認爲這個人不正派。因此，到公司或機關訪問或到商家作客，都必須西裝革履。阿根廷人不喜歡灰色，因此，穿灰色西裝拜訪時，印象會被大打折扣。此外，在公共場合脫掉上衣是不雅、不禮貌的動作。保持體面，重視禮節的習慣在阿根廷已經根深蒂固。

在阿根廷，送禮不要送襯衫、領帶等貼身用品。他們忌諱菊花，認爲菊花是喪禮的、令人悲傷的花。他們也忌諱送手帕，因爲送手帕會招來悲傷。他們避免談論有爭議的宗教、政治問題。他們喜歡談體育，特別是足球。

阿根廷商人喜歡邀請朋友至家中作客，餐桌上一定有該國的正宗牛肉。到阿根廷人家裡作客，可給女主人送一束鮮花或一盒糖果，而且隔天勿忘派人送花給主人表達謝意。阿根廷人喜歡別人誇獎他的孩子、家裡的陳設和他們的菜餚。阿根廷人對其牛仔文化也感驕傲，可趁機稱讚一番。應該注意的是，晚餐到晚上九至十點才開始。

此外，因爲阿根廷有百分之九十七的人口都是白人，多了一份矜持與高傲，使得阿根廷人不像其他拉丁美洲國家的人民那麼的熱情、好客且對外國人好奇有加。不過，阿根廷人在拉丁美洲的處境其實滿尷尬的。從血統上看，他們大部分的人都是歐洲移民，很多特別的名字說明父祖輩的來源，義大利、德國味道的人名、地名屢見不鮮；但是另一方面，這些歐洲移民的後裔，卻生活在拉丁美洲這塊「不太高貴」的土地上，這多少讓他們有些失落。阿根廷人在陷入危機時常常反思，到底阿根廷人是不是歐洲人？如果不是，那麼是否應正視事實、放下身段，與周邊拉丁美洲國家建立良好關係，而不是擺著架子，卻忙著去找遠隔重洋的歐洲親戚來幫自己解決問題。

六、與台灣經貿關係

一九七二年二月十九日，阿根廷與中國大陸建交，我國於同年八月十日關閉駐阿根廷大使館，同時設立駐阿根廷商務文化辦事處，維持台阿雙邊經貿關係。此外，一九九二年七月九日，阿根廷在台北成立駐台商務文化辦事處。因政治因素考量，阿根廷政府對我國向來不友善，故我與阿根廷間鮮有較重要之經貿高層官員互訪交流，唯我民間商務活動在阿根廷十分頻繁。但是，目前阿國商務簽證之申辦手續繁複，費用不貲，且相當費時。

二〇一一年，我與阿根廷雙邊貿易總額達五億八千四百八十九萬美元，較二〇一〇年減少百分之三．四八，但仍保有貿易順差一億七千二百三十九萬美元，較二〇一〇年增加百分之一百八十八．八五。我對阿國出口，近年來逐漸以工業原料、機械、手機、電腦及汽車零組件等項目爲主。目前我國機器設備、電子電器產品及零組件等項產品出口持續成長，市場接受程度良好。至於我自阿根廷進口前三十大項產品中，第一位仍然是飼料用玉米，未精梳之棉花上升爲第二名，其他爲溼皮革，粗製葵花子油，魚渣粉等。

第三節 烏拉圭

一、地理環境與氣候

烏拉圭這個名詞是由烏拉圭河而來。在古印第安瓜拉尼語中，uruguа是一種具有貝殼的動物，y是水的意思，所以Uruguay就是「一條有著甲殼動物的河流」。

烏拉圭的正式國名爲烏拉圭東岸共和國（República Oriental de Uruguay）。在西班牙殖民統治時期，它一向被稱爲「東岸」（La Banda Oriental），這是由於它正位於烏拉圭河東岸的緣故。

一八六四年烏拉圭戰爭結束後不久，巴西又入侵烏拉圭，但遭到巴拉圭的反對。巴拉圭對巴西宣戰。後來，烏拉圭、阿根廷和巴西結成聯盟對巴拉圭作戰。一八七〇年巴拉圭戰敗，巴西和阿根廷再次承諾維護烏拉圭獨立。至此，烏拉圭才眞正擺脫外國干涉和威脅。

巴拉圭戰爭結束後的一百多年間，烏拉圭一直保持著以紅黨和白黨爲核心政治力量的代議制民主政體。由於社

圖11-5　烏拉圭總統府（吳樹民攝）

會穩定，經濟、文化、教育等方面都獲得較快的發展，人們生活富庶，因而獲得「南美瑞士」的美名。

烏拉圭面積爲十七萬六千二百一十五平方公里，是南美洲西語國家中面積最小的，也是南美洲唯一全境都位於溫帶的國家。烏拉圭位於南美洲東南部，烏拉圭河下游東岸，東北與巴西接壤，東南瀕臨浩瀚的大西洋，西以烏拉圭河與阿根廷爲界。海岸線長一百九十三公里。

烏拉圭位於巴西和阿根廷之間，控制著烏拉圭河與巴拉那河入海的咽喉，而且扼守通往南美內陸地區的水陸交通要道，戰略位置十分重要。因此，烏拉圭雖小，歷來卻是拉丁美洲深受注目的國家。在殖民時期，烏拉圭經常成爲西、葡兩個殖民國家爭奪的目標。而且在獨立後最初幾十年，又成爲巴西、阿根廷與巴拉圭相互競逐的場所，而且英國也曾企圖將它占爲己有。

烏拉圭的自然環境優越。全境大都位於巴西南部溫暖高原和阿根廷溼潤草原之間，國土大部分爲波狀平原。南部爲起伏的平原，是阿根廷彭巴草原向東延伸的部分。北部和東部有少數低山分布，地勢相對較高，是巴西高原向南的延伸。境內沒有高山，一般海拔在二百至三百公尺之間。

西南部是拉不拉他平原的一部分，土地肥沃，適合農耕。東南部多斜坡草地，屬於著名的彭巴草原，是烏拉圭優良的天然牧場。東南部靠大西洋一帶是沿海沖積低地，有許多湖泊和沙丘。東部海岸線平直，地勢低，陽光和煦，氣候涼爽，有許多天然海水浴場，是難得的休閒聖地。烏拉圭中部是大庫奇利亞高地，高地山谷間樹林叢生，兩側斜坡是一望無際的草原牧場，是發展畜牧業的好地方。

烏拉圭位於南緯三十度至三十五度間，以及受南大西洋高氣壓所夾帶的潮溼氣團影響，是典型的溫帶海洋性氣候。其顯著特徵是終年有雨，溫和溼潤，四季變化及地區溫差不大。烏拉圭年平均氣溫攝氏十七度至攝氏二十度，七月平均氣溫攝氏十度，一月平均氣溫攝氏二十三．三度。五至十月多霧。年平均降雨量由南至北從九百五十公釐增加到一千二百五十公釐，北部高地降雨量可達一千三百公釐。烏拉圭的夏季是從十二月至次年的三月，沿海一帶因受大西洋海風影響，天氣並不十分炎熱。冬季是從七月至九月，雖偶爾有寒流侵入，使西北部地區氣溫降到零攝氏度以下，但一般都很溫和。

二、人民

十七世紀初，西班牙最早向烏拉圭的蒙特維多（Montevideo）移民。後來，葡萄牙、英國先後與西班牙爭奪這塊殖民地。歐洲殖民者在長達兩個世紀的殖民過程中，大肆屠殺土著印第安人。到十九世紀，印第安人基本上已被殖民者滅絕。此後，歐洲移民

圖11-6　可愛的烏拉圭小孩（李旻玲攝）

大量湧入，使烏拉圭人口激增。一八二八至一九三九年間，遷入移民高達七十五萬，其中百分之六十來自西班牙和義大利，其餘來自法國、英國、德國和俄國等。自一八三〇年至一八四二年，烏拉圭引進大批黑奴，而且也從巴西進入一批自由黑人。二次大戰後，外來移民大減。由於移民的大量湧入，烏拉圭人口從十九世紀初至一九八七年間成長五十八倍。

烏拉圭人口中，白人占百分之九十，印歐混血種人占百分之八，此外，還有少數黑人。此外，烏拉圭人口分布不均，大多數人口集中在南部，占全國總人口的百分之六十六以上，其中有半數住在首都蒙特維多。愈往內陸地區，人口愈稀少。另外，烏拉圭人口高度城市化，城市人口約占總人口的百分之八十三。另一方面，烏拉圭也是拉丁美洲國家中，信仰天主教人口比例最少的國家，只有百分之四十七的居民信仰天主教。

烏拉圭的居民百分之九十以上是西班牙及義大利移民的後裔，是拉丁美洲白人比例最高的國家之一，印歐混血主要集中在北部地區。烏拉圭的印歐及黑白混血人種在音樂、舞蹈、繪畫及足球有許多傑出的表現。此外，因具有完善的公共醫療服務，人民平均壽命是拉丁美洲最高的國家之一。

三、經濟發展

獨立後的烏拉圭是一個經濟非常落後的國家，幾乎沒有工業，畜產品是國家唯一的出口。一八七〇年代後，由於歐洲市場對穀物和肉類的需求增加，烏拉圭的畜牧業和農業迅速發展。此外，從十九世紀中葉起，移民的大量到來加快烏拉圭經濟的發展。二十世紀初，奧多涅斯總統推行的改革措施，使烏拉圭經濟獲得較大的發展。一九五〇至七〇年代，經濟發展緩慢。一九七四年軍人執政後，實行經濟自由化政策，大力引進外資，鼓勵出口，經濟逐步發展。

烏拉圭經濟以農牧業爲主，但地區經濟差異較大。烏拉圭南部沿海爲全國經濟最發達的地區，人口眾多，城鎮集中，工業發達，交通便利，是小麥、玉米、油料作物及乳製品、水果、蔬菜、棉花的主要產區。東部大西洋沿岸爲稻米、向日葵、糖等作物的主要種植區。廣大內陸爲畜牧區，牧場分布在中部和北部廣大丘陵區。內格羅河以北，氣候較乾，土地貧瘠，以養羊爲主；內格羅河以南以養牛爲主。西北地區是柑橘、檸檬、桃、梨等水果產區。

烏拉圭的物產以畜牧爲主，它是整個國家經濟的基礎。全國土地中，牧場占百分之六十，耕種面積只占百分之十二。農產品主要爲小麥和稻米，大致上可自給自足，出口則靠肉類、羊毛和皮革等。

烏拉圭的礦產與森林資源相對貧乏，森林面積只占國土面積的百分之三・二。長久以來，烏拉圭工業主要是牲畜屠宰冷藏企業、紡織業、製革業和電力器材工業等爲主。一九八〇年後，由於傳統產品的出口市場縮小，政府實行自由化政策，大力發展加工業和製造業。近年來機器製造業、電機、化工、塑料、電器設備和無線電器材等現代化工業迅速發展。

烏拉圭的建築業是最有活力的部門之一，一九七八年以來建築業發展居國民經濟各部門前茅。建築業的發展主要是由於阿根廷和巴西人在烏拉圭投資、購買地皮、興建別墅所致。不過建築業的發達，也推動與此有關的水泥、玻璃、陶瓷等工業的發展。同時也吸收大量非熟練工人，降低失業率。烏拉圭工業布局偏重於南部，大部分工業企業都集中在首都蒙特維多及其郊區。

烏拉圭的旅遊業相當發達，遊客大多來自阿根廷，其次來自巴西、美國、巴拉圭和智利。一九八五年四月，政府成立旅遊部。政府的高度重視，是烏拉圭旅遊業發展迅速的重要因素，此外，交通便捷也是有利的因素。

四、風俗民情

烏拉圭城市建築多爲西班牙式或義大利式的樓房。農村的房屋多用草和泥築成，也有磚瓦房。烏拉圭人大部分爲西班牙及義大利人後裔，性格開朗，熱情浪漫，非常喜歡唱歌、跳舞。早期，探戈舞就是從烏拉圭和阿根廷率先流行。居民在正式場合一般穿西裝，平時衣著較隨性。此外，每年十二月中旬至次年三月中旬是烏拉圭人休假或渡假季節，最好不要從事相關商務旅行。

烏拉圭人與外來客人見面，即使是初次交往，也都主動且熱情打招呼。烏拉圭人見面時喜歡稱呼對方先生和夫人或少爺和小姐。他們也喜愛稱對方的行政職務或學術職稱。烏拉圭人赴宴時，都會帶蛋

圖11-7　烏拉圭的藝廊（吳樹民攝）

糕、酒等禮物。進出公共場所的大門時，應先讓女子進出，而且在宴會上要先給婦女上菜，以示尊重。居民的禁忌和其他歐美及拉丁美洲國家差不多，但是在居民的心目中已經逐漸淡薄甚至不介意。

烏拉圭人重禮貌、重感情且大多偏愛茉莉花，喜歡桃紅山楂花；烏拉圭人也討厭青色，認爲青色意味著黑暗的前夕，並會給人以壓抑之感，也是一種令人懊喪或倒楣的色彩。此外，他們不喜歡吃奇形怪異的水產品和兩棲類動物的肉。烏拉圭的科烈達鎮人認爲戴帽子是未婚女子的專有權力。女子一旦結婚，便不能繼續戴帽子。若因特殊原因不得不戴，也只能戴有色的帽子。

烏拉圭人晚餐時間大都在九、十點以後，一般正式宴會多在午夜才結束。如宴請烏拉圭人，因其對赴宴多不守時，需要有耐性。前往烏拉圭人家裡拜訪時，客人通常先要以禮節性的簡短講話向主人問候，然後請求允許進入屋內。恰當的話題是家庭、體育運動、時事以及天氣，還有烏拉圭人引以爲豪的足球。最好不要談論政治。

第十二章　明日之星巴西

第一節 導言

十六世紀葡萄牙人來此定居後，巴西一直深深地吸引著外國人。先是因爲她的黃金，然後是橡膠和咖啡。近年來，更是由於號稱「森巴王國」及嘉年華會的異國聲光情調，以及獨樹一格的足球絕技，而爲人稱道。這連巴西人自己也不禁神魂顚倒，並爲遼闊的國土感到驕傲和著迷。更令巴西人興奮的是，在遼闊的綠地下，都可能蘊藏著有待發掘的無盡寶藏。無怪乎她能躋身爲「金磚四國」的成員，甚至被稱爲二十一世紀世界的「糧倉與肉庫」。

巴西擁有八百多萬平方公里遼闊的領土以及一億九千多萬的人口，在今日世界的發展上，已逐漸扮演重要的角色。巴西不像墨西哥和祕魯有淵源流長、逾千年以上的印第安文化背景。而且在近代歷史，巴西一直是邊線上的旁觀者而非參與者。然而很幸運地，十九及二十世紀拉丁美洲常發生的動亂，未曾給巴西帶來任何摧殘。而且巴西的蛻變與改革，大致是以極爲和平的方式進行，這歸功於巴西人常捨正面衝突而取折衷之道來解決爭端的特殊能力。巴西可說是一個將重心根植於現在，眼光放在未來國家。更貼切的說，巴西是一個善忘的國度。

雖然，長久以來必須經常面對龐大的社會經濟困境，巴西人還是非常樂天知命。自然率性、熱情洋溢而又生氣蓬勃的巴西人，是一群只重視眼前的傢伙，沒有任何事情會比他們正在進行的活動更爲眞實與重要。個性謹愼、一切從長計議的保守人士很難理解、適應巴西人這種橫衝直撞、不計後果的生活方式。

巴西最早由葡萄牙籍探險家阿爾維斯・卡布拉（Pedro Alves Cabral）於西元一五〇〇年所發

現。至於後來採用巴西這個名字，是因爲這塊新殖民地的特產——巴西蘇木（Pau Brasil），這種木材所製成的紅色顏料，在當時歐洲被視爲十分貴重的染料。

葡萄牙殖民期間，從非洲引進大批黑人奴隸。西元一七八九年，巴西展開獨立運動，以黃金盛產地黑金市（Ouro Preto）爲中心。一八二二年九月七日宣布獨立，脫離葡萄牙成立巴西帝國。一八八九年十一月十五日，軍事政變推翻伯多祿二世，結束巴西帝國時期，軍人勢力旋踵登場。經歷了好壞交替的數任總統，一九〇〇至一九三〇年間，爲數可觀的歐洲移民湧入，其中以義大利人爲主。在二十世紀的最初二十年，聖保羅和米那司兩地區的富人輪流掌握巴西的政治大權，號稱「乳酪與咖啡」期，因聖保羅盛產咖啡，而米那司則以出產乳酪聞名。一九六〇年，在古比切克（Juscelino Kubitschek）執政期間，將首都從里約熱內盧遷移至位於內地的巴西利亞（Brasilia），這對巴

圖12-1 巴西大礦州黑金市（王之化攝）

西往後的發展影響深遠。

第二節　地理與氣候

一、地形特點

在地理上，巴西具備拉丁美洲所有各國之地形，但巴西至少有兩點與其他各國不同。首先，其面積比任何其他拉丁美洲國家大。其次，其居民有黑人，也有歐洲移民，但目前大多爲混血人種。

巴西位於南美洲的中部和東部，東瀕大西洋；赤道線和南回歸線分別跨越其國土的北部和南部，國土的絕大部位於低緯度區內，這使巴西具有熱帶國家的特點。

巴西被譽爲「世界之肺」。南北最長達四千三百二十公里，東西最寬達四千三百二十八公里，國土面積八百五十多萬平方公里，約占南美洲總面積的一半，是拉丁美洲最大的國家。在世界各國中，巴西的領土面積僅次於俄羅斯、加拿大、中國和美國，居第五位。巴西的邊界總長二萬三千公里，海岸線長七千三百多公里。巴西地形的特點是多高原，約占領土面積的百分之五十九。但是高原高度較低，海拔超過九百公尺的僅占百分之三，海拔二百公尺以下占百分之四十一。巴西全境地形可分爲五大部分。

首先是圭亞那高原。高原最北部是陡立的山嶺與委內瑞拉爲界，它也是亞馬遜河（Rio

Amazonas）與奧利諾科河（Rio Orinoco）兩大水系的分水嶺。高原北高南低，其南邊大至與赤道平行，占國土面積的百分之二。

其次爲亞馬遜平原。它是世界上面積最大的沖積平原，介於圭亞那高原和巴西高原之間。平原西寬東窄，酷似漏斗；地勢低平坦蕩，大部分在海拔一百五十公尺以下。在巴西境內面積達二百多萬平方公里，約占國土面積的三分之一。

第三爲巴西高原，又稱中央高原，位於中部、東部和東南部。高原平緩，起伏不大，由東南向北方向緩傾，面積達五百萬平方公里，海拔在三百至一千五百公尺，平均高度爲一千公尺。中西部高原是巴西重點開發地區之一，而東南邊緣有一系列與海岸平行的山脈。由於地形上升的結果，巴西高原的邊緣部分普遍形成緩急不等的崖坡；河水流過其間都陡落形成瀑布或急流，著名的伊瓜蘇瀑布（Cataratas de Iguagú）就位於此區。

第四是巴拉圭低地，又稱沼澤平原。位於巴西高原的西南邊緣地帶，是大查科（Gran Chaco）平原的東半部分。它是由巴拉圭河（Rio Paraguay）及其支流形成的巴拉圭河盆地構成，海拔在一百公尺以上。這裡地勢低溼，沼澤連片，雨季常受氾濫，是巴西全國人口密度最低的地區。

最後則是沿海平原。它是大西洋與巴西高原之間的一條狹長低地。最寬處不過八十公里，最狹處僅十六公里，中間被深入大西洋的巴西高原突出部分切斷。漫長而狹窄的沿海地區是開發最早、經濟最發達的地區，這裡的人口密度高居全國之首。

二、河流水系

巴西擁有世界上最大的水系，內河水系面積廣達五十五萬多平方公里。大部分河流是永久性河流，河流的特點是既寬又長，且水量充足，只有巴西東北部存在季節性河流。巴西水域可分爲兩種：高原水域和平原水域。前者地形起伏較大，擁有巨大的水力資源潛力，可用於發電，主要有聖佛朗西斯科河（Rio San Francisco）水系和巴拉那河（Rio Paraná）水系；後者地形起伏較小，水流平緩，有利航運和灌溉，主要水域有亞馬遜河和巴拉圭河水系。

巴西境內河川主要有三大河系：亞馬遜河系、巴拉那河系和聖佛朗西斯科河系。亞馬遜河發源於祕魯境內的安地斯山脈東坡，流經巴西注入大西洋，全長達六千七百五十多公里，流經巴西長度爲三千多公里，是世界上流量最大和流域最廣的河流。巴西與巴拉圭合資興建的伊泰普（Itapú）水力發電廠就位於巴拉那河上，該河的支流從巴西高原奔入主流的路上，形成許多瀑布。其中最著名的就是伊瓜蘇瀑布，它位於緊靠巴拉圭、阿根廷和巴西邊境。聖佛朗西斯科河是全程都在巴西境內的最長河流，全長二千九百公里，發源於米那司傑來斯州，向北流至巴伊亞州（Bahia）與伯南布哥州（Pernambuco）交界處，然後向東流入大西洋。

三、多樣的氣候

巴西大部分領土位於赤道與南回歸線之間，是南半球國家，四季氣候的更迭正好與北半球相反。由於幅員遼闊，北方與南方，沿海與內地，高原與平原低地的氣候各有特點。自北向南，全國大致可分成三種氣候類型：熱帶雨林氣候、熱帶草原氣候和亞熱帶森林氣候。

赤道橫貫巴西北部，附近的亞馬遜河平原和圭亞那高原屬於熱帶雨林氣候。巴西高原和沿海平原大部分地區屬於熱帶草原氣候。這裡長夏無冬，四季變化不明顯。西南部的巴拉圭低地和南部三個州屬亞熱帶森林氣候。這裡的氣候特點是四季分明，夏季炎熱，冬季寒冷。

第三節　自然資源與經貿概況

一、豐富的自然資源

巴西不僅是拉丁美洲面積最大、人口最多的國家，也是拉丁美洲自然條件最優越，自然資源最豐富的國家之一。巴西森林資源極爲豐富，其森林面積四百四十二萬平方公里，僅次於前蘇聯居世界第二位，占整個南美洲的百分之六十五。巴西的主要的經濟作物和農作物有：咖啡、可可、甘蔗、棉花、大豆、菸草、稻米、蓖麻等。其中咖啡產量世界第一，素有「咖啡王國」之稱。可可、大豆、甘蔗的產量也居世界前茅。此外，這裡還盛產香蕉、柑橘、菠蘿、芒果、椰子等數十種水果。

巴西是資源大國，在世界五個大國中，其礦產資源比較豐富。其中鐵、錳、鉻、鎳、鋁土、鈾都很豐富，稀有金屬鈮、鉭、鈹居世界首位，但開發利用較少。巴西的鐵礦石儲量豐富，且鐵礦石含鐵量高，鐵礦石產量僅次於中國，居世界第二位，相當於世界產量的五分之一，主要分布在米那司傑來斯州和帕拉州（Pará）。巴西是世界上四大產錳國之一，鎳礦儲量約五千七百萬噸，鉻儲量達一億多噸，鋁土儲量十八億噸，鈾儲量二十四萬噸。此外，巴西還蘊藏著錫、鉛、鋅、雲母、石英石、寶石等金屬和非金屬礦產。

二、經貿概況

一般人認爲巴西的經濟，可分爲幾個周期來加以說明，每一周期均生產特定產品，但事實上每一周期並不相互排斥，而且是重疊的，有時候兩個周期同時發生。

首先，十六世紀是巴西森林的開發時代，第二是糖業的鼎盛時代。一五五〇年巴西的糖開始輸往歐洲，十七世紀達到頂盛，一七七〇年代被加勒比海地區超越。可是從那時候起，巴西仍然繼續產糖，並有少量輸出。伯南布哥（Pernambuco）和巴伊亞（Bahia）種植甘蔗是因爲該地有大地主並擁有非洲黑奴。第三是寶石及黃金周期。十八世紀，巴西經濟和政治的重心，由東北部轉移到米納斯傑萊斯（Minas Gerais），因爲該地出產寶石和黃金，同時也因此在此地發現深厚的鐵砂和其他礦物。第四是咖啡、

圖12-2　巴西寶石（王之化攝）

可可及橡膠周期。十九世紀咖啡、可可的種植以及橡膠的採集，其產量迅速增加。此外，有些巴西人認爲製造業的急速發展，是另一新周期的開始。的確他們目前所重視的是重工業的發展，電力的生產，石油的探測和交通的改善等，這些比農業的改良更具重要性。

一九四〇年代，大型工業的建立爲巴西工業現代化奠定基礎。一九五〇年代後的兩次經濟奇蹟（一九五六至一九六一年和一九六八至一九七三年），更爲巴西一九七〇年代成爲世界第八經濟大國打下基礎。巴西的工業現代化始於二次大戰後，特別是一九五六至一九六〇年的古比切克政府和一九六四至一九八五年的軍政府時期。

但是因爲軍政府實施「負債發展戰略」政策的失誤以及國際石油價格的上揚和信貸利率的提高，使得一九八〇年代巴西陷入經濟衰退、高通貨膨脹和外債危機中，被稱爲「失去的十年」。一九九〇年代，巴西政府頒布穩定經濟計畫，放棄進口替代發展戰略，實行對外開放，加速國有企業私有化進程，積極吸引外國資本。一九九四年更推出雷亞爾計畫，有效控制通貨膨脹，經濟獲得穩定成長。

二十世紀末和二十一世紀初，巴西發生兩次金融動盪。第一次發生在一九九九年初，當時受東亞金融危機和俄羅斯金融危機以及巴西國內經濟發展中的不利因素的影響，對巴西經濟和金融產生相當大的負面影響。但由於巴西政府適時採取相應政策，短時間內就克服了金融動盪的影響。不過，當巴西剛剛擺脫金融動盪對經濟發展的影響之際，二〇〇二年六月受國際經濟衰退、特別是美國經濟不景氣、二〇〇一年「九一一」事件及鄰國阿根廷二〇〇一年底經濟危機等多重影響，巴西再次發生金融動盪。這次金融動盪最重要的表現是巴幣雷亞爾（Real）兌美元的匯率大幅度下降。

巴西對外貿易是其經濟發展的重要支柱。殖民時期，宗主國葡萄牙壟斷巴西的對外貿易，而且使巴西成爲熱帶產品的主要生產及輸出國家。一八八九年共和國建立後，巴西仍然以咖啡等農牧產品及礦產品出口爲經濟發展的基礎。一九三〇年代後，由於國家採取保護國內市場的政策，除個別年分外，對外貿易始終呈現順差。一九九〇年代對外開放後，企業在短期內難以適應開放的國際市場，一九九五至二〇〇〇年巴西對外貿易連續出現六年逆差。二〇〇一年後，對外貿易才又轉爲順差。

一九九〇年代以來，巴西對外貿易有長足發展，且製成品出口所占比重不斷擴大，這表示巴西工業化進程的發展。外貿主要對象仍然是發達國家，特別是美國、德國、日本、義大利，約占巴西進出口貿易的百分之五十左右。巴西主要出口產品是飛機、鐵礦石、大豆和汽車。主要進口產品爲石油及其製品、工業機械等。自一九九一年起，隨著南方共同市場（Mercosur）的建立，巴西與南方共同市場成員國，特別是阿根廷的貿易獲得迅速發展。

三、交通運輸

在葡萄牙殖民時代，巴西主要是靠水上運輸，東部海岸各都市都靠海上船隻聯絡。巴西河流，特別是亞馬遜河可通達內陸，有的河流如聖佛蘭西斯科河貫通南北，使東北部和南部得以聯絡。雖然巴西目前大部分以鐵路、公路和航空運輸爲主，但聖佛蘭西斯科河對南北的聯絡仍具重大的作用。水上運輸業不但可以使沿海各港口相互聯繫，並且能夠深入亞馬遜河上游。但由於路程遙遠，貨物運往沿海的數量有限，且船隻小而舊，許多港口的交通工具均有不足之感。

過去，巴西的航空對於各地的聯絡，尤其對於邊遠地區的探險與鞏固均有很大的貢獻。巴西的

圖12-3 亞馬遜河水上人家（王之化攝）

圖12-4 亞馬遜河畔的瑪瑙斯劇院（王之化攝）

航空事業是於一九二七年開始的，今日巴西是世界上最熱中於發展航空事業的國家。飛機來往次數最多要算里約熱內盧、聖保羅和巴西利亞之間。自從一九六〇年代巴西利亞成為首都以來，飛機的往來更加頻繁。

第四節　人民與宗教信仰

一、人民

巴西的國民除了擁有共同的葡萄牙語外，其他共同之處就是對國家地理環境和文化只有模糊的印象。他們信奉十二個不同的神祇，祖先也來自世界不同角落。就膚色而言，巴西人不太清楚他們究竟算哪一種人？事實上，他們也不在乎。

巴西人口的組成分子在一百多年來有很大的變遷。一八六〇年有三種主要人種，即印第安人、葡萄牙人和非洲人。一九九九年，白種人在巴西總人口中占五十四・〇三，黑白混血種人占百分之三十九・九四，黑人占百分之五・三九，黃種人占百分之〇・六四，而印第安人只占百分之〇・一六。但是，目前混血人種已經超越白種人。巴西南部幾乎全是歐洲人，北部特別是馬拉尼翁州（Maranhao）是非洲人，亞馬遜區則為印第安人。巴西人主要由歐洲白人、非洲黑人和當地印第安人三大種族集團的人群長期混血而成，是巴西人口的主體。其各種機構均能接納不同的人種，而且將不同人種融合是他們的終極目標。

至於巴西黑人是於十六世紀初至十九世紀中葉被葡萄牙殖民者從非洲販運來的黑奴後裔。一五七〇年後，大批黑人到達巴西。在一七四〇至一七六〇年米那司傑來斯州掀起的淘金熱中，黑奴販運達到顚峰。一八二二年巴西獨立時，黑人已占巴西人口的大多數，達百分之六十。從殖民初期，整個非洲文化就被帶進巴西的日常生活中。今天，它表現在森巴音樂的旋律中，表現在巴伊亞州種類繁多、講究調味的食物中。目前在巴西，即使本身堅持種族主義觀點的白人統治階層已允許他們的兒子與被視爲下等國民的黑白混血女性通婚。巴西黑人逐漸減少且集中在巴伊亞州。

此外，雖然地圖上並未標示，但是實際上巴西有兩種截然不同的面貌。自獨立初期，巴西一直是不完美且十分不公平的國家，不但社會階級涇渭分明，而且國家政治被少數人操縱。今天，占巴西總人口百分之十的中上層社會，享有百分之四十七．五的國民所得。而占全國總人口達半數以上的低收入階層，卻只能擁有百分之十二的國民所得。所以，巴西存在嚴重的貧富不均。此外，雙面巴西的例子在每一個州和每個城市中都能找到，而且也明顯存在區域不平等現象。不過，這現象在魯拉執政時期（二〇〇二至二〇一〇）已有明顯改善。

二、人口分布與城市

巴西所有的人口幾乎都住在一條長約四千公里，寬約幾百公里的狹長地帶。該地帶愈靠近海岸人口密度愈高。由殖民地時代到近代，由於政府的鼓勵，居民不斷向內陸移動。巴西人口移動方向和墨西哥、中美洲、安地斯山區國家不同，這些地區移動的方向是由高地向低地，由內陸移向海岸。雖然巴西高地地質好，但一千公尺以上地區，很少有人居住。巴西沒有大的、極乾燥的地區，只有東北地區常遭到不定期的乾旱，但所占比例極小。

巴西約有百分之七十五的人口分布於僅占巴西百分之二十面積的東南及東北地區。此外，近代巴西移入的居民很多，是人口迅速增加的原因。巴西南部的經濟和文化，由於外地居民之移入而改變其原有形式。不過，二次大戰後，巴西移民就大爲減少。

圖12-5　巴西大礦州黑金市教堂（楊秀琴攝）

由於大城市幾乎均分布於沿海或靠近沿海地區，所以都市化結果，使人群由內地移向海岸。這對向來政府推動的內地移民運動，產生嚴重的影響。因此，內地若干地區人口極爲稀疏，如何謀求迅速充實內部地區之人口，是巴西政府當務之急。其實，一九六〇年將首都由里約熱內盧遷移到巴西利亞，就是重要措施。

里約熱內盧要繼續擴大時，卻被幾座高山所阻斷。當都市要向西發展時，需建造隧道以供新區域使用以便聯繫。里約熱內盧港由於港內有島嶼，提供相當長的海岸線以作港埠發展，而許多工業

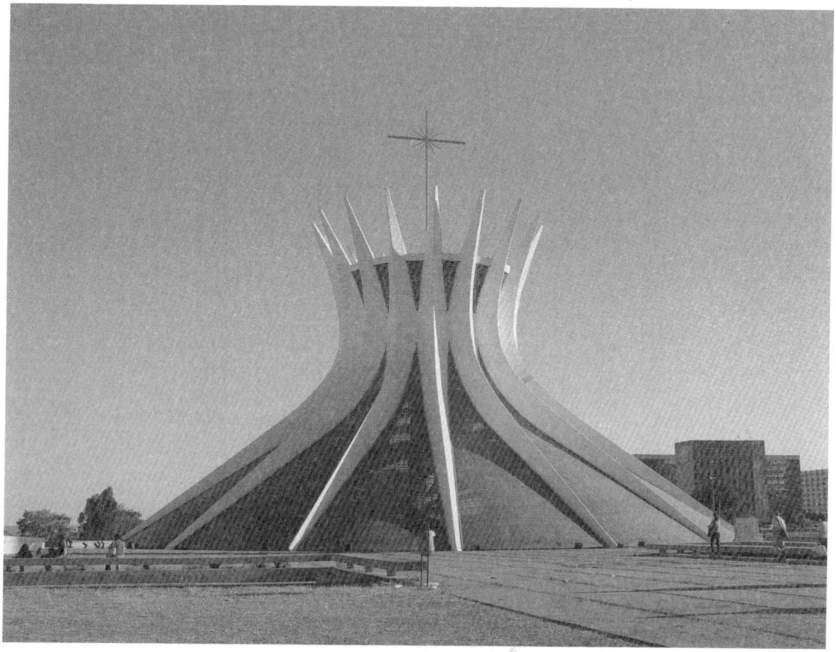

圖12-6　巴西利亞大教堂（楊秀琴攝）

沿其西側發展。

雖然聖保羅的面積與里約熱內盧大致相同，但在發展上卻有著很大的不同。雖然該城直線距離只有五十公里，卻離海岸甚遠，但也因此比里約熱內盧有更大的發展腹地，發展也比較快。聖保羅的發展與咖啡對外貿易及資金融通有密切關係。聖保羅領導巴西的工業發展，這一部分要歸功於附近的水力發電。此外，像里約熱內盧一樣，聖保羅也是一個精密的現代化都市，其中心爲金融區，摩天大樓爲數甚多，但缺乏等量的公共設施。

三、宗教信仰

因爲巴西居民主要來自歐洲、亞洲和非洲等許多國家，因此巴西是世界上宗教氣氛濃厚的國家之一。一八八九年前，天主教爲巴西的國教，且是世界上天主教徒最多的國家。天主教對巴西社會、政治和文化的影響巨大。此外，還有一些人信奉基督教、猶太教、伊斯蘭教等。特別是基督教的勢力正在貧窮地區，如雨後春筍般蓬勃發展。

第五節　政治與對外關係

一、政治體制

巴西是代議制民主共和國。一九四五至一九六四年間，巴西民主進程順利發展。不過，一九六四年軍人政變使巴西再次陷入長達二十一年的軍事獨裁統治。一九八五年軍政府下台前進行的總統選舉並非全民直選，而是透過選舉人團進行選舉。一九八八年，巴西頒布民主憲法，並於一九八九年恢復總統直選，才眞正恢復民主體制。

一九八八年憲法規定，巴西是總統制聯邦共和國。實施立法、司法、行政三權分立的政治制度，其權力分別由議會、總統與其內閣政府以及法院行使，相互制衡。總統既是國家元首，又是政府首腦，政府部會首長由總統任命。獨立後，巴西除兩次短時期取締政黨外，長期以來一直實行多黨制，政黨林立。

圖12-7 巴西利亞國會大廈（王之化攝）

二、對外關係

十九世紀，大批的歐洲移民加深巴西與歐洲各國的政治和經貿關係。巴西奉行獨立自主、務實的外交政策，並提出外交政策的重點是爲經貿服務。巴西主張處理國與國之間的關係不應受意識型態的影響，並認爲歐洲是巴西的根基，是今後外交工作的重點。同時強調加強與美國和日本的關係，並重視拉丁美洲一體化。

獨立後的相當長時間內，巴西努力避免與大國結盟，避免與強國簽訂有損其獨立和主權的協定。而且鑑於本身的經濟發展水準和當時在世界中所處的地位，巴西一直奉行較爲溫和穩定的外交政策。二十世紀初，巴西透過談判順利解決與鄰國的邊界糾紛。二次大戰時，巴西利用美國租借東北部軍事基地，獲得美國貸款，積極發展鋼鐵工業。

二次大戰後，爲取得美國的技術與資金以加速工業發展，巴西與美國的關係日益密切，而且美國取代英國成爲巴西的第一大貿易伙伴。一九七〇年代美國仍然將巴西視爲其後院，干涉巴西與其他國家交往。因此在一九七七年，巴西政府宣布廢除一九五二年與美國簽定的軍事協定，積極改善與第三世界國家的關係。但是由於資金、技術等方面仍嚴重依賴美國，不久積極改善與美國關係。總而言之，美國仍然是巴西在外交、經濟關係上的最主要伙伴國。

目前，巴西非常重視發展與歐盟的經貿關係，而且歐盟是巴西最大的投資體、貿易伙伴和債權集團。巴西希望透過南方共同市場與歐盟建立自由貿易區，擴大對歐盟的出口，發展雙邊貿易關係。

巴西與亞洲國家的關係主要集中在與日本和中國的關係。巴西和中國關係歷史悠久。早在清朝就曾簽定商貿協定，清政府也曾派員出使巴西。一八八三年兩國互派領事，二十世紀以後，中國和巴西關係的發展斷斷續續。中華人民共和國建國初期，巴西政府仍然承認台灣。一九七四年八月十五日，雙方終於建立正式外交關係。目前，巴西成爲中國在拉丁美洲最大的貿易伙伴。

巴西奉行睦鄰友好政策，十分重視發展與拉丁美洲各國的關係，並積極推動地區一體化，使其在拉丁美洲地區發揮重要作用。在巴西的倡議和阿根廷、巴拉圭、烏拉圭的贊同下，經過多年的醞釀和協商，一九九五年南方共同市場正式啓動。

第六節　風情、民俗與藝術

一般人沒到巴西之前，對於巴西的印象不外是森巴舞、是咖啡、是足球、是亞馬遜叢林、是嘉年華會，是世界未來的糧倉與肉庫。但事實上，巴西的風情民俗，一方面繼承了葡萄牙和歐洲的傳統，另一方面也受到了土著印第安人以及非洲黑人文化的影響。雖然今天巴西已成爲拉丁美洲各國中工業化程度較高、經濟比較發達且貴爲「金磚四國」之一，但巴西仍是一個具有豪放熱情性格，熱愛生活且富於創造性的民族。

一、穿著藝術

巴西人追求時髦衣服，但由於地處熱帶，服裝通常比較簡單。在聖保羅比較注重穿著，而小島上的城市穿著多半比較保守。然而如果是到巴西談生意或參加正式宴會，最好穿著保守的黑色西裝、打領

圖12-8　巴西薩爾瓦多州黑人婦女（王之化攝）

帶。女士宜穿套裝或洋裝，這也是巴西白領階級的標準打扮。

每年二月巴西嘉年華會時間，正値南半球的盛夏，遊行舞會非常熱鬧，這時的打扮再花俏都可以，而且可以戴羽毛頭飾、花圈或亮片。許多婦女甚至只穿著比基尼泳衣，化化妝而已，有時更暴露。大多數男士穿短褲、有的穿襯衫、有的不穿上衣，有的男士會穿布裙。

二、特殊節慶與運動

二月中、下旬舉行的狂歡節（嘉年華會），起源於古羅馬的農神節，本是歐洲天主教徒慶祝的節日，由葡萄牙移民傳入巴西。在巴西，黑人接納了這個日子，並將許多天眞、活潑的音樂和舞蹈加入節日的活動中，使這個節日的宗教氣氛日益淡薄。節日到來，整個國家的一切活動停止，全力投入節日的歡樂中，人們不分種族、膚色、社會地位，爭奇鬥豔，狂跳森巴舞。有「狂歡節之都」的里約熱內盧，更是名聞遐邇，熱鬧非凡，每年爲巴西招來大批觀光客、賺取大量外匯。

巴西人民的熱情奔放也反映在體育運動方面，尤其是對足球的熱中與酷愛。足球運動不是巴西人發明的，然而巴西人卻將足球運動提升到十全十美的境界。今天巴西獨樹一格的足球賽，就跟她的咖啡與嘉年華會一樣享譽全球。巴西國家代表隊參加世界盃足球賽期間，巴西幾乎全國百業停擺，情況比總罷工有過之而無不及。

足球與森巴舞都是巴西人生活中不可或缺的東西。由於巴西人熱中足球運動，巴西境內有好幾座世界上數一數二的大型足球場，像里約熱內盧巨大的橢圓形馬拉卡納（Maracana）運動場，可容納十八萬名觀眾，堪稱世界最大。足球之所以風靡整個巴西，或許是因無論社會那一個階層的青年都可以參與這項運動。足球運動的風行，造就了無數巴西貧民窟的年輕好手。因為他們認為這項運動是他們擺脫貧窮，走上富貴之路的通行證，也因此激發貧民窟青年力爭上游的雄心壯志。

三、建築藝術

一九六〇年，首都巴西利亞的設計和建築是巴西建築藝術現代化的經典之作。其整體設計是由科斯塔（Lucio Costa）完成。巴西最著名的建築師，曾參加過紐約聯合國大廈建築的尼梅爾（Oscar Niemeyer），建造構成首都主體建築的政府各部大樓。一九七〇年代後，由於經濟快速發展，巴西的建築以鋼筋混凝土為主要材料，而且結構更為先進，許多建築物都成為當時財富的體現，像里約熱內盧的巴西石油公司大樓就是經濟起飛的標誌。

至於一五四九年建立的薩爾瓦多是一座未受到現代文明過分侵蝕的古城，雖然是巴伊亞州的首府，仍然保留許多歷史的遺跡，散發古老的魅力。雕工精細的巴洛克式教堂、民宅、廣場古風依舊；人工採集的鋪路石片也被當作歷史遺跡保存良好。薩爾瓦多有一百六十多座教堂，這些教堂大部分是當年為了強化當地黑奴的宗教信仰而建。

四、別具特色的風俗習慣

由於是傳統天主教國家，巴西普遍存在大家庭現象。傳統的大家庭通常是一個大莊園或種植園所形成，有一大群子女，多代同堂。傳統的巴西婚姻，多是一個家族與另一個家族聯姻，其間社會地位相當的男女各自組合，藉以擴大家族的經濟力量和社會地位。

在社交禮儀方面，巴西人對外來客十分熱情。在社交場合，巴西人最常用的稱呼是先生、夫人或太太、女士，對未婚青年男女則稱爲少爺、小姐。巴西人也喜愛他人稱呼自己的職銜或學術頭銜。

巴西人與別人見面往往不太守時，不守時的毛病是拉丁美洲國家的通病。通常，巴西人相當熱情好客，應邀到巴西人家中作客，可帶一束鮮花、一盒巧克力或一些糖果作爲禮物送給女主人。

在巴西商務訪問時，宜穿保守樣式的深色西裝。在巴西，以棕色、紫色表示悲傷，黃色表示絕望。巴西人認爲人死亡好比黃葉落下，所以忌諱棕色、黃色。巴西人在交談時愛誇耀自己的孩子，因此對他們的孩子表示關注會使他們高興。巴西男人喜愛逗人的笑話，也愛放聲大笑，但別談帶有種族意識的笑話。而且還應避免談論政治、宗教及其他有爭議的話題。

和其他拉丁美洲國家一樣，在巴西巨大的財富與可嘆的貧窮共存；鄉村的落後與都市的進步明顯對比。但是和鄰國不同的是，巴西大致上能避免兩極間公開的衝突。巴西歷史上從未發生過流血的革命或內戰，但是有驚無險的風暴卻經常出現。巴西能避免陷入動盪不安，都歸功於巴西人不可思議的妥協能力。他們不但能找到折衷點，而且永遠能和平解決任何棘手的問題。巴西人的妥協能力表現在政治、倫理、法制、財務及人際關係等各層面上。總之，在巴西任何事情都有商量轉圜的餘地。

巴西二十世紀最主要的政治家，已故總統內維斯（Tancredo Neves）曾表示：「事實如何並不重要，如何解釋才關係重大」。他還指出，巴西是一個解釋無窮，卻極少事實的國家，一切聽憑當時的情況而定。當然巴西也有法律，而且是成千上萬條的法律，但大多數的人認爲，爲什麼奉公守法的國民，必須被迫去遵從一些明明愚蠢無比的法律呢？於是，因人而異，因地制宜的法律，便順乎自然又富人情味地變更、演進，而且不必經過喧嘩、繁複的法定質詢和對簿公堂等步驟。不好的法律根本不須費心修訂或廢除，他們會自然逐漸消失無蹤。爲此，「打點」便勢在必行，爲應付令人生懼的官僚體制，一般民眾或商人會付給關說者俗定的關說費，不會提出任何疑問。而官僚則向關說者索取一筆合理的費用，之後順利解決問題，雙方皆大歡喜。

註釋

第一章

【1】對於美國以南的廣大領域除廣義稱爲拉丁美洲（Latinoamérica）外，也稱爲伊比利美洲（Iberoamérica）即曾遭受位於南歐伊比利半島的西班牙和葡萄牙殖民的十八個西語系國家及巴西；此外也稱之爲西語美洲（Hispanoamérica），即十八個西語系國家，以及印地安美洲（Indoamérica）等。

【2】一九八九年陷於債務危機的拉丁美洲國家急需進行國內經濟改革。美國國際經濟研究所邀請國際貨幣基金組織（IMF）、世界銀行（WBG）、美洲開發銀行和美國財政部的研究人員以及拉丁美洲國家代表在華盛頓召開研討會，爲拉丁美洲國家經濟改革提供方案和對策。《華盛頓共識》是拉丁美洲經濟改革的指導原則，包括實行緊縮政策防止通貨膨脹、削減公共福利開支、金融和貿易自由化、統一匯率、取消對外資自由流動的各種障礙以及國有企業私有化、取消政府對企業的管制等。由於國際機構的總部和美國財政部都在華盛頓，加上會議在華盛頓召開，因此這共識被稱作「華盛頓共識」。

第二章

【1】二〇一四年十二月二十七日，美國總統歐巴馬宣布恢復與古巴的外交關係，以及達成交換被俘情報員的協議，結束近五十四年的敵對關係。不過，解除禁運仍有待國會通過。

第四章

【1】哥倫布在一四九二年到達美洲時以爲他到達了印度西部，終其一生都不知他發現了新大陸。而另一位探險者Américo Vespucio在一五〇五年出版的四次航海紀事中，明確記載他到達新大陸。此書後來廣爲流傳，因此在一五〇七年，德籍製圖

者暨詩人Martín Waldseemüller建議將此新大陸以Américo命名作爲紀念。

【2】關於美洲印第安人的來源，除前文所言外，有一派認爲是起源於新大陸，也就是今天阿根廷的彭巴草原，不過此理論已被排除；另一學說則認爲印第安人完全來自非洲或大洋洲，唯此說也缺乏足夠證據。

第五章

【1】莫蕾是墨西哥印第安人發明的調味辣椒醬，是將一種或數種辣椒切碎，加上巧克力、玉米粉、香料、火雞肉、水等熬煮一兩個小時便可食用。通常抹在玉米餅或麵包上，也可加在各種菜餚上，有開胃的功能。

第七章

【1】西班牙與美國在一八九八年發生美西戰爭，西班牙戰敗，在巴黎和會中，西班牙割讓波多黎各、菲律賓及關島給美國，同時讓古巴獨立。但獨立後的古巴，一直受到美國的干預，到一九五九年卡斯楚革命成功，古巴才獲得眞正的獨立。

參考書目

中文部分

江時學主編，《拉美國家的經濟改革》，經濟管理出版社，北京，一九九八。
何國世，《墨西哥史—仙人掌王國》，三民書局，台北，二〇〇三。
——，《祕魯史—太陽的子民》，三民書局，台北，二〇〇六。
——，《阿根廷史—探戈的故鄉》，三民書局，台北，二〇〇七。
——，《巴西史—森巴王國》，三民書局，台北，二〇〇八。
——，《委內瑞拉史—美州革命的搖籃》，三民書局，台北，二〇一二。
——，《巴拉圭史—南美心臟》，三民書局，台北，二〇一三。
——，《墨西哥史—仙人掌王國》，增訂二版，三民書局，台北，二〇一四。
李明德主編，《簡明拉丁美洲百科全書（含加勒比地區）》，中國社科，北京，二〇〇一。
李建忠，《簡明拉丁美洲文化辭典》，旅遊教育出版社，北京，一九九七。
李春輝，《拉丁美洲史稿上、下冊》，商務印書館，北京，一九八三。
李春輝、蘇振興、徐世澄主編，《拉丁美洲史稿第三卷》，商務印書館，北京，一九九三。
柯爾（J.P.Cole）撰／辛業泉編譯，《拉丁美洲地理》，正光書局，台北，一九七三。
洪育沂，《拉美國際關係史綱》，外語教學與研究出版社，北京，一九九八。
郝名瑋、徐世澄著，《拉丁美洲文明》，中國社會科學院，北京，二〇〇〇。
高放等編著，《萬國博覽：美洲·大洋洲卷》，新華，北京，一九九九。
張家哲著，《拉丁美洲：從印第安文明到現代化》，中國青年，北京，一九九九。
陳芝芸等著，《拉丁美洲對外經濟關係》，世界知識，北京，一九九一。
陳國俊、金計初，《拉丁美洲資本主義發展》，人民出版社，北京，一九九七。

復旦大學拉丁美洲研究室，《拉丁美洲經濟》，上海人民出版社，上海，一九八六。

萊斯利．貝瑟爾主編／中國社會科學院拉丁美洲研究所組譯/江時學等翻譯，《劍橋拉丁美洲史》，經濟管理出版社，北京，一九九六。

楊宗元，《拉丁美洲史》，華岡，台北市，一九七七。

詹全友，《印第安文明沉浮錄》，四川人民出版社，四川，一九九九。

維克托．布爾默-托馬斯著/張凡、吳洪英、韓琦譯，《獨立以來拉丁美洲經濟的發展》，中國經濟，北京，二〇〇二。

龍芳、劉鍵等箸，《拉美文化璀璨之謎》，解放軍文藝出版社，北京，一九九五。

關達等編著，《第二次世界大戰後拉丁美洲政治》，中國社會科學出版社，北京，一九八七。

蘇振興、徐文淵主編，《拉丁美洲國家經濟發展戰略研究》，北京大學出版社，北京，一九八七。

外文部分

Alcántara, Manuel. Sistemas políticos de América Latina (Volumen I América del Sur), Editorial Tecnos, S. A, Madrid, 1999.

Bethell, Leslie. Historia de América Latina (v.10). Editorial Crítica, Barcelona, 1990.

Carmagnani, Marcello. Federalismos latinoamericanos : México, Brasil, Argentina. México, El Colegio de México, 1993.

Chang-Rodríguez, Eugenio. Latinoamérica: su civilización y su cultura. tercera edición, Thomson-Heinle, Canadá, 2000.

Díaz Fuentes, Daniel. Crisis y cambios estructurales en América Latina : Argentina, Brasil y México durante el periodo de entreguerras. México, Fondo de Cultura Económica, 1994.

Fausto, Boris. A Cconcise Hhistory of Brazil. Cambridge University Press, Brazil, 1999.

Fox, Arturo A. Latinoamérica: Presente y pasado. Prentice Hall, New Jersey, 1997.

Kattán-Ibarra, Juan. Perspectivas culturales de Hispanoamérica, National Textbook Company, Lincolnwood, Illinois USA, 1995.

Luard, Elisabeth. Cocina latinoamericana. Blume, Barcelona, 2005.

Malamud, Carlos y otros. Historia de América. Editorial Universitas, Madrid, 1995.

Zarzalejos, Mnaría del Carmen. El libro de la cocina iberoamericana. Alianza Editorial, Madrid, 1992.

博雅文庫 125

在地球的彼端——拉丁美洲

作　　者　何國世
發 行 人　楊榮川
總 編 輯　王翠華
主　　編　陳姿穎
責任編輯　邱紫綾
封面設計　羅秀玉
出　　版　五南圖書出版股份有限公司
地　　址　106台北市大安區和平東路二段339號4樓
電　　話　(02) 2705-5066
傳　　真　(02) 2706-6100
劃撥帳號　01068953
戶　　名　五南圖書出版股份有限公司
網　　址　http://www.wunan.com.tw/
電子郵件　wunan@wunan.com.tw
法律顧問　林勝安律師事務所　林勝安律師
出版日期　2015年4月初版一刷
定　　價　新臺幣480元

國家圖書館出版品預行編目資料

在地球的彼端——拉丁美洲／何國世著. -- 初版. -- 臺北市：五南, 2015.04

面；　公分

ISBN 978-957-11-7985-8（平裝）

1. 文化　2. 拉丁美洲

754.3　　104000134